역사지리로 보는 성경

구약편 1 | 구약 개관-모세오경

역사지리로 보는 성경

지은이 | 이문범
초판 발행 | 2017. 12. 4
13쇄 | 2025. 3. 14
등록번호 | 제1988-000080호
등록된 곳 | 서울특별시 용산구 서빙고로65길 38
발행처 | 사단법인 두란노서원
영업부 | 2078-3333　FAX | 080-749-3705
출판부 | 2078-3331

책 값은 뒤표지에 있습니다.
ISBN 978-89-531-3018-0　04230
ISBN 978-89-531-2810-1　04230(세트)

독자의 의견을 기다립니다.
tpress@duranno.com　www.duranno.com

두란노서원은 바울 사도가 3차 전도여행 때 에베소에서 성령 받은 제자들을 따로 세워 하나님의 말씀으로 양육하던 장소입니다. 사도행전 19장 8~20절의 정신에 따라 첫째 목회자를 돕는 사역과 평신도를 훈련시키는 사역, 둘째 세계선교(TIM)와 문서선교(단행본·잡지) 사역, 셋째 예수문화 및 경배와 찬양 사역, 그리고 가정·상담 사역 등을 감당하고 있습니다. 1980년 12월 22일에 창립된 두란노서원은 주님 오실 때까지 이 사역들을 계속할 것입니다.

역사 지리로 보는 성경

구약편 1

구약 개관
-
모세오경

이문범 지음

GEO-HISTORICAL PANORAMA BIBLE

두란노

프롤로그

그 땅이 주는 복음

1995년 여름, 여리고성에서 요단강 쪽을 하염없이 바라보았다. 유학생활 1년에 언어와 학업의 한계 상황에 이르러, 답답함을 못 이기고 예루살렘의 대학에서 피신하듯 여리고까지 내려왔다. 그러나 피할 수 없었다. 이스라엘에서는 어딜 가도 성경을 생각할 수밖에 없다. 내 눈에 갑자기 요단강에서 건너오는 여호수아와 그 일행이 보였다. 그들이 지나간 자리에서 세례 요한이 예수님께 세례를 주는 장면이 그려졌다.

"어, 왜 여호수아와 예수님의 사역지가 만나지?"

갑자기 내 심장이 뛰었다. 여호수아와 예수님은 둘 다 그 이름이 '구원'이라는 뜻을 가지는 데다 요단강과 깊은 관련이 있는 인물이다. 여호수아는 요단강을 건넘으로써 이스라엘을 가나안으로 이끌었고, 예수님은 요단강에서부터 인류를 참 가나안으로 이끄셨다. 요단강 앞에 여호수아가 섰을 때 그 강이 열렸듯이, 예수님이 세례 받으실 때 하늘이 열리며 참 가나안 문이 열렸다.

'아, 예수님이 아무 데서나 사역하신 것이 아니었구나!'

예수님은 구약의 유명한 주제가 있는 세겜, 예루살렘/모리아산, 벧세메스, 갈릴리 바다 등의 장소를 다니며 역사-지리적인 성취를 이루신 것이다. 이 깨달음은 나의 유학생활을 다시금 힘 있게 시작할 수 있는 동력이 되었다. 그리고 지난 20년간 내가 목회자로서, 학자로서 사명을 수행할 수 있도록 이끌었다. 나는 예루살렘에서 한국인 최초로 성경지리 박사가 되었다.

성경은 역사다. 역사는 현장에서 일어났다. 그 현장인 땅과 문화를 알지 못하면 성경을 오해하기 쉽다. 그 땅이야말로 성경 해석의 가장 객관적인 자료가 되기 때문이다. "산천은 의구한데 인걸은 간 곳 없다"라는 말이 있듯이 산천은 쉽게 변하지 않는다. 2천 년 전의 땅이 지금의 그 땅이고 그때 일어났던 사건의 배경이 지금 우리에게 주어진 배경과 다를 바 없다.

그러나 하나님의 말씀이 펼쳐진 '성지'는 우리의 문화와 문명과는 너무 다르다. 그래서 성지에 대한 이해와 연구 과정을 거치지 않고서는 성경 이해가 완전할 수 없다. 과거나 현재나 지리적 조건이 비슷한 지역에서는 문화도 유사하게 창출된다. 그러므로 성경을 입체적으로 이해하기 위해서는 역사와 지리, 문화 그리고 고고학 등을 바탕에 두고 성경을 바라보는 시도가 필요하다.

예루살렘대학(Jerusalem University College)에서 제임스 만슨(James, M. Monson)이 쓴 《The Land Between》으로 성경지리를 공부할 때 신선한 충격을 받았다. 그리고 성경의 사건을 직접 현장을 보고 지리로 접근해서 이해하면 얼마나 좋을까 생각해서 신·구약편 교재를 집필하기 시작했다. 지난 20년간 이 성경지리 교재를 수정하고 보완해 왔다. 그리고 이제 때가 되어 두란노가 《역사지리로 보는 성경》이라는 책으로 출간해 대중화에 나섰다.

첨부된 바벨론 포로기 이전까지의 지도는 예루살렘대학(JUC)에서 사용하던 학생용 지도(Student Map Manual - Historical Geography of the Bible Lands, Pictorial Archive Near Eastern History, 현재 절판)를 참고하여 우리 상황에 맞게 그린 것이다. 지형도와 지도, 아이콘들은 두루문화원과 합작하여 만들었다. 오랫동안 물질과 시간을 들여 한국교회에 도움이 될 만한 콘텐츠를 개발해 온 두루투어의 김원길 대표님과 눈에 이상이 올 정도로 수고한 김은숙 전도사님께 진심으로 감사드린다.

목회자로서, 교수로서 하나님의 일을 하면서 나는 '그 땅'이 주는 복음을 더 깊게 체험하고 있다. 강의와 말씀을 선포할 때마다 성령님이 많은 부분을 코치해 주셨다. 그러므로 이 책의 참 저자는 나의 코치님, 성령님이시다. 또한 이 책은 내가 목회하는 사랑누리교회 성도들 덕분에 완성할 수 있었다. 뿐만 아니라 총신대학원, 총회신학원, 총신평생교육원, 한영신학대학원, 연합신학원, 성서대학의 성서지리를 공부한 학생들, 10년 넘게 스터디를 같이하는 정릉의 봉숭아학당, 만나지 못했지만 사이버로 열심히 공부하는 모든 분들이 나의 제자이자 스승이요 이 책의 저자다.

이 책이 나오기까지 물심양면으로 수고를 아끼지 않으신 하늘에 계신 내 아버지, 늘사랑교회 고(故) 이종열 원로목사님과 어머니, 나의 영성의 근원이 되는 사랑누리교회 가족, 학문적 코치이신 정연호 교수님, 사진작가 김한기 집사님, 염태공 목사님, 그리고 현지에서 필요한 사진을 조달해 주신 유바울, 양동균 목사님, 세계 기독교박물관의 김종식 관장과 정정숙 전도사님, 믿음을 실어 아이콘을 그려 준 윤희정, 주만성, 이현아 작가 등에게 감사를 드린다. 무엇보다 인내와 사랑으로 끝까지 후원해 준 내 살 중에 살이요 뼈 중에 뼈인 아내와 가족에게 감사한다. 모든 영광을 하나님께 드린다.

2017년

이문범 목사

감람산에서 본 예루살렘

목차

1권 | 구약 개관-모세오경

복의 근원지 이스라엘, '그 땅'은 몇 천 년 전이나 지금이나 크게 다르지 않다. 그 땅을 살펴봄으로써 하나님이 왜 성경의 땅으로 가나안을 택하셨는지, 하나님의 구원 계획을 살펴본다.

PART 1 모세오경 | 창조~후기 청동기 시대

창세기, 출애굽기, 레위기, 민수기, 신명기 / 욥기

part 3 역사서 2 | 통일왕국시대

사무엘상·하, 역대상 / 시편

3권 | 열왕기상-포로기 이후

part 4 **역사서 3 |** 통일왕국시대

열왕기상, 역대하 1 / 잠언, 전도서, 아가서

part 5 **역사서 4 |** 분열왕국시대

열왕기하, 역대하 2 / 선지서

part 6 **포로기와 그 이후** | 제국시대

에스라, 느헤미야 / 선지서

구약의 순서

구약편에는 구약개관부터 포로기 이후까지 그려져 있다. 성경의 순서를 따르되, 욥기는 창세기 뒤에, 시편은 사무엘상 뒤에, 잠언·아가·전도서는 열왕기상 뒤에, 선지서는 열왕기하 곳곳에 넣어 편집했다. 왕국 후반기로 갈수록 하나님은 선지자를 통해 그 시대에 필요한 말씀을 주셨기에 열왕기서와 선지서를 같이 읽는 게 성경의 맥을 잡는 데 좋다.
역사와 지리를 알아야만 비로소 이해할 수 있는 성경의 사건들이 너무 많다. 구약과 신약이 같은 장소에서 어떻게 연결되고 성취되는지 이 책을 통해 배워나가자.
성경의 땅 지도를 하나하나 짚어 가며 하나님이 알려 주시고자 하는 깊은 뜻을 알아가 보자.

역사와 묵상

중요한 사건이 끝날 때 <역사와 묵상>으로 나눔을 할 수 있도록 구성했다. 개인 묵상도 좋고 소그룹이나 성경공부 모임에서 활용해도 좋다.

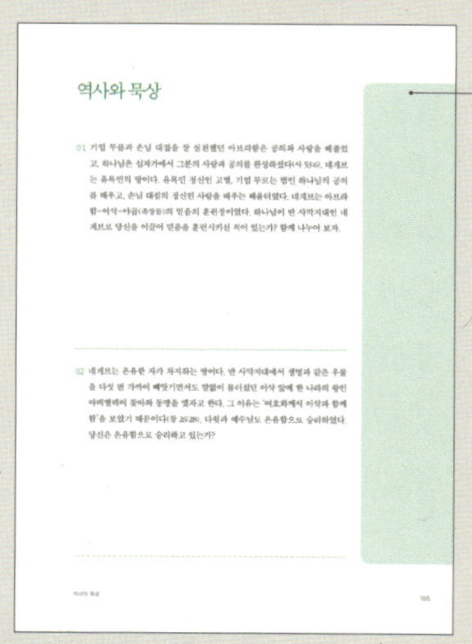

일러두기

사건이 일어난 연대와 해당 성경 본문, 역사적 배경, 지도 수록

마인드맵
핵심만 요약한 것으로 성경의 맥을 잡을 수 있다.

60일 구약 통독
이 책은 통독을 위한 안내서는 아니지만, 구약을 일독할 수 있도록 60일로 나누었다. 이 책의 신약편은 30일로 나누었으니, 총 90일 동안 역사와 지리 관점에서 통독할 수 있다.
일일 가이드를 통해 성경의 맥 잡기, 신구약 연결 포인트, 묵상 가이드 등 성경을 깊이 이해할 수 있도록 도왔다. 신앙의 성장은 물론 깊은 깨달음도 얻을 수 있을 것이다.

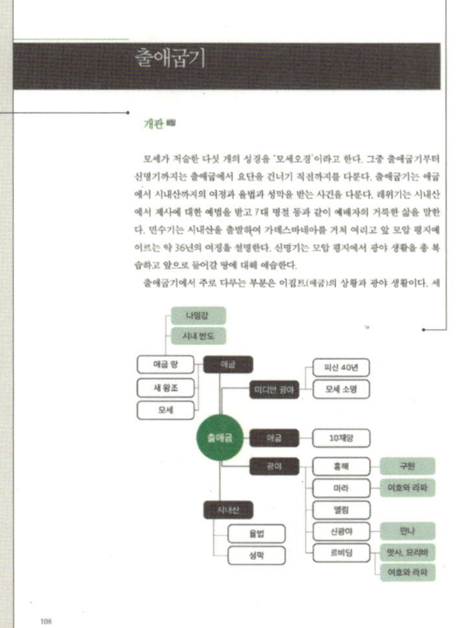

출애굽기

개관

모세가 저술한 다섯 개의 성경을 '모세오경'이라고 한다. 그중 출애굽기부터 신명기까지는 출애굽에서 요단을 건너기 직전까지를 다룬다. 출애굽기는 애굽에서 시내산까지의 여정과 율법과 성막을 받는 사건을 다룬다. 레위기는 시내산에서 제사에 대한 예법을 받고 7대 명절 등과 같이 예배자의 거룩한 삶을 말한다. 민수기는 시내산을 출발하여 가데스바네아를 거쳐 여리고 앞 모압 평지에 이르는 약 36년의 여정을 설명한다. 신명기는 모압 평지에서 광야 생활을 총 복습하고 앞으로 들어갈 땅에 대해 예습한다.

출애굽기에서 주로 다루는 부분은 이집트(애굽)의 상황과 광야 생활이다. 세

108

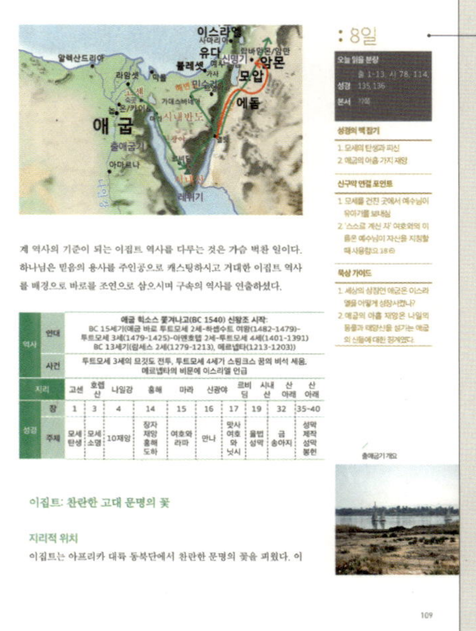

계 역사의 기준이 되는 이집트 역사를 다루는 것은 가슴 벅찬 일이다. 하나님은 믿음의 용사를 주인공으로 캐스팅하시고 거대한 이집트 역사를 배경으로 바로를 조연으로 삼으시며 구속의 역사를 연출하셨다.

역사	연대	애굽 힉소스 쫓겨나고(BC 1540) 신왕조 시작: BC 15세기(애굽 바로 투트모세 2세-하셉수트 여왕(1482-1479)-투트모세 3세(1479-1425)-아멘호텝 2세-투트모세 4세(1401-1391) BC 13세기(람세스 2세(1279-1213), 메르넵타(1213-1203))									
	사건	투트모세 3세의 므깃도 전투, 투트모세 4세가 스핑크스 꿈의 비석 세움, 메르넵타의 비문에 이스라엘 언급									
지리		고센	호렙산	나일강	홍해	마라	신광야	르비딤	시내산	산 아래	산 아래
성경	장	1	3	4	14	15	16	17	19	32	35-40
	주제	모세 탄생	모세 소명	10재앙	장자 재앙 홍해 도하	여호와 라파	만나	맛사 여호와 닛시	율법 성막	금송아지	성막 제작 성막 봉헌

이집트: 찬란한 고대 문명의 꽃

지리적 위치

이집트는 아프리카 대륙 동북단에서 찬란한 문명의 꽃을 피웠다. 이

: 8일

성경의 맥 잡기

1. 모세의 탄생과 피신
2. 애굽의 아홉 가지 재앙

신구약 연결 포인트

1. 모세를 건진 곳에서 예수님이 유아기를 보내심
2. '스스로 계신 자' 여호와의 이름은 예수님이 자신을 지칭할 때 사용함(요 18:6)

묵상 가이드

1. 세상의 상징인 애굽은 이스라엘을 어떻게 성장시켰나?
2. 애굽의 아홉 재앙은 나일의 동물과 태양신을 섬기는 애굽의 신들에 대한 징계였다.

출애굽기 개요

109

지도의 방향
보통 지도에서 북쪽은 위쪽에 표시한다. 그러나 성경은 동쪽을 앞이나 위로 표시한다. 아브라함이 롯을 구하러 '다메섹 왼편 호바까지' 갔다고 나오는데 여기서 '왼편'은 북쪽이다. 그러므로 오른쪽은 남쪽, 위는 동쪽이 된다. 이 책은 이런 성경적인 관점에서 그렸다. 다양한 지리적인 배경을 이해하기 위해서는 입체지도를 옆에 두고 보면 좋다.

지도의 표시
건조한 지역은 갈색으로 표시하고, 녹지는 녹색으로 했다. 빨강색 도시는 그 지도 사건에서 중요한 역할을 하고, 검정색 도시는 사건의 배경이다. 전쟁시 아군은 초록, 적군은 파랑, 중립은 주황색 선이다.

지도와 사건을 한번에 파악하도록 순서대로 구성
지도와 사건을 하나로 묶어 지도를 보며 그 땅에서 일어난 사건을 한눈에 볼 수 있도록 구성했다.

지도와 사진으로 성경의 숲과 나무를 보라
본서에는 25년간 모아 정리한 사진들을 올렸다. 지도로 숲을 본 후 사진을 통해 골짜기와 나무를 보는 시간을 가지라. 그리고 그 지역에서 겹쳐서 일어나는 사건들을 주목하라. 비슷한 주제가 한 지역에서 반복되어 일어나는 것을 발견할 것이다. 구약의 사건들이 예수님 때 성취되는 장면을 마주치게 될 것이다. 이것이 역사-지리적인 성취다.

지도를 직접 그리도록 구성
성경의 사건들은 읽기만 해선 안 되고 손으로 직접 그려야 입체적으로 다가온다. 성경 땅의 지리적인 배경을 이해하기 위해서는 입체지도를 옆에 두고 그릴 것을 추천한다(《성경 이스라엘 입체지도》(구입 문의: 두란노몰). 부록에는 직접 그릴 수 있도록 지도를 실었다. 아브라함을 비롯한 족장들의 루트, 수많은 전쟁이 일어난 장소 등을 스스로 그리고 따라가 보라. 자세한 사항은 [부록]의 일러두기를 참고하라.

장소와 사건으로 본 구약 파노라마

창세기-욥기

1. 에덴	창조와 타락	창 1-3장
2. 아라랏산	홍수	창 6-9장
3. 시날 땅	바벨탑	창 10-11장
4. 세겜	첫 제단	창 12장
5. 모리아산	여호와 이레	창 22장
6. 그랄	이삭의 농사와 우물	창 26장
7. 벧엘	야곱의 사닥다리	창 28장
8. 얍복강	이스라엘 브니엘	창 32장
9. 도단	꿈꾸는 자 요셉 팔림	창 37장
10. 애굽	요셉 꿈 해석, 꿈 제시	창 40-50장
11. 우스	욥의 고난	욥 1-42장

출애굽기

12. 고센	400년과 모세	출 1-2장
13. 호렙산	모세 소명	출 3장
14. 나일강	10재앙	출 4-12장
15. 홍해	출애굽	출 14장
16. 마라	여호와 라파	출 15장
17. 신 광야	만나	출 16장
18. 르비딤	맛사와 여호와 닛시	출17장
19. 시내산	율법과 성막	출 19-31장
20. 시내산 아래	금송아지 죄	출 32장
21. 시내산 아래	성막 제작 봉헌	출 35-40장

레위기

22. 시내산	제사 제도	레 1-7장
23. 성막	위임식	레 9-10장
24. 시내산 아래	정결법과 명절	레 11-25장

민수기

25. 시내산	인구조사와 임무	민 1-4장
26. 다베라	불평	민 11장
27. 하세롯	미리암 나병	민 12장
28. 가데스바네아	정탐꾼	민 13장
29. 바란 광야	방황	민 14장
30. 가데스	므리바 물	민 20장
31. 홍해길	놋뱀	민 21장
32. 모압 평지	발람	민 22-25장

신명기

33. 모압 평지	신명기	신 1장
34. 모압 평지	쉐마 이스라엘	신 6장
35. 가나안 향해	그리심과 에발산에서 축복과 저주를 선포하라	신 11, 27장
36. 느보산	바라봄과 죽음	신 34장

여호수아

37. 요단강	입성과 여리고 정복	수 3-6장
38. 아이성	중부 정복	수 8장
39. 그리심산과 에발산	축복과 저주	수 8장
40. 기브온	남부 정복	수 10장
41. 메롬	북부 정복	수 11장
42. 실로	땅 분배	수 13-21장
43. 세겜	나와 내 집은 여호와를 섬기겠노라	수 24장

사사기

44. 유다	옷니엘	삿 3장
45. 베냐민	에훗	삿 3장
46. 에브라임	드보라	삿 4-5장
47. 므낫세	기드온과 아비멜렉	삿 6-9장
48. 길르앗	입다	삿 10-12장
49. 단	삼손	삿 13-16장
50. 베냐민	시민전쟁	삿 19-21장

룻기

51. 베들레헴	나오미와 룻	룻 1-4장

사무엘상-시편

52. 라마	한나와 사무엘	삼상 1-3장
53. 아벡	법궤 빼앗김	삼상 4-6장

54. 기브아	사울왕	삼상 9-10장
55. 베들레헴	다윗 목동	삼상 16장
56. 엘라 골짜기	다윗과 골리앗	삼상 17장
57. 유다 산지	다윗의 도피생활	삼상 19-30장, 시 7, 34, 52, 54, 56, 57, 59, 63, 142편
58. 길보아산	사울의 죽음	삼상 31장

사무엘하-역대상-시편

59. 헤브론	유다 왕 다윗	삼하 2장
60. 예루살렘	다윗성	삼하 5장
61. 다윗 궁전	다윗 성전 건축	삼하 7장
62. 암몬	전쟁, 다윗과 밧세바	삼하 10-11장 대상 19-20장
63. 헤브론	압살롬 반란	삼하 15-18장
64. 다윗성	다윗의 승전가	삼하 22장, 시 18편
65. 아라우나 타작마당	인구조사	삼하 24장, 대상 21장

열왕기상-역대하 1, 잠언, 아가, 전도서

66. 기혼 샘	솔로몬 즉위	왕상 1장
67. 수넴	술람미 여인	아
68. 기브온 산당	일천번제	왕상 3장, 대하 1장
69. 모리아산	성전 건축	왕상 5-8장 대하 2-7장
70. 멸망산	정략결혼, 산당	왕상 11장
71. 예루살렘	솔로몬의 잠언	잠
72. 예루살렘	솔로몬의 전도서	전 1, 12장
73. 세겜	왕국 분열	왕상 12장 대하 10장
74. 벧엘과 단	여로보암의 금송아지	왕상 12-13장
75. 분열왕국	애굽 시삭 정복	왕상 14장, 대하 11장
76. 미스바와 게바	아사의 국경 결정	왕상 15장 대하 15장
77. 사마리아	오므리 왕조 수도	왕상 16장
78. 갈멜산	엘리야와 바알 선지자 대결	왕상 18장
79. 호렙산	엘리야의 세 가지 사명	왕상 19장
80. 길르앗 라못	아합의 죽음	왕상 22장

열왕기하-역대하 2-선지서

81. 갈멜산	엘리야 불	왕하 1장
82. 요단강	엘리야 승천	왕하 2장
83. 모압 국경	엘리사 물	왕하 3장
84. 엔게디	여호사밧 찬양대	대하 20장
85. 도단	아람 군대 포위	왕하 6장
86. 유다	여호람과 아달랴	왕하 8장, 대하 22장
87. 길르앗 라못	예후 혁명	왕하 9-10장
88. 예루살렘 성전	요아스 등극: 요엘	왕하 12장, 대하 24장, 욜
89. 아람	하사엘 남진	왕하 12장
90. 남북 왕국	웃시야-여로보암 2세 번영: 요나, 호세아, 아모스	왕하 14-15장, 대하 26장, 호, 암
91. 앗수르	사마리아 멸망: 호세아	왕하 17장
92. 라기스	앗수르 산헤립: 이사야, 미가	왕하 18-19장, 대하 29, 32, 37장, 사, 미
93. 므깃도	요시야 전사: 나훔, 스바냐	왕하 22-23장, 대하 34-35장, 나, 습
94. 유다	여호야김, 바벨론 1, 2차 침략: 하박국	왕하 24장, 대하 36장, 합
95. 예루살렘 멸망	바벨론 포로: 예레미야, 애가, 에스겔, 다니엘, 오바댜	왕하 25장, 대하 36장, 렘, 애, 겔, 단, 옵

에스라-느헤미야-선지서

96 바벨론 1차 귀환	스룹바벨과 여호수아	스 1장
97. 수산	에스더, 죽으면 죽으리라	에 4장
98. 성전	건축 독려: 학개, 스가랴	스 6장, 학, 슥
99. 2차 귀환	에스라 율법	스 7장
100. 3차 귀환	느헤미야 성벽 건설	느, 말

파노라마에 대한 간략한 해설

창세기-욥기

1. 에덴-창조와 타락: 창 1-3장
하나님이 에덴에서 사람을 창조하셨지만 사람이 타락하였다.

2. 아라랏산-홍수: 창 6-9장
사람은 악해져서 홍수 재앙을 받았으며 노아의 배는 아라랏산에 머물렀다.

3. 시날 땅-바벨탑: 창 10-11장
홍수 후 자신의 이름을 내려는 사람들이 시날 땅에 바벨탑을 세우려다 언어가 갈라졌다.

4. 세겜-첫 제단: 창 12장
아브라함은 세겜에 도착하여 첫 제단을 쌓았다.

5. 모리아산-여호와이레: 창 22장
아브라함은 모리아산에서 아들을 드리려던 장소를 여호와이레라 불렀다.

6. 그랄-이삭의 농사와 우물: 창 26장
이삭은 그랄에서 농사하여 거부가 되었으며 우물을 많이 팠다.

7. 벧엘-야곱의 사닥다리: 창 28장
이삭의 아들 야곱이 형 에서를 속이고 도망하다 벧엘에서 하늘 사닥다리를 보았다.

8. 얍복강-이스라엘 브니엘: 창 32장
얍복강에서 기도하던 야곱은 이스라엘이라는 이름을 얻고 그 곳을 하나님의 얼굴(브니엘)이라 불렀다.

9. 도단-꿈꾸는 자 요셉 팔림: 창 37장
야곱의 아들 요셉이 도단에서 형들에 의해 애굽으로 팔려 갔다.

10. 애굽-요셉 꿈 해석, 꿈 제시: 창 40-50장
감옥에서 관원의 꿈을 해석하고 바로의 꿈을 해석한 요셉은 국무총리가 되고 후손에게 가나안 귀환 꿈을 제시했다.

11. 우스-욥의 고난: 욥 1-42장
우스 땅의 욥은 고난을 받다 하나님을 만난 후 의인이 받는 고난의 의미를 알았다.

출애굽기

12. 고센-400년과 모세: 출 1-2장
야곱의 자손들이 고센에서 400년을 살면서 번성하다 노예가 되었을 때 모세가 태어났다.

13. 호렙산-모세 소명: 출 3장
모세는 미디안 광야로 도망해 40년간 목자로 살다가 호렙산에서 소명을 받았다.

14. 나일강-10재앙: 출 4-12장
모세는 바로와 대결하면서 나일강을 이용해 10가지 재앙을 내렸다.

15. 홍해-출애굽: 출 14장
장자 재앙 후 이스라엘은 홍해를 지나 출애굽을 하였다.

16. 마라-여호와 라파: 출 15장
마라의 쓴물을 모세가 나뭇가지를 던져 달게 한 뒤 치료의 여호와(여호와 라파)라 불렀다.

17. 신 광야-만나: 출 16장
신 광야에서 가져온 식량이 떨어졌을 때 하나님이 만나를 내려 주셨다.

18. 르비딤-맛사와 여호와 닛시: 출 17장
르비딤에서 물이 떨어졌을 때 반석을 쳐서 물을 주시므로 맛사라 불렀고, 아말렉을 친 후 여호와 닛시 제단을 쌓았다.

19. 시내산-율법과 성막: 출 19-31장
모세가 시내산에 올랐을 때 하나님은 십계명과 함께 율법과 성막설계도를 주셨다.

20. 시내산 아래-금송아지 죄: 출 32장
모세가 시내산에 있을 동안 시내산 아래서 백성은 금송아지를 만들어 섬기는 죄를 지었다.

21. 시내산 아래-성막 제작 봉헌: 출 35-40장
재언약을 받은 모세는 내려와 성막을 제작하고 봉헌하였다.

레위기

22. 시내산-제사 제도: 레 1-7장
시내산 아래에서 레위인과 백성에게 제사 제도를 알려 주셨다.

23. 성막-위임식: 레 9-10장
아론이 성막에서 제사장 위임식을 가졌다.

24. 시내산 아래-정결법과 명절: 레 11-25장
시내산 아래에서 백성이 거룩하게 살도록 많은 정결법을 알려 주셨다.

민수기

25. 시내산-인구조사와 임무: 민 1-4장

시내산 출발 전 지파별로 인구조사를 하고 레위인은 임무를 받았다.

26. 다베라-불평 : 민 11장

시내산에서 출발한 다베라에서 불평하다 불 심판을 받았다.

27. 하세롯-미리암 나병: 민 12장

하세롯에서 모세를 비방하던 미리암은 나병이 걸렸다.

28. 가데스바네아-정탐꾼: 민 13장

가데스바네아에 도착해 12정탐꾼을 보냈다.

29. 바란 광야-방황: 민 14장

정탐꾼의 부정적인 보고를 듣고 불신하여 바란 광야 주변에서 방황하게 되었다.

30. 가데스-므리바 물: 민 20장

모세와 아론은 바위를 쳐 므리바 물을 내게 했으나 여호와의 영광을 나타내지 못해 벌을 받았다.

31. 홍해길-놋뱀: 민 21장

홍해길에서 불평하다 불뱀에 물린 사람은 놋뱀을 바라보고 구원을 얻었다.

32. 모압 평지-발람: 민 22-25장

모압왕은 모압 평지에 있는 이스라엘을 저주하라고 발람에게 의뢰했으나 실패했고, 발람은 꾀를 내어 우상을 섬기게 했다.

신명기

33. 모압 평지-신명기: 신 1장

광야 40년을 마친 후 모세는 모압 평지에서 광야 삶을 돌아보며 신명기를 기록했다.

34. 모압 평지-쉐마 이스라엘: 신 6장

모압 평지에서 받은 율법을 요약하며 '쉐마(들으라) 이스라엘'이라는 하나님 사랑 계명을 주었다.

35. 가나안 향해-그리심산과 에발산에서 축복과 저주를 선포하라: 신 11, 27장

미래에 들어갈 가나안의 그리심산과 에발산에서 축복과 저주 언약을 명령했다.

36. 느보산-바라봄과 죽음: 신 34장

모세는 느보산에서 여호수아에게 전권을 이양한 후 가나안을 바라보고 죽었다.

여호수아

37. 요단강-입성과 여리고 정복: 수 3-6장

이스라엘은 요단강을 넘어 가나안에 입성하여 할례를 받고 여리고를 정복했다.

38. 아이성-중부 정복: 수 8장

산지로 진출하기 위해 아이성을 정복하여 중부로 진출하였다.

39. 그리심산과 에발산-축복과 저주: 수 8장

세겜의 그리심산과 에발산에 모여 축복과 저주를 선포했다.

40. 기브온-남부 정복: 수 10장

이스라엘과 화친한 기브온에 쳐들어 온 남쪽 5왕을 반격하여 남부를 정복했다.

41. 메롬-북부 정복: 수 11장

갈릴리 메롬 물가에 모인 하솔 왕 야빈 연합군을 갑자기 쳐서 북부를 정복했다.

42. 실로-땅 분배: 수 13-21장

정복을 마친 후 실로에서 각 지파에게 땅을 분배했다.

43. 세겜-나와 내 집은 여호와를 섬기겠노라: 수 24장

여호수아 말년에 세겜에 사람들을 모으고 "나와 내 집은 여호와를 섬기겠노라" 선언했다.

사사기

44. 유다-옷니엘: 삿 3장

유다 출신 첫 사사 옷니엘은 구스왕 구산리사다임과 싸웠다.

45. 베냐민-에훗: 삿 3장

베냐민 출신 왼손잡이 사사 에훗은 모압왕 에글론과 싸웠다.

46. 에브라임-드보라: 삿 4-5장

에브라임 산지 사사 드보라는 가나안 야빈의 군대와 싸웠다.

47. 므낫세-기드온과 아비멜렉: 삿 6-9장

므낫세 지파 기드온은 미디안 사람들과 이스르엘 골짜기에서 싸웠다. 기드온의 아들은 자칭 왕 아비멜렉이다.

48. 길르앗-입다: 삿 10-12장

길르앗 지역 입다는 암몬에게서 나라를 구했다.

49. 단-삼손: 삿 13-16장

단 지파 삼손은 블레셋과 싸워 이스라엘을 구원하기 시작했다.

50. 베냐민-시민전쟁: 삿 19-21장

베냐민 기브아에서 시민전쟁하여 베냐민 600명 외에 모두 전사했다.

룻기

51. 베들레헴-나오미와 룻: 룻 1-4장

사사시대 베들레헴의 나오미는 모압의 룻을 데리고 왔고, 룻은 보아스와 결혼해 다윗의 증조부 오벳을 낳았다.

사무엘상-시편

52. 라마-한나와 사무엘: 삼상 1-3장

라마 사람 한나는 실로 성전에서 기도하여 아들 사무엘을 얻어 하나님께 드렸다.

53. 아벡-법궤 빼앗김: 삼상 4-6장

에브라임의 실로에서 언약궤를 옮겨 아벡 전쟁에서 빼앗기고, 되찾은 언약궤는 암소들에 의해 유다 벧세메스로 갔다.

54. 기브아-사울왕: 삼상 9-10장

사무엘은 기브아의 사울을 왕으로 기름부었다.

55. 베들레헴-다윗 목동: 삼상 16장

베들레헴 출신 다윗은 목동에서 왕으로 기름부음 받았다.

56. 엘라 골짜기-다윗과 골리앗: 삼상 17장

다윗은 엘라 골짜기에서 골리앗을 쳐 이겼다.

57. 유다 산지-다윗의 도피생활: 삼상 19-30장, 시 7, 34, 52, 54, 56, 57, 59, 63, 142편

사울의 시기를 받은 다윗은 유다 산지 주변에서 도피생활을 하며 많은 교훈을 받았다.

58. 길보아산-사울의 죽음: 삼상 31장

블레셋과 전투하던 사울은 길보아산에서 죽었다.

사무엘하-역대상-시편

59. 헤브론-유다 왕 다윗: 삼하 2장

사울이 죽자 유다 지파는 헤브론에서 다윗을 유다왕으로 삼았다.

60. 예루살렘-다윗성: 삼하 5장

이스라엘은 다윗을 왕으로 삼아 수도를 예루살렘으로 옮기고 다윗성이라 불렀다.

61. 다윗 궁전-다윗 성전 건축: 삼하 7장

다윗이 블레셋을 이겼을 때 두로왕 히람은 궁전을 지어 주었고, 다윗은 성전 건축을 계획하였다.

62. 암몬-전쟁, 다윗과 밧세바: 삼하 10-11장, 대상 19-20장

암몬과 전쟁 중 다윗은 우리아의 아내 밧세바를 범했다.

63. 헤브론-압살롬 반란: 삼하 15-18장

압살롬은 헤브론의 민심을 이용해 반란을 일으켰다.

64. 다윗성-다윗의 승전가: 삼하 22장, 시 18편

다윗은 승리 후 다윗성에서 하나님을 찬양하는 승전가뿐 아니라 많은 시를 남겼다.

65. 아라우나 타작마당-인구조사: 삼하 24장, 대상 21장

다윗의 인구조사로 범죄하여 7만 명이 죽자 아라우나 타작마당을 사서 속죄의 제사를 드렸다.

열왕기상-역대하1, 잠언, 아가, 전도서

66. 기혼 샘-솔로몬 즉위: 왕상 1장

다윗의 뒤를 이어 기혼 샘에서 기름부음 받은 솔로몬이 왕위에 올랐다.

67. 수넴-술람미 여인: 아

솔로몬은 수넴 출신의 술람미 여인을 사랑하고 그 사랑을 고백했다.

68. 기브온 산당-일천번제: 왕상 3장, 대하 1장

솔로몬은 기브온 산당에서 일천번제를 드리고 지혜를 얻었다.

69. 모리아산-성전 건축: 왕상 5-8장, 대하 2-7장

솔로몬은 다윗이 지시한 모리아산 아라우나 타작마당에 성전을 건축하였다.

70. 멸망산-정략결혼, 산당: 왕상 11장

솔로몬은 정치적인 정략결혼을 하여 산당을 증가시키는 죄를 범했다.

71. 예루살렘-솔로몬의 잠언: 잠

솔로몬은 예루살렘에서 잠언을 기록하여 아들과 자손에게 지혜와 교훈을 남겼다.

72. 예루살렘-솔로몬의 전도서: 전 1, 12장

솔로몬의 말년에 인생의 헛됨을 말하고, 여호와를 경외하고 주의 명령을 지키라고 했다.

73. 세겜-왕국 분열: 왕상 12장, 대하 10장

세금을 많이 거두는 문제로 불만을 가지던 북이스라엘은 세겜에서 왕국 분열을 결정했다.

74. 벧엘과 단-여로보암의 금송아지: 왕상 12-13장

북이스라엘 초대 왕 여로보암은 벧엘과 단에 금송아지를 만들었다.

75. 분열왕국-애굽 시삭 정복: 왕상 14장, 대하 11장

애굽왕 시삭은 분열을 획책한 후 침공하여 남북 왕조 모두를 정복했다.

76. 미스바와 게바-아사의 국경 결정: 왕상 15장, 대하 15장

국경이 결정되지 않아 남북 전쟁이 계속되다 아사가 미스바와 게바를 국경으로 확정했다.

77. 사마리아-오므리 왕조 수도: 왕상 16장

오므리는 왕이 되어 사마리아를 수도로 만들었다.

78. 갈멜산-엘리야와 바알 선지자 대결: 왕상 18장

엘리야와 바알 선지자는 갈멜산에서 대결했다.

79. 호렙산-엘리야의 세 가지 사명: 왕상 19장

침체된 엘리야는 호렙산에 가서 세 가지 사명을 받고 돌아왔다.

80. 길르앗 라못-아합의 죽음: 왕상 22장

아합은 요단 동편 길르앗 라못에서 전쟁 중 죽었다.

열왕기하-역대하2-선지서

81. 갈멜산-엘리야 불: 왕하 1장

엘리야는 이스라엘 왕 아하시야가 보낸 오십 부장 두 명을 갈멜산에서 불을 내려 죽였다.

82. 요단강-엘리야 승천: 왕하 2장

엘리야는 엘리사와 함께 여리고 앞 요단강을 넘어간 후 승천했다.

83. 모압 국경-엘리사 물: 왕하 3장

모압 전쟁 때 엘리사는 거문고 찬양과 함께 기도하여 물을 내었다.

84. 엔게디-여호사밧 찬양대: 대하 20장

모압 연합군이 엔게디로 들어왔을 때 여호사밧은 찬양대를 앞세워 진군한 후 승리를 거두었다.

85. 도단- 아람 군대 포위: 왕하 6장

엘리사는 도단에서 아람 군대에게 포위되었지만 하나님 군대의 도움으로 이겼다.

86. 유다-여호람과 아달랴: 왕하 8장, 대하 22장

여호사밧의 아들 여호람이 아달랴와 결혼한 후 유다는 쇠퇴하여 주변의 침략을 받았다.

87. 길르앗 라못-예후 혁명: 왕하 9-10장

길르앗 라못에서 예후가 기름부음 받고 혁명을 일으켜 아합 집안을 전멸시켰다.

88. 예루살렘 성전-요아스 등극: 요엘: 왕하 12장, 대하 24장, 욜

왕위를 찬탈한 아달랴는 예루살렘 성전 반란으로 왕이 된 소년왕 요아스에 밀려났고 요엘은 예언하였다.

89. 아람-하사엘 남진: 왕하 12장

엘리사에 의해 왕이 된 하사엘은 이스라엘과 유다로 남진하여 두 나라를 짓밟았다.

90. 남북 왕국-웃시야·여로보암 2세 번영: 요나, 호세아, 아모스: 왕하 14-15장, 대하 26장, 호, 암

이스라엘 여로보암 2세와 유다 웃시야는 남북 최고의 번영기를 이루었다. 여로보암 2세 때 요나는 니느웨에 가서 복음을 전했고, 아모스는 부패한 이스라엘을 향해 예언했다.

91. 앗수르-사마리아 멸망: 호세아: 왕하 17장

앗수르에게 사마리아가 멸망당했다. 호세아는 멸망 전에 삶으로 경고하였다.

92. 라기스-앗수르 산헤립: 이사야, 미가: 왕하 18-19장, 대하 29, 32, 37장, 사, 미

히스기야는 종교개혁을 하였고 이사야, 미가 선지자가 도왔다. 개혁 후 앗수르 산헤립이 쳐들어와 라기스를 정복했으나 예루살렘은 치지 못했다.

93. 므깃도-요시야 전사: 나훔, 스바냐: 왕하 22-23장, 대하 34-35장, 나, 습

요시야는 종교개혁 후 므깃도에서 바로 느고와 싸우다 전사했다. 나훔과 스바냐는 앗수르의 멸망을 예언하고 바벨론의 침략을 예언했다.

94. 유다-여호야김, 바벨론 1, 2차 침략: 하박국: 왕하 24장, 대하 36장, 합

요시야의 아들 여호야김은 애굽과 바벨론을 섬기다 배반하여 1, 2차 침략을 받았다. 하박국은 불의의 대가로 바벨론이 공격할 것임을 예언했다.

95. 예루살렘 멸망-바벨론 포로: 예레미야, 애가, 에스겔, 다니엘, 오바댜: 왕하 25장, 대하 36장, 렘, 애, 겔, 단, 옵

시드기야 때 예루살렘은 바벨론에게 멸망당했다. 예레미야는 요시야 때부터 꾸준히 예언하다 예루살렘 멸망을 보고는 애가를 지었다. 오바댜는 유다인을 괴롭히는 데 일조한 에돔을 저주했다. 에스겔은 2차 침공 때 잡혀가 멸망을 예언했고, 1차에 잡혀간 다니엘은 포로 전 기간 이스라엘의 하나님을 세계화하는 데 이바지했다.

에스라-느헤미야-선지서

96. 바벨론 1차 귀환-스룹바벨과 여호수아: 스 1장

바벨론 70년 포로 생활 후 스룹바벨과 여호수아가 이끄는 유다인이 돌아왔다.

97. 수산-에스더, 죽으면 죽으리라: 에 4장

수산 궁의 모르드개와 에스더는 죽으면 죽으리라는 각오로 민족을 살렸다.

98. 성전-건축 독려: 학개, 스가랴: 스 6장, 학, 슥

지연되던 성전 건축은 학개와 스가랴를 통해 재개되고 완성되었다.

99. 2차 귀환-에스라 율법: 스 7장

바사왕 아닥사스다 때 학사 에스라가 2차 귀환했다.

100. 3차 귀환-느헤미야 성벽 건설: 느, 말

바사왕의 술 맡은 관원장인 느헤미야는 총독으로 와 예루살렘 성벽 건축을 완성하고, 그가 공석일 때 말라기는 구약 마지막 예언을 했다.

구약 60일 완독표

성경 읽기 전 1분 기도

인류의 구원자요 영원한 왕이신 예수 그리스도를 향해 있는 성경 이야기를 읽으면서 예수 그리스도를 바라보고 살아가는 하루 하루가 되게 하옵소서.

이 책은 성경의 순서를 따르되, 욥기는 창세기 뒤에, 시편은 사무엘상 뒤에, 잠언·아가·전도서는 열왕기상 뒤에, 선지서는 열왕기하 곳곳에 넣어 편집했습니다. 왕국 후반기로 갈수록 하나님은 선지자를 통해 그 시대에 필요한 말씀을 주셨기에 열왕기서와 선지서를 같이 읽는 게 성경의 맥을 잡는 데 좋습니다.
역사서를 뼈대로 하여 시가서와 선지서를 분산해 통독하도록 했습니다. 통독 페이지도 역사서 순서를 따랐기에 시가서 개요를 먼저 읽으려면 차례에서 해당 페이지를 찾으면 됩니다. 구약개관은 통독을 시작하기 전에 미리 읽어 두십시오.

주	통독일	날짜	요일	오늘의 말씀			성경 읽기	교재 예습	문자 보냄
				역사서	주제	시가서·선지서			
	1			창 1-11	창조	시 8, 33, 68, 93, 100			
	2			창 12-23	아브라함	시 22, 44, 47, 105			
	3			창 24-36	이삭-야곱	시 14, 20, 46, 53			
	4			창 37-50	요셉	시 77, 80, 81			
	5				욥의 고난	욥 1-16			
	6				욥과 친구들	욥 17-31			
	7				하나님의 현현	욥 32-42, 시 37, 49, 73, 128, 139			
	8			출 1-13	출애굽	시 78, 114, 135, 136			
	9			출 14-24	광야-시내산	시 95, 99, 106, 107			
	10			출 25-40	성막				
	11			레 1-10	제사	시 4, 27, 40, 50, 66, 133, 141			
	12			레 11-22	거룩	시 30, 71, 89, 96			
	13			레 23-27, 민 1-9	명절	시 104, 118			
	14			민 10-17	광야, 정탐꾼				
	15			민 18-32	가데스-모압 평지	시 29			
	16			민 33-36, 신 1-10	광야 복습	시 1, 74			
	17			신 12-26	율법	시 119			
	18			신 11, 27-34, 수1-2	가나안 예습	시 19, 90, 111, 112, 147			
	19			수 3-18	정복과 분배				
	20			수 19-24, 삿 1-9	섬김과 사사	시 83			
	21			삿 10-16	입다-삼손				
	22			삿 17-21, 룻, 삼상 1-5	베냐민 전쟁				
	23			삼상 6-20	다윗 등극	시 59			
	24			삼상 21-28	다윗 도피생활	시 56, 34, 57, 142, 63, 52, 7, 54			
	25			삼상 29-31, 삼하 1-10	다윗 왕위	시 60, 5, 110			

26			삼하 11-24	다윗의 범죄	시 51, 3, 18			
27			대상 1-15	족보와 다윗	시 132			
28			대상 16-27	다윗 성전	시 23, 24			
29			대상 28	다윗의 시1 (73개 편 중)	시 6, 11, 12, 13, 15, 16, 17, 21, 25, 26, 28, 31, 32, 35, 36, 38, 39, 41, 55, 58, 61, 62			
30			대상 29	다윗의 시2 (73개 편 중)	시 64, 65, 69 ,70, 86, 101, 103, 108, 109, 122, 124, 131, 138, 140, 143, 144, 145			
31			왕상 1-9	솔로몬	시 72, 127			
32			왕상 10-11	솔로몬의 사랑	아 1-8, 잠 1-6			
33			대하 1-4	솔로몬 지혜	잠 7-18			
34			대하 5-9	솔로몬 타락	잠 19-31			
35			왕상 12, 대하 10-11	솔로몬 말년	전 1-12			
36			왕상 13-22, 대하 12-19	왕국분열 후				
37			왕하 1-11, 대하 20-23	엘리야와 엘리사				
38			왕하 12-15, 대하 24-27	여로보암과 웃시야	욜 1-3, 욘 1-4			
39			왕하 16	아하스	미 1-7			
40			대하 28	아하스와 이사야	사 1-14			
41			왕하 17	이스라엘 멸망	암 1-9, 호 1-14			
42			왕하 18	히스기야	사 15-30			
43			왕하 19	히스기야와 앗수르	사 31-37			
44			왕하 20	히스기야 발병	사 38-50			
45			대하 29-32	히스기야 번영	사 51-66			
46			왕하 21-23, 대하 33-35	요시야 개혁	나 1-3			
47			왕하 24	여호야김-시드기야	합 1-3, 습 1-3			
48			왕하 25	바벨론 침략	렘 1-15			
49			대하 36	유다 멸망	렘 16-29			
50				예레미야	렘 30-46			
51				예레미야애가	렘 47-52, 애 1-5, 옵 1			
52				에스겔	겔 1-16			
53				에스겔 예언	겔 17-32			
54				에스겔 환상	겔 33-48			
55				다니엘	단 1-12			
56			스 1-6	포로 귀환	학 1-2, 슥 1-8			
57				기타 시편들	시 2, 9, 10, 45, 67, 75, 79, 82, 85, 88, 91, 92, 94, 97, 98, 113, 115, 116, 117, 120, 123, 130, 137, 148, 150			
58			에 1-10	에스더	슥 9-14			
59			스 7-10	에스라	시 42, 43, 48, 76, 84, 87, 102, 121, 125, 126, 129, 134, 146, 149(시온의 시들)			
60			느 1-13	느헤미야	말 1-4			

| 구약 개관 |

지리와 역사로 읽는 성경의 땅 구석구석

성경 이야기는 하나님이 택하신 성지인 이스라엘에서 일어난 역사적 사건이다. 하나님은 아브라함을 택하여 그에게 '지시하는 땅'(창 12:1), '지시하는 산'(창 22:2)으로 가라고 명령하셨다. 가나안 땅으로 아브라함을 보낸 이유는 큰 문명과 대륙의 중간에 위치하여 다리 역할을 하는 이 땅을 복의 근원지로 삼기 위함이었다(창 12:2). 그 계획은 수천 년간 아브라함, 다윗 등을 통해 이어 오다 예수님이 이 땅에 오셔서 복 중의 복인 '천국 복음'을 전함으로써 이루어졌다. 예수님은 영원한 생명을 주는 복을 이곳에서 선포하고 이루셨다.

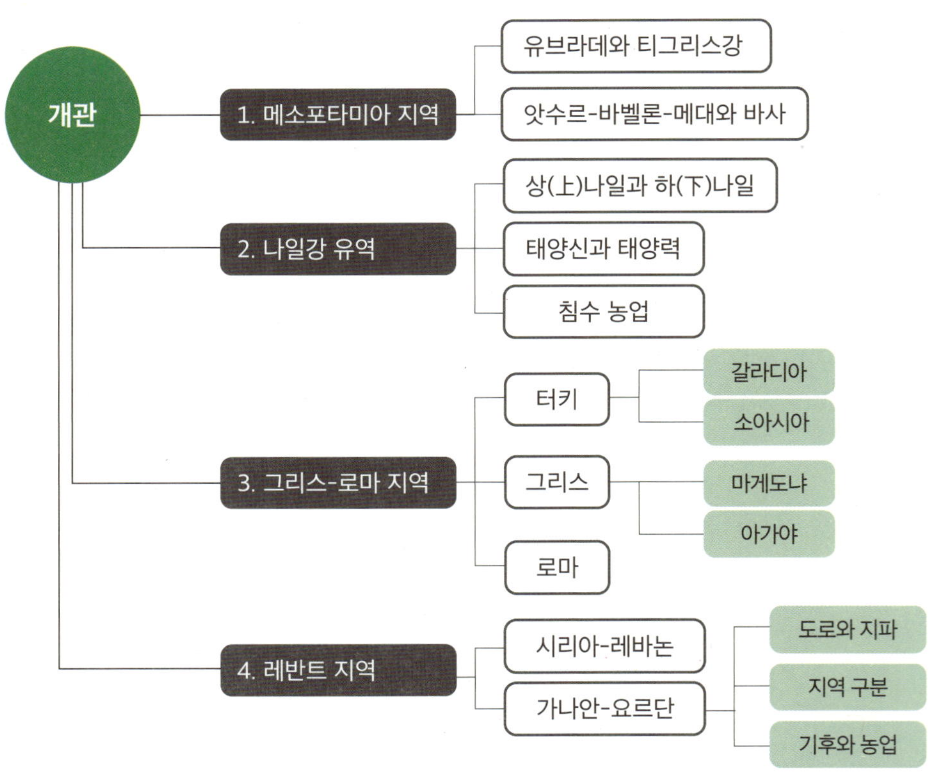

성경 지리를 알아야 하는 이유

'그 땅' 이스라엘은 복의 근원지다. 베드로를 비롯한 제자들이 이 복을 가지고 아시아, 아프리카, 유럽으로 전파함으로 이스라엘은 복의 근원이 되었다. 에스겔이 보았던 환상처럼 성령의 물줄기가 사방으로 흐르게 되었다. 하나님이 아브라함에게 약속하신 "복이 되리라"는 말씀대로 이스라엘에서 시작된 복음이 사방으로 퍼지게 되었다. 박해만 받던 그 땅이 바로 복음을 전하는 보석 같은 곳이 된 것이다.

성경 말씀을 바르게 해석하기 위해선 성경의 배경인 지리와 역사를 제대로 알아야 한다. 예나 지금이나 우리에게 주어진 분명한 자료가 바로 '지리'다. 몇 천 년 전의 그 땅은 지금과 크게 다르지 않다. 문화와 지리는 밀접한 관계가 있는데, 지리적 조건이 비슷한 지역에서는 유사한 문화가 창출되었다.

왜 지리와 역사를 알아야 하는가?

예나 지금이나 변하지 않는 객관적 자료가 '그 땅' 바로 지리다.

지리와 역사를 알아야 말씀을 입체적으로 볼 수 있다.

성경의 많은 사건과 예언의 성취가 지리와 밀접한 관계가 있다.

가슴 벅찬 성경의 역사가 시작되다

성경의 사건은 오늘날 근동이라 불리는 이집트, 이스라엘, 요르단, 사우디아라비아, 레바논, 시리아, 이라크, 이란, 터키에서 일어났다. 이 지역을 '비옥한 초승달 지역'(레반트)이라 부른다. 이는 세계 4대 문명 발상지 중에서 메소포타미아(메소보다미아) 문명과 나일강(이집트) 문명을 연결하면 초승달 모양의 녹지가 나오는데 그 모양을 따서 부르는 명칭이다.

'레반트'는 십자군 시대 이후 '동쪽'이란 뜻이 함축된 말로 '해가 뜨다'라는 프랑스어 'lever'에서 유래했으리라 본다. 유럽인들이 동부 지중해 연안의 레바논과 시리아를 지칭하는 지명이지만 지금의 이스라엘까지 포함하기도 한다. 때로는 '아나톨리아'라는 말과 혼용한다.

세계 4대 문명의 발상지 중 두 곳이 이스라엘의 남과 북에 있다. 남쪽에는 이집트의 나일강 문명이, 북쪽에는 메소포타미아 문명이 있다. 메소포타미아는 아시아이고 나일강 유역은 아프리카다. 그렇다 보니 이스라엘은 두 개의 문명과 두 대륙의 다리 역할을 했다. 후에는 유럽과 아프리카를 잇는 역할도 했다. 후발 주자이긴 하지만 서쪽으로 가면 유럽의 헬라와 로마가 나온다.

고대 근동을 크게 나누면 다음과 같다.

| 메소포타미아 문명 지역: 아시아에 위치

| 나일강의 이집트 문명 지역: 아프리카에 위치

| 그리스와 로마 문명 지역: 유럽에 위치

| 레반트(Levant 해 뜨는 곳) 지역 : 아시아, 아프리카, 유럽 사이에 위치. 이스라엘, 아람, 암몬, 모압, 에돔, 시내 반도

레반트

1. 3개 대륙과 3개 문명의 중앙에 위치한 성경의 땅

2. 비옥한 초승달 지역의 다리 역할을 했다.

3. 신약시대 그리스 로마 문명의 중간지대 역할을 했다.

아브라함에게 복이 되리라는 약속을 하나님은 세 문명의 중심이 되는 레반트, 그것도 이스라엘의 예루살렘을 '여호와 이레'('여호와께서 준비하신다'는 뜻)로 삼고 이루어 가셨다. 믿음의 역사인 성경을 기준으로 보면, 모든 대륙의 강대 세력조차 이 땅에서 일어날 가장 중요한 일, 즉 복음을 완성하고 전파하는 일을 위해 준비된 도구일 뿐이었다.

하나님은 세 문명의 중심에서 믿음의 사람들을 훈련시킨 후 성령을 부어 파송시킴으로써 복의 근원이 되는 땅으로 만드셨다.

메소포타미아 지역: 두 강 사이의 화려한 문명

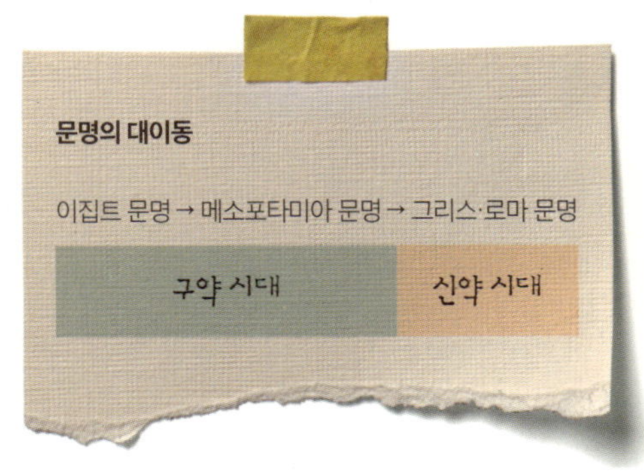

메소포타미아에서 '메소'는 '중간', '포타미아'는 '강들'이라는 뜻으로, '강들 사이'에 위치한 땅이라는 뜻이다. 히브리어로는 '아람-나하라임'(대상 19:6)이라고 부르는데, 이 단어는 '두 강 사이의 아람'이라는 뜻이다. 이는 메세포타미아의 특징을 말해 준다.[1] 즉 티크리스와 유브라데(유프라테스) 강 사이와 주변을 말한다. 현대의 이라크, 시리아 북쪽과 터키의 남동쪽 등지다.

메소포타미아 지방은 창세기 초반부터 아브라함이 등장하는 배경이 되며, 왕국 시대 후반기의 권력이 미치는 지방이다. 아브라함은 메소포타미아에 근원을 둔 아람 사람으로 보인다. 메소포타미아는 창세기와 열왕기상·하, 역대상·하, 에스라, 느헤미야 그리고 예언서 대부분의 배경이다.

예루살렘을 세 대륙의 중심으로 그린 세 꽃잎 지도
가나안 땅이 중요한 이유는 3개 대륙을 연결하는 중심에 위치하기 때문이다.
(Heinrich Bünting's Cloverleaf Map, 1581.)

앗수르에 잡혀간 북이스라엘 사람들은 메소포타미아 상류에 머물렀고, 남유다의 예루살렘에서 잡혀간 포로들은 메소포타미아 하류에 해당하는 바벨론 강변 근처에서 지냈다. 이 사건으로 '디아스포라' 유대인들이 생겼다. 포로로 잡혀간 이들은 회당을 만들고 공동체를 이루어 살다가 훗날 복음의 징검다리 역할을 한다. 초대교회의 오순절 사건 이후 복음은 이 공동체를 기반으로 흘러갔으며 사도 바울은 이 징검다리를 가장 잘 이용한 선교사였다.

티그리스(힛데겔)와 유브라데강: 도시의 밥줄을 움켜쥐다

메소포타미아 문명의 근간을 이루는 두 강은 터키의 동쪽 아라랏산이 있는 산지에서 발원하여 남동쪽으로 흘러 페르시아만까지 흘러간다. 평행으로 흐르는 두 강은 바그다드에서 32km 이내로 가까워졌다가 다시 멀어져 페르시아만 가까이에서 합류한다. 그러나 고대에는 독자적으로 페르시아만까지 흘러간 것으로 보인다. 두 강 사이의 비옥한 땅이 메소포타미아 문명을 만들었다.

1 Wright, Paul, and Barbara Laurel Ball. *Bible Map Atlas with Biblical Background and Culture*. Torrance, Calif: Rose Publishing, 2012. 11쪽

메소포타미아 문명권의 대도시는 모두 이 물길을 따라 세워졌다. 그러므로 물길의 변화는 도시의 흥망성쇠를 결정했다. 창세기에서부터 언급된 대표적인 도시는 유브라데강 남쪽부터 우르, 에렉, 바벨론, 하란 등지다. 티그리스강 연안에는 악갓, 갈라, 레센, 앗수르, 니느웨와 현 이라크의 수도 바그다드가 있다. 남쪽 지류인 카르케강에서 흘러오는 중간에 한때 바사(페르시아)의 수도였던 수산(수사)도 위치한다.

북쪽의 앗수르 제국: 헝그리 정신으로!

메소포타미아 지방은 대략 바그다드를 기점으로 남북으로 나뉜다. 둘 사이에는 지형뿐 아니라 민족, 종교의 차이도 심하다.

바그다드 북쪽은 앗수르 제국이 위치하던 지역으로 남쪽과 달리 높은 산지와 언덕이 많다. 강수량은 남쪽보다 많아 500mm가 넘는 곳도 있다. 여름은 덥지만 겨울은 지독한 추위로 견디기 힘들 정도다. 그러나 풍부한 겨울비는 좋은 초지를 만들어 유목민이 살아가게 해 준다. 이를 바탕으로 앗수르는 제국을 건설하고 부족한 양식을 제공해 줄 남쪽 바벨론으로 통치권을 확장했다. 헝그리 정신에 기초한 유목민 정신은 넓은 제국을 만드는 토대가 되었다.

앗수르는 이집트까지 영토를 확장하려고 남하정책을 폈는데, 이때 중간 지점에 있는 북이스라엘을 정복하게 된다. 임진왜란 때 일본이 중국으로 진출하려고 조선을 친 것과 비슷한 상황이다. 앗수르 입장에서 보면 이스라엘은 국제도로인 해변길에 위치했기에 정복할 수밖에 없었다. 그러나 유다는 정복하지 않았는데, 유다의 주요 도시들이 정복로에서 벗어나 있었기에 굳이 정복할 이유가 없었다. 앗수르는 바벨론보다 더 오랫동안 제국을 이룰 수 있었다.

주요 도시로는 티그리스강 중류에 위치한 앗수르, 니느웨, 갈라(니므롯으로 추정)가 지속적인 발전을 이루었다. 건축 재료는 산지에서 목재와 석재를 구할 수 있었지만 서민은 남쪽 지방과 마찬가지로 여전히 흙벽돌을 사용했다.

남쪽의 바벨론 제국: 등 따숩고 배부른 비옥한 땅

바벨론 제국은 바그다드에서 남쪽으로 560km 하류 지방에 위치해 있었다. 이곳은 상류에서 운반되어 온 퇴적물로 땅이 기름졌다. 고온 건조한 기후대에 속하여 강수량이 적으므로 주로 관개농업에 의존했는데, 지나친 관개농업은 자칫 염

메소포타미아 지방
'강들 사이'에 위치한 땅이란 뜻으로, 창세기, 열왕기상·하, 역대상·하, 느헤미야 및 많은 예언서의 배경이 되었다.

티그리스, 유프라테스강 유역
우르, 바벨론, 하란, 앗수르, 니느웨 등 문명 도시가 강을 사이에 두고 세워졌다. 따라서 물길의 변화는 도시의 흥망성쇠를 결정했다.

류를 집적시키기 쉬우므로 도시의 흥망성쇠를 결정하기도 했다. 우르 같은 도시를 예로 들 수 있다. 건축 재료는 진흙을 사용했다. 이 남부 지역을 시날 땅이라고 부르는데 다음 구절이 이 지역의 건축 재료를 잘 말해 준다.

> 시날 평지를 만나 거기 거류하며 서로 말하되 자, 벽돌을 만들어 견고히 굽자 하고 이에 벽돌로 돌을 대신하며 역청으로 진흙을 대신하고 창 11:2-3

봄이 되면 높은 산지의 눈이 녹으면서 티그리스와 유프라테스(유브라데)강으로 흘러들고 이집트와 달리 농경에 부적합하다. 그래서 메소포타미아 중부와 남부 사람들은 운하를 만들어 농사짓는 한편 도시를 세웠다. 길가메시 서사시는 홍수를 다룬 이야기로 유명하다. 이는 모두 메소포타미아의 자연환경과 관련이 깊다.

관개농업은 풍요를 가져와 건축 재료와 사치품을 맘껏 수입할 수 있었다. 이곳에 위치한 바벨론은 요한계시록에서도 풍요로 세상을 꾀는 음녀의 상징으로 묘사되었다.

강과 습지대에서는 생선을 얻었을 뿐 아니라 농업으로 풍요로운 양식을 얻어 최초의 문명을 만들었다. 시날 땅의 바벨탑, 수메르 문명, 아카드와 바벨론 문명은 이 땅의 풍요로움을 증명한다. 그러나 바벨론 제국이 세계를 장악한 기간은 짧았다. 헝그리 정신이 있어야 오래 지속되는데 풍요에 빠져 70년도 유지하지 못했던 것이다. 그렇지만 그들의 물질문명은 어떤 강력한 적들도 집어삼키는 힘이 있었다. 알렉산더도 음녀의 도시 바벨론에서 죽음을 맞았다. 이 땅은 헝그리 정신을 가진 메대와 바사에게 정복당했다.

동쪽의 바사 제국: 악바리 산악 민족

메대는 악메다를 수도로 하고 산지를 중심한 산악 민족에 가깝다. 현재 쿠르드족이 메대의 후예다. 바사(페르시아)의 수도는 에스더서를 보면 수산(수사)으로 보이지만 실제로는 페르세폴리스가 중심지 역할을 했다.

위 세 나라의 풍요 순은 바벨론, 앗수르, 메대와 바사다. 그러나 제국을 이루고 유지한 기간 순은 바사, 앗수르, 바벨론 순이다. 역사가 토인비는 역사를 '도전과 응전'으로 그렸다. 헝그리 정신을 가질 수밖에 없는 지역에 사는 사람들이 더 오랜 기간 권력을 차지했음을 알 수 있다.

나일강
이집트는 나일강의 선물이다. 주변이 모두 사막인데 강물이 흘러 안정된 문명을 이룰 수 있었다.

북서쪽의 헷(히타이트) 제국

앗수르 북서쪽에 있던 헷(Hittite, 히타이트) 왕국의 수도는 하투샤(현, 보아즈칼레)로 추정된다. 터키 수도 앙카라에서 약 230km 떨어진 이곳에서 화려한 문명의 흔적이 발견되었다. 헷 왕국은 블레셋으로 추정되는 해양 민족에게 완전히 궤멸되면서 사방으로 흩어졌고, 헷 왕국을 이은 브루기아 왕국 이후 이렇다 할 정부가 들어서지 않았다. 소아시아의 사데에서 크로에수스왕이 리디아 왕국을 일으켜 팽창한 때도 있었다. 그러나 이것도 바사(페르시아)왕 고레스에게 저지되면서 헬라, 로마 시대로 식민 통치가 이어졌다.

갈라디아는 로마 시대 브루기아와 갑바도기아 등지를 포함하는 로마 제국의 영토로 편입되었다. 로마가 행정구역으로 묶은 갈라디아는 동쪽으로 갑바도기아, 서쪽으로 소아시아 경계에 이르고, 북쪽으로 흑해에 위치한 본도, 남쪽으로 버가가 있는 밤빌리아, 지중해변을 따라 다소가 있는 길리기아에 이르는 광범위한 지역이었다.

이곳에는 켈트, 브루기아, 루가오니아 세 부족이 함께 거주하며 각자 고유의 언어를 사용했다. 그러나 로마의 아구스도(아우구스투스)가 BC 25년 이 지역을 흡수하면서 그리스, 로마 문화에 점차 흡수되어 갔다. 갈라디아서가 어디로 보내졌는지는 확실치 않으나 전도여행의 결과라면 남쪽 갈라디아일 것이다.

갈라디아는 지리적으로 소아시아의 중앙 고원 북부에 있다. 지중해 해변에서 내륙으로 들어와 위치한 고원 지대는 물이 풍족하여 경작 가능한 농경지가 많다. 그러나 교통이 용이하지 못해 로마와 교역하는 데 장애가 있어 세바스테 길(Via Sebaste)을 만들기도 했다.

고대 헷 왕국과 브루기아, 리디아 왕국에 이어 페르시아(바사) 왕국이 이 지방을 점령했다. 페르시아가 이곳을 점령했을 때는 도시국가인 아테네 등지에 이오니아인이 살고 있었다. 헬라의 도움을 받은 이오니아인은 페르시아에 대항해 독립운동을 일으켰다. 페르시아가 헬라를 향해 두 번 원정온 것은 이 때문이다. 이에 대한 반격으로 마게도냐와 헬라를 통일시킨 알렉산더의 동방원정이 이루어져 헬라 문명이 아시아 지방에 자리 잡게 되었다.

이집트 지역: 나일이 선물한 특혜

이집트는 아프리카 대륙의 동북단에 위치하여 동서 문화의 교량 역할을 하면서 찬란한 문명을 꽃피웠다. 이집트의 가장 중요한 자원은 나일강인데, 이 강을 따라 문명이 발달했다. 나일강 문명의 주인공 역할을 한 이집트는 헤로도토스가 말한 대로 '나일의 선물'을 누린 자들이다.

이집트는 지중해에서 불어오는 시원하고 부드러운 계절풍 덕에 연중 화창하고 건조한 기후를 유지한다. 이집트의 북쪽은 지중해이고 남쪽은 나일강을 제외하고는 모두 광활한 사막이며 북동쪽은 시내 광야가 위치한다.

이렇게 사방이 바다와 사막으로 둘러싸이다 보니 외적의 침입이 대단히 어려웠다. 그래서 이집트는 메소포타미아보다 전쟁이나 외부의 침략이 훨씬 적었고 통일된 왕국을 지속할 수 있었다. 많은 문화재가 파손되지 않고 보존되어 연대 계산의 기초로 사용할 수 있는 것도 이런 지리적인 장점 때문이다.

유럽(소아시아 포함) 지역: 그리스와 로마

사도행전에 들어서면서 역사의 배경이 유럽으로 넓어진다. 메소포타미아에서 북쪽으로 확장된 배경은 지금의 터키를 1차와 3차에 걸쳐 여행한 바울의 전도여

알렉산더
아리스토텔레스의 제자로 헬라 철학을 가지고 헬라제국을 만들었다.

행 때 자세히 다룬다(《역사지리로 읽는 성경》 신약편 참조). 2차 전도여행 때는 배경이 그리스로 확대되고 4차 로마 호송 때는 지중해 전체와 로마까지 나아간다.

그리스

바울 일행이 도착한 유럽(Europe)이라는 땅의 명칭은 메소포타미아 사람들이 서쪽의 땅, 혹은 해지는 곳을 가리키는 히브리어 에레브(ereb, 저녁이라는 뜻)에서 유래되었다고 한다. 신화에 의하면, 제우스와 유로페 사이에 태어난 아들이 미노스(미노아)인데, 그는 그레데(크레타)에서 왕이 되어 미노스(미노아) 문명을 일으켰다. 이 문명은 헬라 문명의 모체가 되었지만 주도권이 미케네 문명으로 넘어가면서 유럽 본토로 옮겨졌다. 그리스 신화의 신들의 이름과 문화적인 면을 고려할 때 유럽의 문명은 동쪽의 바벨론, 바사(페르시아), 베니게(페니키아-옷감 빛깔과 알파벳)에서 유래했다고 할 수 있다. 이 지역은 구약의 범위에서 넘어선 지역이므로 신약에서 다루도록 한다.

로마

로마는 사도 바울의 서신과 전도여행에서 언급된다.

구약에서는 이곳 사람들을 "디라스"(창 10:2, 야벳의 후손)라고 했는데, 해안에 야벳의 아들 야완(헬라인)의 후손인 깃딤 사람들이 살았다고 한다. 깃딤의 배는 로마의 군대를 의미했다(단 11:30). 전설에 따르면, 로마는 BC(주전) 753년에 건국되었으며 왕정 제도를 유지하다가 BC 509년 왕을 추방하고 공화정을 이루었다. BC 494년 평민과 귀족이 함께 공화정을 이룩하고 지속적으로 발전하였다. 남쪽으로는 라티움이 자리 잡고 있었는데 이곳 사람을 '라틴'(Latin) 사람이라 불렀다. 이들은 가축을 키웠으며 밀, 포도, 올리브 농사를 지었다.

남쪽 해안은 헬라인의 식민지였다. 결국 로마는 이탈리아 반도를 통일하고 카르타고와 3차에 걸친 포에니 전쟁(페니키아 전쟁)을 치르며 해양의 강자로 부상한다. 지중해를 석권해 나가면서 전 헬라제국을 수하에 두게 된다. 개국부터 잘 발달된 법체계를 확립하였지만 문화는 그들보다 발전된 헬라 문화를 받아들였을 뿐 아니라 공식적인 언어도 헬라어를 사용하였다. 로마는 세계화를 위하여 법제화를 중요시했다. 또한 도로를 정비하였다. 곧고 포장된 도로는 로마가 제국으로 나아가는 데 큰 역할을 하였다. 한편 로마는 각 민족의 종교를 존중해 주었으며 가능하면 자치주의를 할 수 있도록 허용했다.

헬라어와 헬라 문화, 로마의 법을 합쳐 일컫는 그레코-로만 문명을 창출해 냈다.

레반트 지역: 시리아와 레바논

레반트 북쪽은 시리아와 레바논이 해당된다.

1) 지형적인 특성으로 가장 눈에 띄는 점은 큰 산맥이 남북으로 길게 뻗어 동쪽과 서쪽을 갈라놓는다는 것이다. 북쪽부터 산맥이 해안을 따라 시리아 서쪽으로 연속해서 내려오다가 레바논산맥과 안티레바논산맥이 만나는 헤르몬산(2814m, 헬몬 또는 헐몬산)에서 꼭짓점을 이룬다.

헤르몬산의 남쪽에서 흘러나오는 물은 이스라엘로 흘러 요단강이 되고 동쪽으로 흐르는 물은 시리아(수리아)의 다메섹으로 흘러 바라다강(왕하 5:12에는 아바나강)이 된다. 북쪽으로 흐르다 서쪽으로 흘러가는 물은 오론테스강이 되어 안디옥을 적신다.

아마누스산지(Amanus, 2100m 이상)는 시리아의 북쪽 경계다. 이 산지의 서쪽으로 가면 길리기아 다소에 이르러 현재 터키 동부로 갈 수 있다. 바울이 전도여행 때 주로 사용한 길이다. 아마누스산에 이르기 전 알레포에서 동쪽으로 가면 메소포타미아(메소보다미아)로 간다. 해

레반트 지역

변길의 연장이다.

2) 중요 도시로 레바논 해변 쪽으로 고대 바알 신화 내용이 발견된 우가릿과 시돈 족속이 살던 두로와 시돈이 있다. 이 두 도시를 합쳐 페니키아(베니게)라고 불렀다.

산맥 동쪽에 위치한 내륙에는 해변길이 지나면서 북쪽부터 안디옥, 알레포, 에블라, 하맛, 팔미라(다드몰), 다메섹 등지가 유명하다.

3) 무역로는 이집트에서 해변길을 따라 다메섹까지 올라와 다메섹-다드몰(팔미라)-마리-바벨론으로 연결하여 메소포타미아 남부 바벨론으로 가는 길이 있는가 하면, 다메섹-에블라-알레포-갈그미스-하란으로 향하여 메소포타미아 북부 앗수르로 가는 길이 있다.

시리아 남쪽에 나타나는 레바논산맥은 독특하다. 남쪽 헤르몬(헬몬)산까지 지속적으로 뻗은 3000m가 넘는 산맥은 특이하게도 안티레바논산맥이라는 병행 산맥과 나란히 달린다. 두 산맥 사이의 고원 지대와 베카 계곡은 신약시대에 이두래와 칼키스로 불렸다.

'레바논'이라는 이름이 '희다'라는 뜻을 가진 것도 이런 산지와 고원에 쌓인 눈에서 연유한다. 레바논산맥에서 산출되는 백향목은 최고급 나무로 300년까지는 똑바로 자라다가 이후로 구부러지는 특성이 있는 침엽수다. 이 백향목 때문에 비블로스 항구가 발전했다. 두 산맥 사이에 위치한 베카 계곡의 중심 도시는 바알벡이라 할 수 있다. 시리아에 해당되는 권역의 주도권은 주로 아람 사람들이 잡았다. 그러나 서쪽 해안가는 베니게인이 거주했다. 농사에 적합하지 않은 자연환경은 자연히 해상 무역을 발전시켜 페니키아 문명을 이루기까지 했다. 그 유명한 카르타고의 한니발도 베니게의 후손이다.

4) 역사

현재 성경은 이 지역의 역사 순서를 존중하여 기록되었다.[2]

■

2 Stern, Ephraim, Ayelet Levinzon-Gilboa, and J. Aviram. *The New encyclopedia of archaeological excavations in the Holy Land*. Jerusalem: Israel Exploration Society &Carta, 2008. 5권 2126쪽 연대결정은 역사적 고고학 기간을 참고하였다.

중기 청동기 시대(창세기)	BC 2100-1550
후기 청동기 시대(출애굽-여호수아)	BC 1550-1200
철기 시대(사사기~)	BC 1200-586
왕국 시대(사무엘-대하)	BC 1040-586
다윗의 예루살렘 점령(BC 1000) 유다와 이스라엘 분열(BC 928) 북이스라엘의 멸망(BC 722) 남유다의 멸망, 솔로몬 성전의 파괴(BC 586)	
페르시아 시대(에스더-말라기)	BC 586-332
바벨론 포로 귀환(BC 537) 제2성전 봉헌(BC 515) 예루살렘성 재건(느헤미야)(BC 445)	
헬라 시대(중간기1)	BC 332-167
알렉산더 페르시아 정복(BC 332) 마카비 반란 시작(BC 167)	
하스모니아 시대(중간기2)	BC 167-63
마카비 가문 성전 봉헌(BC 164) 로마 폼페이 성전산 점거(BC 63)	
로마 시대(신약시대)	BC 37-AD 324
헤롯의 통치(BC 37-4) 예수님의 사역(BC 4-AD 30) 유대인의 대반란(AD 66-70) 제2성전 파괴(AD 70) 사도 요한 죽음(AD 100년경)	

가나안(이스라엘)과 요르단: '큰 힘'들이 탐내는 사이 땅

레반트 중 가나안 땅은 대륙과 문명 사이에 위치하여 교량 역할을 했는데, 고대 문명의 발상지인 나일강(아프리카)과 메소포타미아(아시아)를 연결했다. 동쪽은 사막, 서쪽은 해안으로 이루어져 이스라엘로 교통이 집중되었다. 이외에 유럽에서는 그리스(헬라)인, 로마인, 십자군 등이 들어왔다. 그야말로 열방에 둘러싸인 땅이다.

> 주 여호와께서 이와 같이 이르시되 이것이 곧 예루살렘이라 내가 그를 이방인 가운데에 두어 나라들이 둘러 있게 하였거늘 겔 5:5

작은 땅일지라도 상업적, 정치적으로 중요하여 '큰 힘'들이 탐을 냈다. 그러므로 이 땅의 거민은 안전을 위하여 하나님을 의지할 수밖에 없었다. 이것은 그들을 훈련하는 도구이기도 했다(신 4:27, 28:63; 왕하 17:5-7; 대하 36:15-20).

경계

지역의 경계는 지리적인 경계와 거주지 경계로 나누어 생각할 수 있다. 지리적으로는 애굽(이집트) 시내에서부터 유브라데(유프라테스)까지를 이상적인 경계로 생각해 왔다(창 15:18-21). 그러나 북쪽의 경계는 한정하기 어렵다. 오늘날 시리아와 이스라엘은 역사적으로 하나의 지형적 통합체로 여겨 왔고 북쪽 경계 지점으로 표기된 하맛(하마, 민 34:8)은 다메섹과 레바논의 베이루트를 포함하는 것을 의미한다. 그러나 이스라엘 사람들이 거주하는 이스라엘의 현실적인 거주지 경계는 다르다. 이스라엘의 실제 경계는 단에서부터 브엘세바까지(삿 20:1; 삼상 3:20), 동(東)으로는 요단강, 서(西)로는 지중해(민 34:7; 수 9:1; 신 11:24)다.

방향 감각

지역 구분을 하기 전에 방향을 정하는 일이 중요하다. 보통 지도에서 북쪽은 위쪽에 표시한다. 그러나 성경은 동쪽을 앞이나 위로 표시한다. 창세기 14:15에 아브라함이 롯을 구하러 '다메섹 왼편 호바까지' 갔다고 나오는데 여기서 '왼편'은 북쪽이다. 그러므로 오른쪽은 남쪽, 위는 동쪽이 된다. 성전의 정문도 동쪽을 향한다. 이런 관점에서 앞으로 지도는 가능하면 성경적인 관점으로 그리도록 하겠다. 이 시도는 말씀을 내 관점이 아닌 성경적인 관점에서 보는 첫걸음이 될 수 있다.

지역 구분

이스라엘은 우리나라 강원도 크기의 작은 땅이다(240x75km^2). 그러나 이스라엘은 약 50개의 독특한 지형을 가진 지역으로 이루어졌다. 지형적인 다양성, 분할, 격리 등이 종종 그 주변 땅과 완전히 다른 특성을 가지게 했다. 이스라엘 땅은 조상들이 지어 준 이름, 지파의 거주지, 지형의 특징 등을 참고하여 구분되었다.

먼저 지명을 만드는 데 가장 큰 영향을 준 사람은 야곱이다. 야곱은 요단 동편에 증거의 무더기를 쌓고 '갈르엣'이라 불렀는데 여기서 '길르앗'이 유래했다. 이후에 야곱의 열두 아들의 후손이 분배받은 땅은 12지파에서 따왔다.

12지파 중 르우벤, 갓, 므낫세 반지파는 가나안에 들어오기 전에 요단 동편에서 분배를 받았다.

가나안 정복 시 여호수아가 속한 에브라임 지파와 갈렙이 속한 유다 지파가 조상 덕에 가장 안전한 에브라임 산지와 유다 산지를 받았다. 유다는 남쪽의 넓은 땅 중 네게브를 시므온에게 주었고, 에브라임 지파는 그의 형제 므낫세에게 북쪽을 내주었다. 에브라임과 유다의 이권이 겹치는 완충지대에는 베냐민과 단 지파가 분배를 받았다. 그 외 분배받지 못한 약한 지파들은 모두 북쪽으로 갔다. 가장 북쪽 땅은 납달리 지파가, 나사렛이 속한 지방은 스불론 지파가, 이스르엘 골짜기는 잇사갈 지파가, 악고 평야는 아셀 지파가 분배받았다.

거기에 단 지파가 블레셋에 밀리면서 헤르몬산 아래 요단강이 터져 나오는 단(고대의 라이스)으로 이동했다. 북쪽에 5개 지파가 몰려 있기에 지파를 구분하여 부르기 애매하므로 '그 땅' 혹은 '그 지역'이라는 뜻의 갈릴리(하갈릴리)라 불렀다. 우리나라 단어로 부르자면 전라도 사투리인 '거시기'가 갈릴리라는 단어와 가장 흡사할 것이다.

지파 구분을 기초로 가나안은 남북으로 크게 4개 권역으로 나눌 수 있다. 중앙 산지, 해안 평야, 요단 계곡, 요단 동편이 그것이다. 중앙 산지는 네게브와 이스르엘 골짜기에 의해 크게 3등분된다.

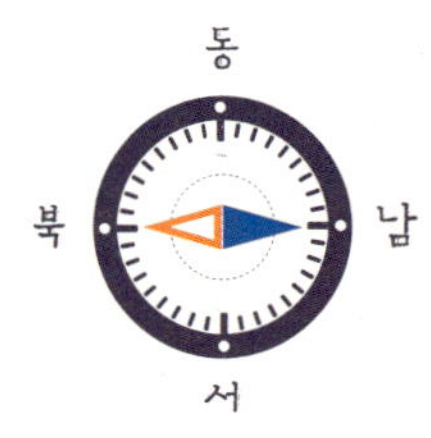

성경은 동쪽을 앞이나 위로 본다. 이 관점에서 성경을 읽어야 그 의미를 제대로 알 수 있다.

지역 구분
지역을 구분하는 기준은 주로 지파의 이름이지만 때로 지파의 힘이 약할 때는 예전에 불리던 지역 이름을 사용한다. 신약시대에 이르면서 그 이름(주황)도 일부 바뀌었다.

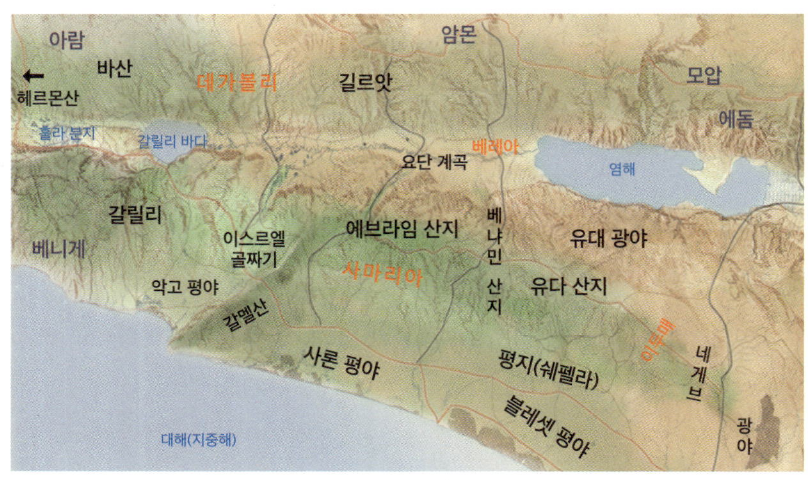

1) 중앙 산지

가) 광야(신 광야, 바란 광야)
나) 유다 산지(유대 광야, 쉐펠라)
다) 베냐민 산지
다) 에브라임 산지(신약의 사마리아 산지)
라) 갈릴리
마) 갈멜 산지

2) 해안평야

가) 블레셋평야
나) 사론평야
다) 악고평야

3) 요단 계곡(대협곡, 지구대)

가) 아라바 광야
나) 염해(사해)
다) 요단 계곡
(신약 때는 요단 동편을 '베레아'라 부름)
라) 갈릴리 바다
마) 훌라 분지
바) 헤르몬산

4) 요단 동편

가) 에돔
나) 모압
다) 암몬
라) 길르앗
(신약시대에는 고원을 '데가볼리'라 부름)
마) 바산(골란)
(신약시대에는 이 지역도 '데가볼리'라 부름)
바) 아람(수리아)

5) 중앙 산지를 세 구역으로 나누는 지점

가) 네게브(남방)
나) 이스르엘 골짜기

지역 이름의 유래

지역 이름은 일차적으로 지역에 사는 사람들의 조상에서 유래한다. 남방에는 시므온 지파가 있었지만 존재감이 없어 예전부터 부르는 지역 이름인 '네게브'(남방)를 사용했다. 남쪽 유다 산지는 유다 지파의 땅에서 유래하고, 에브라임 산지는 베냐민과 므낫세 땅을 일부 포함하지만 에브라임 지파에서 유래한다. 가장 북쪽 산지는 확실한 지파 이름이 없어서 '그 땅, 그 지역'이라는 뜻을 가진 갈릴리가 되었다. 우리나라 단어로 부르자면 전라도 사투리인 '거시기'가 갈릴리라는 단어와 가장 흡사할 것이다.

요단강 동편 지역은 두 개 반 지파가 있었지만 그보다도 야곱이 정하여 준 '갈르엣'(창 31:48 증거의 무더기)을 따라 '길르앗'이라고 불렸다.

성경 저자마다 지역 구분을 다르게 하기도 하지만 자주 언급되는 이름은 다음과 같다.

> 방향을 돌려 행진하여 아모리 족속의 산지로 가고 그 근방 곳곳으로 가고 아라바와 산지와 평지(쉐펠라)와 네겝과 해변과 가나안 족속의 땅과 레바논과 큰 강 유브라데까지 가라 신 1:7

> 여호수아가 이같이 그 온 땅 곧 산지와 온 네겝과 고센 온 땅과 평지와 아라바와 이스라엘 산지와 평지(쉐펠라)를 점령하였으니 수 11:16

> 베냐민 땅과 예루살렘 사방과 유다 성읍들과 산지의 성읍들과 저지대(쉐펠라)의 성읍들과 네겝의 성읍들에 있는 밭을 은으로 사고 증서를 기록하여 봉인하고 증인을 세우리니 이는 내가 그들의 포로를 돌아오게 함이니라 여호와의 말씀이니라 렘 32:44

도로

양 대륙과 문명의 교량 역할을 하던 이스라엘의 모든 경제는 도로에 의존한다고 해도 과언이 아니었다. 가장 중요한 도로망은 남북 도로(이집트-메소포타미아를 연결하는 대로)다.

1) 남북 도로

가) 해변길

남북 도로에서도 으뜸은 '해변길'(Via Maris, 사 9:1-2, 19:23; 마 4:15)로 이집트-가사-해안 평야-아벡-므깃도-이스르엘 평야-와디 아르벨-갈릴리 바다(막달라 평지)-훌라 분지(하솔, 단)-다메섹-바벨론으로 이어진다.

이스라엘의 지파와 주요 도로

12지파 중 11개 지파가 땅을 분배받았다. 그러나 요셉 지파가 2개 지파로 분리되면서 12개 지역이 되었다. 므낫세는 동쪽과 서쪽에 모두 분배받았다. 가나안 땅은 요단강 서쪽만을 의미한다. 도로는 남북으로 3개, 동서로 4개가 있다.(점선 표시 부분)

해변길은 근동의 여러 문화권을 연결했으며 때로 군사도로로도 사용되었다. 이집트와 메소포타미아 제국이 영토 확장을 위해 서로의 영역을 침범하려 할 때 유일하게 사용한 통로이기도 했다. 이런 이유로 이집트는 영토 확장이나 자신의 지역을 선제적으로 방어하기 위해 해변길을 따라 수비대를 두었고, 때로는 그 지역이 북쪽 가나안과 수리아 지역까지 이르기도 했다.

해변길
근동의 여러 문화권을 연결, 때로 군사도로로도 사용되었다.
예수님도 해변길에 있는 갈릴리에서 주로 사역하셨다.

왕의 대로
요단강 동편에 위치.
사도 바울이 회심 후 아라비아로 갔을 때 이용했을 것이다.

족장의 도로
아브라함, 이삭 등 성경 인물들이 가장 많이 이용했다.

동서 도로
동과 서를 잇는 4개의 도로. 이스르엘 골짜기 길, 에브라임 산지 길, 베냐민 산지 길, 네게브 길이 있다.

나) 왕의 대로

요단 동편 왕들에 의해 건설된 왕의 대로(King's Highway, 민 20:17)는 요단강 동편에 위치하여 엘랏-에돔-모압-암몬-길르앗-바산-다메섹-바벨론으로 연결된다.

다) 족장의 도로

두 국제도로보다 성경에서 중요시하는 도로가 있다. 비록 국제적인 길은 아니지만 유목민이던 아브라함과 이삭, 야곱 그리고 이스라엘 사람들이 가장 많이 이용하던 족장의 도로(Patriarchs' Road)다. 이 도로는 세겜-실로-벧엘-미스바-라마-기브아-(예루살렘)-베들레헴-헤브론-브엘세바를 연결하는 길이다.

2) 동서 도로

남북 도로를 연결하는 네트워크 역할을 하는 도로가 동서로 놓여 있다. 이스라엘은 남북으로 길게 늘어선 산맥이 가로막고 있어 일부 특이 지형 외에는 동서로 이어지는 교통로를 허락하지 않는다. 그 도로는 다음과 같이 나눌 수 있다.

가) 길르앗-벧산-이스르엘-해변길(이스르엘 골짜기 길)
나) 브누엘-아담-디르사-세겜-사마리아-해변길(에브라임 산지 길)
다) 암몬-여리고-라마-벧호론-아얄론-욥바(베냐민 산지 길)
라) 보스라-염곡-아랏-브엘세바-그랄-가사(네게브 길)

기후

이스라엘의 기후는 건기(여름)와 우기(겨울)로 나뉜다. 이 중간에 전환기적인 계절이 있다. 기후는 지리와 밀접한 관계가 있는데, 이스라엘의 서쪽은 바다, 동쪽은 광야이기에 비구름은 서쪽에서만 불고, 동쪽에서는 아라비아로부터 건조하고 더운 바람이 불어온다. 지중해 서쪽이나 북쪽에서 부는 바람이 산에 부딪치면서 서쪽 부분에 비를 내린다(유대 산지 단면도 참조). 이 비 때문에 유대 산지의 서쪽은 울창한 숲을 이루고, 그 숲에 여우나 곰, 사자 등의 짐승이 산다. 하지만 동쪽은 우기인 겨울에 흩뿌리듯 내릴 뿐 비가 거의 오지 않아 유대 광야를 형성한다(신 11:8-18, 8:7-10). 하지만 그 비로 인해 풀이 자라 광야에서 목축을 한다.

계절 구분은 비와 깊은 관계가 있다. 근동에서는 비가 오고 그치는 시기가 매우 중요하며 이스라엘도 우기를 중심으로 계절이 구분된다.

봄은 전이계절(4~5월)로 늦은 비(말코쉬)가 내려 추수 전에 마지막 수분을 공급하는 시기다(신 11:14; 약 5:7; 렘 3:3, 슥 10:1). 유월절은 첫 열매인 아몬드(성경에는 살구꽃)를 수확하는 시기로 이스라엘의 종교력이 시작된다(출 12:2). 주로 온화한 날씨(21~23℃)를 보이나 때로 동/남의 바람은 뜨겁고 먼지가 많은 날씨를 만든다. 이런 날씨를 함신(샤라브 또는 시로코, 4월 말~5월 초)이라 부르며 1년 중 50일가량 나타난

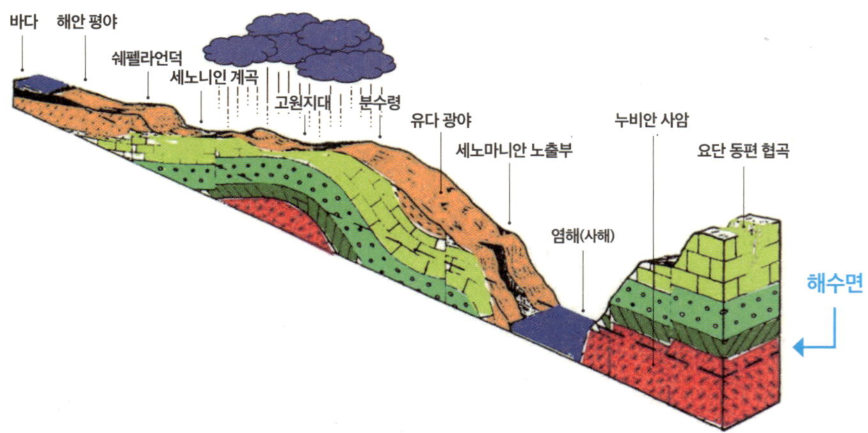

동서로 자른 유대 산지 단층도
서풍은 바다에서 비구름을 가져와 분수령의 서쪽에 푸른 초장을 만들지만 그 동쪽은 광야가 된다.

다. 풀과 꽃은 여전히 있으나 곧 말라 버린다(사 40:6-8).

여름은 오랜 건기로 이어진다. 5~10월에는 비가 전혀 내리지 않는다(아 2:11; 잠 26:1; 삼상 12:16-18). 이스라엘에서는 초여름에 곡식을 수확하는데 이 시기가 오순절(칠칠절, 샤브옷, 출 23:16)이다. 공기층은 매우 안정되며 계속되는 청명한 날씨에 물이 많이 필요하나 샘물과 우물, 몇몇 작은 시내에 의존할 수밖에 없다. 더욱이 동쪽 아라비아 사막에서 불어오는 더운 바람은 요단 계곡의 기온을 49℃, 예루살렘을 40℃까지 이르게 한다. 그러나 오후 2~3시에 서쪽에서 규칙적으로 시원한 바람을 몰고 와서 밤에는 이슬이 내리기도 한다(아 5:2). 7~8월에는 포도 수확을 시작으로 여름 과실을 거둔다.

가을은 전이계절(10~11월)로 감람, 포도, 기타 과일과 견과류 열매를 수확한다. 첫 비가 내리는 이 시기를 숙곳(초막절, 수장절, 장막절)이라고 부른다. 숙곳 15일 전은 신년이 시작되는 나팔절(로쉬 하 샤나)이다. 이때 파종을 하고 우기, 즉 겨울 동안 곡식이 자란다. 일반적으로 사람이 살기에 알맞은 계절이다.

겨울철 우기에 자주 내리는 소나기(12월~이듬해 2월)는 땅의 물 저장고를 채운다. 소나기는 주로 강한 바람과 추위를 동반하며 때로는 며칠 동안 계속되기도 한다. 이런 폭풍우에 밖에 나가면 비에 젖은 생쥐 모양이 되기 십상이다. 산지에는 싸라기눈이 내린다. 예측할 수 없게 궂은 날씨와 맑은 날씨가 엇갈린다. 우기에는 춥고 습하며 살아가기 힘들지만, 이때 내린 비와 눈이 농사를 가능하게 하고 다가오는 여름을 살아가는 데 필수적인 물을 공급하는 것을 알기에 오히려 기뻐한다. 겨울 중반에 들어서면 광야조차도 푸른 초지로 변한다. 목자들은 산지의 추위 때문에 이 시기에는 해발고도가 낮은 장소를 선호한다. 헤롯은 해발 -260m인 여리고에 겨울 궁전을 만들었다.

서쪽
비구름이 내려 울창한 숲을 형성

동쪽
서쪽 비구름이 고원지대에 막혀 비가 거의 안 옴. 유대 광야 형성

이스라엘의 사계절

봄 늦은 비: 유월절. 21-23℃
여름 건기: 오순절. 40-49℃
가을 이른 비: 초막절, 수장절, 장막절, 나팔절. 열매 수확
겨울 우기

여름

겨울

가이사랴 빌립보의 여름과 겨울
이스라엘 땅은 여름에 비가 오지 않는다. 그 결과 시냇가의 나무는 무성하지만 산에는 풀이 나지 않는다. 반면에 겨울에는 비가 와서 풀이 나지만 추위에 낙엽이 져 숲은 휑하다.

바람	특징	관련 성구
북풍	겨울에 비를 동반하는 찬바람	욥 37:9, 22; 잠 25:23
남풍	여름에 사막의 더운 바람	사 21:1; 슥 9:14; 행 27:13
동풍	봄·가을에 덥고 건조한 바람	출 10:13; 시 48:7; 욘 4:8
서풍	여름: 시원한 바람 / 겨울: 비 동반	왕상 18:44; 눅 12:54

매년 이스라엘 사람들은 물이 하늘에서 온다는 것을 되새긴다. 이스라엘의 물의 근원은 강을 이용한 수리시설이 아니라 하늘에서 오기 때문이다. 하나님께서 겨울 우기에 비를 내리시지 않으면 샘은 말라 건기인 여름을 지날 수 없다. 그러므로 이스라엘의 반역과 불신 앞에 하나님의 훈련은 두 형태로 나타난다.

| 훈련 혹은 징벌에는 비와 이슬을 거두심 : 왕상 18:1-2; 렘 3:3
| 결정적인 징계는 외래의 침략과 땅에서의 추방을 이용하신다.

지질

이스라엘은 대부분 석회암으로 덮여 있으나 석회암의 강도와 강수량의 차이 때문에 다양한 지형이 발달했다. 석회암은 다른 돌보다 자르기 쉬워 돌로 된 집을 많이 지었다. 반면에 나무가 귀했는데, 가장 귀한 집은 '레바논 백향목'으로 지은 궁전이었다. 특이하게 갈릴리 지방 북쪽 바산 지역은 화산이 폭발할 때 나온 현무암으로 덮여 있어 우리나라의 제주도와 비슷한 경관을 연출한다. 예수님이 사역하신 갈릴리 북쪽은 검은 현무암으로 이루어져 맷돌의 주산지였다.

이스라엘은 고도차가 크다. 헤르몬산은 2814m인데 염해는 -410m이다. 거리로는 차로 세 시간이면 갈 수 있는데 이렇게 큰 차이가 난다. 그래서 3~4월에 가면 염해에서 해수욕을 하고 헤르몬산에서 스키를 탈 수 있다. 이러한 고도 차이 때문에 다양한 민족이 살 수 있었다.

이스라엘 땅엔 비가 별로 안 와서 동쪽에 집을 지으면 수천 년 지나도 그대로 있는 경우가 많다. 지진으로 무너져 흙먼지로 덮여 있다가 고고학 발굴 때 발견되곤 한다. 대표적인 것이 쿰란 사본이다. 2천 년이 지났어도 건조한 모래에 파묻혀 있어서 전혀 손상되지 않았다. 우리나라는 2천 년 전 유물을 발견하면 큰 이슈가 되는데, 이스라엘 사람들은 3천 년 전 유물은 좀 오래되었다고 생각하고, 8천 년 전쯤 되어야 진짜 오래된 고고학적 유물이라고 말한다. 대표적인 것이 여리고성인데 8천 년 전 유물이다. 여리고는 동쪽에 위치해 있기 때문에 먼지에 덮여 있다가 발견되었다.

지중해 주변에는 연석회암, 모래들이 있고, 산지 위에는 강한 석회암이 주로 있다. 산 위가 평평해서 대부분의 도시들이 여기에 형성되었다. 광야 쪽으로는 풀이 조금 나기 때문에 목축을 하고, 서쪽에서는 과일 농사와 보리와 밀 농사를 짓는다. 그 대표적인 도시가 베들레헴이다.

보아스가 베들레헴에서 보리 농사를 지었고, 다윗은 광야에 나가 목자 생활을 했다. 베들레헴 바로 옆 도시가 드고아다. 드고아의 선지자인 아모스는 '목자요 뽕나무 재배자'라고 자신을 소개했다. 둘 다 겸해서 할 수 있는 곳이 산 능선이다. 예루살렘, 베들레헴, 드고아, 헤브론, 세겜 등 우리에게 익숙한 도시는 산지 위에 있었다.

석회암은 강알카리성 물을 만들어 식생활에도 영향을 주었다. 강알칼리성 물을 마시면 산성이 강한 위가 상하게 되고, 혈관이 막히는 하지정맥류가 자주 일어나므로 산성으로 중화시켜야 한다. 하나님은 이곳에 레몬나무와 포도나무가 잘되게 하셔서 강알칼리성의 석회암 물을 중화시키도록 하셨다.

사도 바울도 디모데에게 이렇게 권한다.

사해사본이 발견된 쿰란 동굴과 여리고성 터
유대 동쪽은 건조하여 흙이 바스라진다.

이제부터는 물만 마시지 말고 네 위장과 자주 나는 병을 위하여는 포도주를 조금씩 쓰라 딤전 5:23

그가 이렇게 말한 이유는 물만 먹으면 위장병이 걸리기 쉽기 때문이다. 그래서인지 이스라엘은 안식일마다 포도주를 마시는 의식을 한다.

서쪽
삼손이 여우 꼬리에 불붙여 블레셋 밭을 불사름: 밀과 보리 농사

동쪽
유대 광야의 다윗: 목자

동서 중간지대
드고아의 아모스: 목자이자 뽕나무 재배자

농목업

이스라엘의 주업은 농사와 목축이다. 모세가 말한 젖(목축)과 꿀(농업)이 흐르는 땅이 이런 면을 잘 보여 준다.

밀과 보리의 소산지요 포도와 무화과와 석류와 감람나무와 꿀의 소산지라 신 8:8

1) 농업: 신명기 8:7-10에서 가나안의 7가지 대표 식물이 나온다. 지역적인 다양성(신 11:11-12)으로 인해 곡식(밀, 보리)은 주로 평지와 계곡에서 재배하고, 포도와 무화과, 석류, 감람, 꿀(대추야자)은 산지에서 키운다. 비록 생계를 위해 곡식이 중요할지라도 이스라엘의 주 생산품은 과실(곡식, 포도주, 기름이 종종 성경에 언급된다. 신 7:13)이다. 초목이 젖과 꿀(출 3:8; 민 13:27; 신 11:9)의 근원이 된다고 믿기도 한다. 가축을 포함한 달콤한 과일과 곡식 등은 고대 이스라엘 경제의 중추였다.

이스라엘의 대표적인 식물
밀과 보리, 포도, 무화과, 석류, 올리브(감람), 꿀(대추야자)

2) 목축: 젖과 꿀 중 젖에 해당한다. 히브리인들의 조상은 아브라함이나 이삭, 야곱과 같이 모두 목자였다(창 46:33-34). 그들의 부의 기준은 가축의 숫자와 관계가 있다(창 13:2, 5-7). 사실 이스라엘의 많은 땅은 농업에는 적합하지 않으나 목축에는 적합하다(시 104:14). 예를 들어 유대 광야, 바산 지방이 있다.

역사와 묵상

01 하나님께서 보여 주시고자 하는 땅이 있다. 당신의 이야기를 기록한 장소, 바로 성경의 땅이다. 아브라함을 부르시고, 복이 되라 하신 땅이다.

> 내가 너로 큰 민족을 이루고 네게 복을 주어 네 이름을 창대하게 하리니 너는 복이 될지라 창 12:2

아브라함의 여호와 이레-다윗의 아라우나 타작마당-솔로몬의 성전-예수님의 십자가-마가 다락방의 성령 강림의 관점에서 어떻게 예루살렘이 복된 땅이 되었는지 생각해 보자.

---

02 메소포타미아와 이집트 문명에서 보듯 강대한 국가의 기초를 이루는 것은 헝그리 정신이었다. 예수님도 팔복 중에 최고의 복이 '심령이 가난한 자, 애통하는 자, 의에 주리고 목마른 자'라고 하며 헝그리 정신을 말씀하셨다. '결핍'은 우리를 강하게 한다. 하나님이 가난하게 하신 부분이 무엇인가?

---

03 세례 요한 같은 선지자들은 광야에서 훈련을 받았다. 광야는 아무것도 없는 것 같지만 겨울에 흩뿌리는 비로 잠깐의 초지를 이루고 꽃이 만발한 초원을 이룬다. 계절의 극적인 전환은 이스라엘의 민족성과 문학, 종교에 많은 영향을 미쳤다. '사막에 샘이 넘쳐흐르리라'라는 복음성가도 이스라엘 민요다. 함께 부르면서 의미를 생각해 보자.

---

04 요단 동편에 두 개 반 지파(르우벤, 갓, 므낫세 반 지파)가 땅을 분배받았고, 가나안 입성 후 유다 지파는 갈렙 때문에 선산 헤브론을 중심한 산지를 얻었다. 유다와 함께한 시므온은 네게브 지역을 얻었다. 여호수아의 지파 요셉 지파는 유다 북쪽 산지를 얻었다. 유다와 에브라임 사이에는 베냐민과 단 지파가 들어가 완충지대 역할을 하였고, 이후 조상을 잘못 만난 잇사갈, 아셀, 스불론, 납달리 4개 지파는 북쪽을 분배받았다. 단 지파는 이후 들어온 신블레셋에 밀려 북쪽 헤르몬산 아래로 갔다. 이렇게 열두 지파가 땅을 분배받았다.

지파 이름에 근거해 유다 지역은 유다 산지, 에브라임 지역은 에브라임 산지, 다섯 개 지파가 있는 북쪽은 '그 지역, 그 땅'이라는 의미를 가진 '갈릴리'라 불렀다. 요단 동편도 야곱이 '갈르엣'이라 부른 이름을 따라 '길르앗'이라 불렀다. 한 지파의 미래가 갈렙 같은 신앙인 때문에 결정되었다. 장자의 축복을 사모한 갈렙의 선택은 탁월했고, 유다는 최고의 지파로 등극한다. 장자의 축복을 사모했던 이들을 열거해 보라.

---

05 이스라엘 농업의 특징은 다음 구절에서 잘 보여 준다.

> 17 비록 무화과나무가 무성하지 못하며 봄 포도나무에 열매가 없으며 여름 감람나무에 소출이 없으며 가을 밭에 먹을 것이 없으며 겨울 우리에 양이 없으며 외양간에 소가 없을지라도
> 18 나는 여호와로 말미암아 즐거워하며 나의 구원의 하나님으로 말미암아 기뻐하리로다
> 19 주 여호와는 나의 힘이시라 나의 발을 사슴과 같게 하사 나를 나의 높은 곳으로 다니게 하시리로다 합 3:17-19

무화과가 열리는 봄, 포도를 수확하는 여름, 감람(올리브)을 따는 가을, 밭농사가 가능한 겨울, 즉 사시사철의 농사가 망했다는 뜻이다. 계절을 타지 않는 목축까지도 피폐한 그때에 여호와가 소망이 되고 그분으로 인하여 즐거워할 수 있는가?

창조~후기 청동기 시대

창세기는 창조와 이스라엘의 태동을, 출애굽기는 이집트에서 시내산까지, 레위기는 시내산에서 선포된 율법, 민수기는 시내산에서 모압 평지까지의 광야 생활, 신명기는 모압 평지에서 과거를 추억하며 율법을 재정리한다. 광야는 이스라엘 민족이 탄생한 곳이며, 광야 생활은 이스라엘 민족이 아픈 만큼 성숙해지는 시간이었다. 광야 생활은 매우 중요하기에 성경이 여러 방향에서 조명한다.

PART 1

모세오경

창세기 · 출애굽기 · 레위기 · 민수기 · 신명기 / 욥기

창세기

개관 1일

태초에 하나님이 천지를 창조하시니라 창 1:1

창세기 1:1의 말씀을 믿으면 성경에 못 믿을 내용이 하나도 없다고 무디는 말했다. 그의 말처럼 우리의 신앙은 창세기에서 시작된다. 이 책은 주석도, 전문적인 역사책도 아니다. 성경 각 권을 분해하지 않고 따라가는 책이다. 그렇기에 신학 문제는 피하고 역사, 지리에 관련된 면만 주로 다룰 것이다.

1장에서 11장까지는 주로 메소포타미아 지역을 다루나 확실한 근거 자료가 부족하여 추정으로 시작할 수밖에 없다. 12장부터 시작되는 아브라함의 활동은 이집트와 연관되며, 이집트 자료에서 어느 정도 조명할 수 있다. 창세기에 나타난 아브라함의 활동 범위가 성경을 세팅하는 배경이다. 이삭을 통하여는 지역의 특성과 문화, 농사법 등을 볼 수 있다. 야곱은 아브라함 못지않은 배경을 제공한다. 그는 이스라엘 민족의 중심 인물이다. 그리고 요셉이 팔려 가는 해변길을 통하여 국제무역로 주변을 알 수 있다.

그래서 다음과 같이 나누어 생각하면 다이내믹하게 창세기를 공부할 수 있다.

1. 인간의 창조와 사명(1-5장) 나는 목적을 위해 존재한다

1) 문화 명령(1장) 나는 지배자다
2) 에덴동산과 언약(2장) 천년의 사랑
3) 인간 타락(3-5장) 동산에서 부동산을 잃다?

2. 노아의 방주와 민족 형성(6-11장) 다시 만든다면…

1) 의인 노아(6장) 나도 의인이 될 수 있다
2) 노아의 방주(7장) 나의 방주, 내 교회
3) 새로운 시작 장소, 아라랏산(8-9장) 다시 한 번!

괄호 속 숫자는 창세기 장이다.

구분											
역사	연대	창조, 홍수, 바벨탑, 아브라함(BC 22-17세기), 이삭, 야곱, 요셉									
	사건	수메르 문명 무덤(BC 2500경), 길가메시 홍수신화, 이집트 힉소스(BC 1638-1540)									
지리		에덴 동산	아라랏	시날 땅	세겜	예루살렘	그랄	벧엘	얍복 강	도단	애굽
성경	장	1	6	10	12	22	26	28	32	37	40-50
	주제	창조 타락	홍수	바벨탑	아브라함 첫 예배	여호와 이레	이삭 농사 우물	야곱 사닥다리	야곱 이스라엘	요셉 꿈꾸는 자	꿈 해석 꿈 제시

창세기 개요

4) 시날 땅 바벨탑 이후 민족(10-11장) 아 바벨의 저주여!

3. 아브라함의 성경 배경 세팅(12-23장) 그가 열쇠다

1) 지시하신 땅, 가나안(12-13장) 나는 복의 근원이다

2) 가나안 정치 관계와 법(14장) 두 단어(사랑과 공의)로 공부 끝

3) 아브라함 언약(15-17장) 약속을 잘라라

4) 주변 민족 태동(18-20장) 민망한 출신

5) 땅 중의 땅, 예루살렘(21-23장) 그분의 주 무대

4. 이삭을 통해 본 성경 경제(24-26장) 웃자, 스마일~

1) 아내 구하기(24-25장) 마마보이의 어머니 같은 아내

2) 이스라엘의 기후와 명절 달라도 많이 다르네

3) 기후를 통한 훈련(26장) 지금, 여기는 나의 훈련장

5. 야곱을 통해 본 성경 문화(27-36장) 목숨 걸고 축복받자

1) 조상의 저주, 거짓말(27장) 집안의 저주를 끊어라(술집)

2) 자녀 경쟁(28-30장) 심하다 심해!

3) 갈등 해결(31-33장) 20년의 한이 풀리다니…

4) 성추행(34-35장) 심각한 문제 그 이후

5) 가깝고도 먼 가족, 에돔(36장) 가족인가, 웬수인가?

: 1일

오늘 읽을 분량

성경 창 1-11, 시 8, 33, 68, 93, 100 장

본서 48-59쪽

성경의 맥 잡기

1. 창조와 타락
2. 노아의 홍수

신구약 연결 포인트

1. 에덴동산의 기혼강과 예루살렘의 기혼 샘 연관성
2. 아라랏-헤르몬-시온산(예루살렘-시내산이 같은 지진대 산맥 산들)

묵상 가이드

1. 예수님이 예루살렘에서 죽으신 이유를 역사-지리적으로 살펴보라.
2. 노아의 홍수 후 아라랏산의 무지개 언약은 다른 산들에서 어떻게 전개되었나?

BC 2000년경 길가메시의 바벨론 홍수 이야기

모세의 창세기보다 앞서 기록되었다. 무신론자는 성경이 이를 표절했다 하고, 성경학자는 대홍수 증거라고 말한다. 믿음의 안경을 쓰지 않으면 어떤 고고학 증거도 신앙에 도움이 되지 못한다.

6. 요셉과 비전(37-50장) 꿈은 이루어진다

1) 요셉과 예수님 비전(37장)	눈치 없는 꿈쟁이, 현실 감각 '0'
2) 변화의 사람, 유다(38장)	이런 사람도 변화될 수 있나?
3) 비전 이루기(39-41장)	꿈이 있으면 다르다
4) 원수 갚기(42-45장)	통쾌하게 앙갚음해라
5) 세상이 주는 유익(46-48장)	내 것으로 바꾼다
6) 야곱의 축복(49-50장)	말한 대로 된다
7) 사명 5020	결론은 5020

여리고의 망대

BC 6000년 건물로 추정되면서 여리고는 지구상에서 가장 오래된 성이자, 가장 낮은 땅에 위치한 성이라 추정된다.

| 창조와 노아 홍수 이후 |

인류의 시작과 형성

성경 창세기 1-11장 **연대** 창조~BC 2000년 초기(어떤 이들은 족보를 중심으로 BC 6000~7000년으로 추정한다.)

핵심 본문 천지 창조, 선악과, 에덴동산에서 추방, 노아 홍수, 바벨탑 사건, 셈, 함, 야벳 등의 민족의 형성

지도 창세기 1

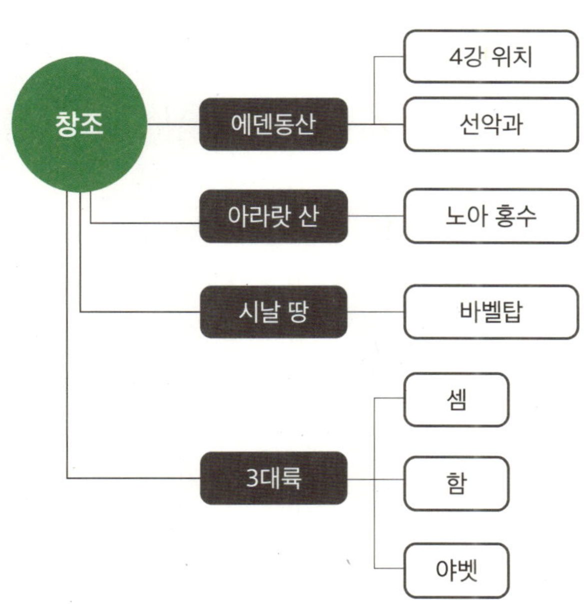

창세기의 배경이 되는 지역을 나무보다 숲의 관점으로 살펴보자. 인류가 시작된 장소는 명확히 알 길이 없다. 성경에 언급된 몇 구절로 에덴동산이 어디인가 추정해 본다.

에덴-창조와 타락 창 1-3장

에덴동산-4강과 선악과: 하나님의 슬픈 사랑 창 2:4-25

2장은 창조 사역 가운데 가장 중요한 인간을 만드시는 장면이다. 하나님은 에덴동산을 사람을 위하여 특별히 조성해 주셨다. 에덴동산의 위치를 확실히 알기 힘든 것은 천지 창조에서 홍수까지의 세상이(창 6장) 현재 존재하지 않기 때문이다. 홍수 사건으로 큰 지각변동이 있었으므로[1] 홍수 이전의 위치는 추정만 할 뿐이다. 그러나 성경이 에덴동산과 관련된 강의 위치를 이야기하고 있다.

10 강이 에덴에서 흘러 나와 동산을 적시고 거기서부터 갈라져 네 근원이 되었으니
11 첫째의 이름은 비손이라 금이 있는 하윌라 온 땅을 둘렀으며
13 둘째 강의 이름은 기혼이라 구스 온 땅을 둘렀고
14 셋째 강의 이름은 힛데겔이라 앗수르 동쪽으로 흘렀으며 넷째 강은 유브라데더라 창 2:10-14

에덴동산에서 나오는 네 강 중 하나가 기혼강으로 예루살렘의 기혼 샘과 같은 이름이다.

고대인은 에덴에서 발원하는 강물이 가장 풍요로운 땅으로 흘렀을 것이라고 생각했다. 그중 유브라데(유프라테스)는 오늘날에도 동일한 이름이고, 힛데겔은 티그리스로 추정된다. 비손강은 하윌라 땅이 구스의 일부로 창세기 10:7에 언급된 것으로 보아 나일강의 지류인 백나일 혹은 청나일이 아닌가 싶다.[2] 기혼강도 나일강의 또 다른 지류인 아트바라강이라 추정한다.[3] 그러므로 에

1 "그날에 큰 깊음의 샘들이 터지며 하늘의 창문들이 열려"(창 7:11)라는 구절을 통해 홍수 당시 심각한 지각변동이 있었음을 짐작할 수 있다. Keil, Carl Fredrich, Franz Delitzsch, 고영민 옮김. 《카일 델리취 구약주석: 창세기》, 기독교문화사, 1991. 88-89.

2 "구스의 아들은 스바와 하윌라와 삽다와 라아마와 삽드가요 라아마의 아들은 스바와 드단이며"(창 10:7). 그러나 많은 학자들이 유프라테스와 티그리스강의 확실함에 근거하여 에덴동산이 메소포타미아에 있었을 것으로 추정한다. 그러면서도 그 확실한 위치는 모른다고 한다. Speiser, E. A. *Genesis*. Garden City, N.Y: Doubleday, 1985. 20.

3 네 강을 함께 조합시키는 것은 어렵지만 구스(현 에티오피아와 수단)에서 이스라엘을 거쳐 터키 동부에 이르는 지구대(지진대)는 흥미롭다. 판(版)구조론에 따르면 에티오피아와 터키 동부(아라랏산)가 하나로 연결된다. 네 강이 홍수 이전에 같은 근원이었는지는 지질학자의 몫이다. 확실한 것은 이스라엘이 대부분 석회암으로 이루어졌고 '요단강 지구대'에 접해 있다는 점이다.

덴동산은 유브라데와 티그리스의 상류, 나일강의 상류 어느 부분이었을 것이다. 현재 지형을 보면 이 강들은 멀리 떨어져 있다. 그러나 홍수기에 극심한 지각변동이 있었음을 고려해야 한다. 상상을 초월하는 전 지구적인 거대한 쓰나미였다. 지구 전역에 걸친 화석이 이를 뒷받침한다.

여기서 상상력을 발휘할 필요가 있다. 유브라데와 티그리스강의 상류와 나일강 상류를 연결해 보자. 지구대로 연결하면 지각판이 미끄러지듯 만난다. 지도의 빨간 선을 보라. 노아의 홍수 때 일어난 지각변동이 유브라데와 티그리스의 상류와 기혼과 비손의 상류를 갈라놓은 것이 아닐까? 에덴동산의 위치는 '아라랏산'에서 가나안으로 이어지는 어느 곳일 수 있다. 지도에서 맨위 부근이 아라랏산이고 가나안 땅이 지구대를 지나간다. 그 가운데 있는 곳이 예루살렘이다.

유대인은 에덴동산의 중심이 예루살렘이라고 주장한다. 하버드 대학의 로렌스 스태거 교수는《에덴동산과 예루살렘》에서 '기혼 샘'을 기혼강과 관련지으며 중동 어디에도 이 같은 이름의 샘이나 강이 없다고 주장한다.[4] 성경의 많은 사건은 예루살렘에서 일어났다. 만약 에덴동산의 중앙이 예루살렘이라면 흥미 있는

에덴동산의 위치
에덴동산의 위치는 정확히 알 수 없다. 추정할 뿐이다. 우리가 사는 세상은 노아 홍수 이후의 세상이기 때문이다. 참고로, 아라랏산에서 하윌라까지는 큰 지진대로 이어진 판이다. 그 중간 기혼 샘이 있는 곳이 예루살렘이다.

4 Stager, Lawrence E. *Jerusalem and the Garden of Eden*. [Washington, D.C.]: Biblical Archaeology Society, 1999.

공식이 나온다.

동산 가운데 생명나무와 선악과가 있었다(창 2:9). 아담은 선악과를 먹음으로 범죄하였고 생명에서 멀어졌다. 그 땅 에덴의 중앙인 예루살렘에서 예수님이 죄값을 대신 지시고 (선악과) 나무에 달려 죽으셨다. 주님께서 죽으심으로 우리에게 생명나무의 열매인 영생을 주신 것이다.

아라랏산-홍수: 다시 시작하자 창 6-9장

아라랏산에서 드리는 노아의 제사

아라랏은 에덴동산의 일부로, 하나님은 에덴동산에서처럼 이곳 첫 장소에서 새롭게 시작하는 계명을 주셨다.

하나님은 사람을 땅에서 쓸어버리기로 결심하셨다(창 6:5-7). 마침내 홍수가 일어났고 세상은 완전히 변했다. 노아의 방주에 오르지 못한 동물은 자취를 감추어 버렸다. 새 세상이 탄생한 것이다. 인류가 달에 첫발을 내딛듯이 아라랏산에 방주가 도착하였다.

일곱째 달 곧 그 달 열이렛날에 방주가 아라랏산에 머물렀으며 창 8:4

아라랏산은 어디일까? 열왕기하 19:37, 이사야 37:38, 예레미야 51:27 등을 참조할 때 아라랏(Ararat)은 지역(region)으로서 유브라데와 티그리스 상류, 터키 동부와 아르메니아 지역에 있었던 것 같다. 지금은 만년설로 덮여 있지만 노아가 도착했을 때는 고원 지대였을 것이다. 홍수 후 노아의 후손이 각지로 퍼져 나갔다. 무수한 고고학 자료가 메소포타미아가 문명의 기원지임을 잘 보여 준다.

한편 아라랏산의 위치가 홍수 이전 에덴동산의 위치와 흡사하다는 의견도 있다. 아라랏산이 에덴동산이라면 지리적인 의미를 음미할 필요가 있다. 에덴동산에서 실패한 인류가 동일한 곳에서 다시 새롭게 출발하는 셈이다. 하나님은 인류에게 기회를 주셨다. 재창조 후 이 같은 새 출발은 인류에게 새 희망이었다.

홍수 직후: 노아는 왜 기다렸을까?

아라랏산에 도착한 노아 일행은 바로 땅에 내려오지 못했다. 40일을 기다리고 까마귀와 비둘기를 내보내 땅이 말랐는가를 확인했다.

사십 일을 지나서 노아가 그 방주에 낸 창문을 열고 창 8:6

왜 이렇게 오랜 시간을 기다려야 했을까? 이것은 근동의 지질을 보면 간단하다. 근동의 땅은 물을 머금으면 늪지대가 된다. 지질에 대한 사전 지식이 있었던 건지 노아는 비가 그쳐도 신중하게 행동했다.

노아는 까마귀와 비둘기를 내보냈다. 까마귀는 돌아오지 않았고 비둘기는 돌아왔다. 비둘기는 히브리어로 '요나'다. 비둘기는 마른땅에 앉는 특성이 있는데, 물이 완전히 빠지지 않았고, 빠졌어도 미처 마르지 않았기에 앉을 자리를 찾지 못하고 돌아온 듯하다. 다시 내보낸 비둘기는 감람나무(올리브) 잎사귀를 물고 왔다. 이때 노아는 물이 완전히 줄어들어 땅이 어느 정도 마른 것을 알았다. 어떻게 감람나무 잎사귀를 보고 땅이 마른 것을 알 수 있었을까? 노아는 감람나무에 대한 지식이 있었던 것이 분명하다. 감람나무는 사시사철 푸르다. 또한 800미터 넘는 곳에서 감람나무는 자라지 않기 때문에 비둘기가 잎사귀를 물고 온 것은 땅에 물이 많이 감소되었다는 충분한 증거다. 인류에게 기쁜 소식을 준 비둘기, 새 땅에 첫발을 딛게 한 감람나무 잎, 이들은 새 언약자로 등장하시는 예수님과 무관하지 않다.

노아의 방주가 도착한 아라랏산
이 산은 유브라데강과 티그리스강의 발원지로 에덴동산의 일부였다.

예수께서 세례를 받으시고 곧 물에서 올라오실새 하늘이 열리고 하나님의 성령이 비둘기같이 내려 자기 위에 임하심을 보시더니 마 3:16

예수께서 나가사 습관을 따라 감람산(겟세마네)에 가시매 제자들도 따라갔더니 눅 22:39

시날 땅-바벨탑: 아, 바벨의 저주여! 창 10-11장

노아의 후손은 생육하고 번성하여 사방으로 퍼져 나가야 했다. 그러나 아라랏산에서 동방(동남쪽)으로 이동하던 인류는 시날의 넓은 평지를 만나더니 그곳에서 '수메르 문명'을 이룬 것 같다. 벽돌 굽는 기술과 역청(아스팔트) 다루는 기술을 익히고 공동체를 만들고자 했다.

바벨탑은 교만의 결과였고 이후 언어가 갈라진 것은 생각이 달라졌다는 의미다.

이에 그들이 동방으로 옮기다가 시날 평지를 만나 거기 거류하며 창 11:2

창세기 1
셈, 함, 야벳의 주거지

하나님은 인류의 교만함을 간과하지 않고 언어를 혼잡하게 하심으로 흩으셨다. 언어가 다른 이들은 하나가 되지 못하고 사방으로 이동하게 되었다. 의사소통이 안 된다는 것은 중요하게 여기는 것이 바뀌었다는 의미다. 서로 이해하지 못하고 소통이 안 되기에 결국 흩어질 수밖에 없었다. 결국 이들은 자기 소견에 옳은 대로 행동했고, 더 멀어지게 되었다. 노아의 세 아들 셈, 함, 야벳의 주거지를 확인 가능한 곳을 중심으로 윤곽을 잡아 보면 위 지도와 같다.

여기서, 묵상

나의 바벨탑은 무너졌는가?

바벨탑을 쌓던 사람들이 내건 슬로건은 무엇인가? "성읍과 탑을 건설하여… 우리 이름을 내고"(창 11:4). '이름'은 히브리어로 '셈'(שֵׁם)이다. 셈의 족보는 아브라함으로 이어진다. 사람은 이름을 내려 하지만 이를 주관하시는 분은 하나님임이 아브라함의 축복문에 잘 나타나 있다.

내(하나님)가 너(아브라함)로 큰 민족을 이루고 네게 복을 주어 네 이름을 창대하게 바벨탑과 비슷한 탑이 마르둑(Marduk)과 에테메난키(Etemenanki) 탑이다. 전자는 유브라데 강 동쪽 기슭에 기초만이, 후자는 유브라데 강 서쪽 기슭에 역청과 벽돌 구조물로서 7층 높이로 남아 있다

하리니 너는 복이 될지라 창 12:2

현대인이 쌓고 있는 바벨탑은 무엇인가? 내 둘레에 쌓고 있는 담과 탑은 무엇인가? 왜 쌓고 있는가? 그 담을 무너뜨리려면 어떻게 해야 할까?

언어의 혼잡은 극복된 적이 있는가? 오순절 마가의 다락방에서 일시적으로 풀린 적이 있다(행 2:4). 자기 이름을 낼 땐 흩어지지만 하나님 이름을 내려 할 땐 하나가 될 수 있다. 요한계시록은 이 저주가 완전히 풀릴 것을 이렇게 선포하고 있다.

> **9** 이 일 후에 내가 보니 각 나라와 족속과 백성과 방언에서 아무도 능히 셀 수 없는 큰 무리가 나와 흰 옷을 입고 손에 종려 가지를 들고 보좌 앞과 어린 양 앞에 서서 **10** 큰 소리로 외쳐 이르되 구원하심이 보좌에 앉으신 우리 하나님과 어린 양에게 있도다 하니
>
> 계 7:9-10

이름에서 배우는 **히브리어 1**

성경에는 무려 1만 6500개의 히브리어 이름이 나오는데, 이중 인명과 지명이 3600개나 된다. 발음하기도 힘들고 의미도 없어 보이는 이 많은 인명과 지명이 외국인이 히브리어에 쉽게 입문할 수 있는 통로가 된다. 아담에서 노아까지 이름에 나타난 구원의 계획을 보면 예수님의 삶을 보는 것 같다.

히브리어	이름	어근	뜻
אָדָם	아담	아담/붉다, 흙	사람에게
שֵׁת	셋	샤타트/정하다	정해진 것은
אֱנוֹשׁ	에노스	아나쉬/절망하다	근심과
קֵינָן	게난	카나/얻다, 걱정하다	걱정이라
מַהֲלַלְאֵל	마할랄렐	할렐-엘/ 찬양하다-하나님	찬송의 하나님이
יֶרֶד	야렛	야라드/내려가다	내려오사
חֲנוֹךְ	에녹	하나크/가르치다, 훈련하다	가르치시고
מְתוּשֶׁלַח	므두셀라	멧-샬라흐/ 죽음-보내다	죽음을 주시고
לֶמֶךְ	라멕	마라크(?)/다스리다	다스리심으로
נֹחַ	노아	나함/위로하다, 안위하다	위로하셨다/ 안식을 주셨다

위 이름을 해석하면 이렇다.
"사람에게/정해진 것은/근심과/걱정이라 (그러나) 은혜의 하나님(이)/내려오사/가르치시고/죽으시고/다스리심으로/위로하셨다."

지도 그리기

창세기 1

부록에서 지도를 찾아 그리세요

3대륙-셈, 함, 야벳: 민족의 이동

함족의 영웅 니므롯은 셈족의 땅에서 왕이 되어 시날 문명, 즉 수메르 문명의 창시자가 되었다. 언어의 혼잡으로 인류는 사방으로 퍼져 나갔다. 셈 족속은 주로 아시아, 함(가나안) 족속은 아프리카, 야벳 족속은 유럽으로 이동했다. 함족의 한 부류인 갑돌 자손(블레셋의 조상인 가슬루힘)은 그리스의 그레데(그렛, 크레타)로 향하여 해양 민족이 되었다. 이들은 BC 12세기 그레데 문명이 쇠퇴하면서 메소포타미아와 이집트로 이동하다가 이스라엘 해안 평야에 정착했다. 고고학 증거도 이 해양 민족의 문자가 주변 민족 언어와 다른 체계임을 보여 준다.

궁금해요!

예루살렘과 에덴동산

다윗은 예루살렘을 정복한 뒤 정치와 종교 중심지로 삼았다. 성막과 성전은 하늘 보좌를 상징한다. 솔로몬은 성전 건축에 그치지 않고 예루살렘의 지형과 상수도, 건축, 이미지를 총동원하여 에덴동산, 천국의 모습을 재현했다. 유일한 샘인 '기혼 샘'도 활용했다.

에스겔은 환상 중에 기혼 샘물이 어떤 역할을 하는지 알려 준다.

> 1 그가 나를 데리고 성전 문에 이르시니 성전의 앞면이 동쪽을 향하였는데 그 문지방 밑에서 물이 나와 동쪽으로 흐르다가 성전 오른쪽 제단 남쪽으로 흘러 내리더라 7 내가 돌아가니 강 좌우편에 나무가 심히 많더라 8 그가 내게 이르시되 이 물이 동쪽으로 향하여 흘러 아라바로 내려가서 바다에 이르리니 이 흘러 내리는 물로 그 바다의 물이 되살아나리라 12강 좌우 가에는 각종 먹을 과실 나무가 자라서 그 잎이 시들지 아니하며 열매가 끊이지 아니하고 달마다 새 열매를 맺으리니 그 물이 성소를 통하여 나옴이라 그 열매는 먹을 만하고 그 잎사귀는 약 재료가 되리라 겔 47:1, 7-8, 12

에스겔뿐 아니라 요엘도("여호와의 성전에서 샘이 흘러 나와서" 3:18) 스가랴도("그날에 생수가 예루살렘에서 솟아나서 절반은 동해(사해)로, 절반은 서해(지중해)로 흐를 것이라" 14:8) 성전에서 흘러나오는 생수를 우주적인 물과 같다고 선포하고 있다.

요한계시록은 이 모습을 천국으로 묘사한다. 요한의 환상은 성전의 회복과 천국의 모습을 일치시킨다.

동쪽에서 바라본 예루살렘성
솔로몬 때 예루살렘은 성전산과 다윗성으로 구분되었다. 성전산은 하나님의 보좌를, 기혼 샘을 중심으로 한 수리 시스템은 에덴동산과 천국을 이미지화했다. 이는 성막의 상징성을 구현한 것이다.

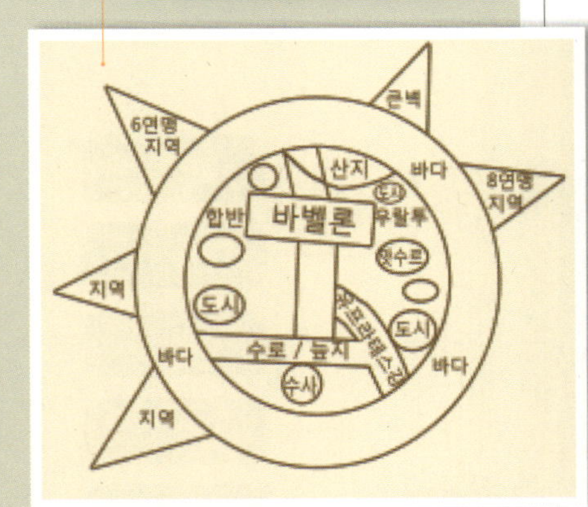

바벨론인의 세계 지도
성경 지역을 그린 세계 최초의 지도(BC 700-500. 대영박물관)

1 또 그가 수정같이 맑은 생명수의 강을 내게 보이니 하나님과 및
어린 양의 보좌로부터 나와서 2 길 가운데로 흐르더라 강 좌우에
생명나무가 있어 열두 가지 열매를 맺되 달마다 그 열매를 맺고
그 나무 잎사귀들은 만국을 치료하기 위하여 있더라 계 22:1-2

AD 70년 성전산이 폐허가 된 뒤 1500년이 흐르고 나서야 우마야드의 칼리프 압드 알 말릭이 바위 돔과 알 악사 사원을 건축하여 솔로몬이 시도한 이미지를 계승하고자 했다. 미리암 로젠 아얄론은 바위 돔 내부의 금으로 된 모자이크가 천상의 것이라고 주장한다. 바위 돔의 벽들과 아치를 장식한 무지개 모양의 유리 모자이크는 기쁨의 정원을 상징화하고 온갖 과일로 채워진 모자이크는 '약속의 땅'의 풍성함을 나타내며 코란에서 나오는 에덴과 같은 낙원의 정원을 연상케 한다.[1]

1 로렌스. E. 스태거의 글을 참고하였다. Stager, Lawrence E. *Jerusalem and the Garden of Eden*. [Washington, D.C.]: Biblical Archaeology Society, 1999.

| 족장 1 : 아브라함과 이삭 |

이 땅을 네 자손에게 주리라 2일

성경 창세기 12-24장 **연대** BC 2000년대 초기(중기 청동기 후반 추정)

역사적 배경 수메르 문명, 이집트 고왕조-피라미드 건설

핵심 본문 아브라함의 가나안행, 첫 예배, 멜기세덱에게 드린 십일조, 언약, 이삭 바침, 이삭의 평화 언약 등

지도 창세기 2

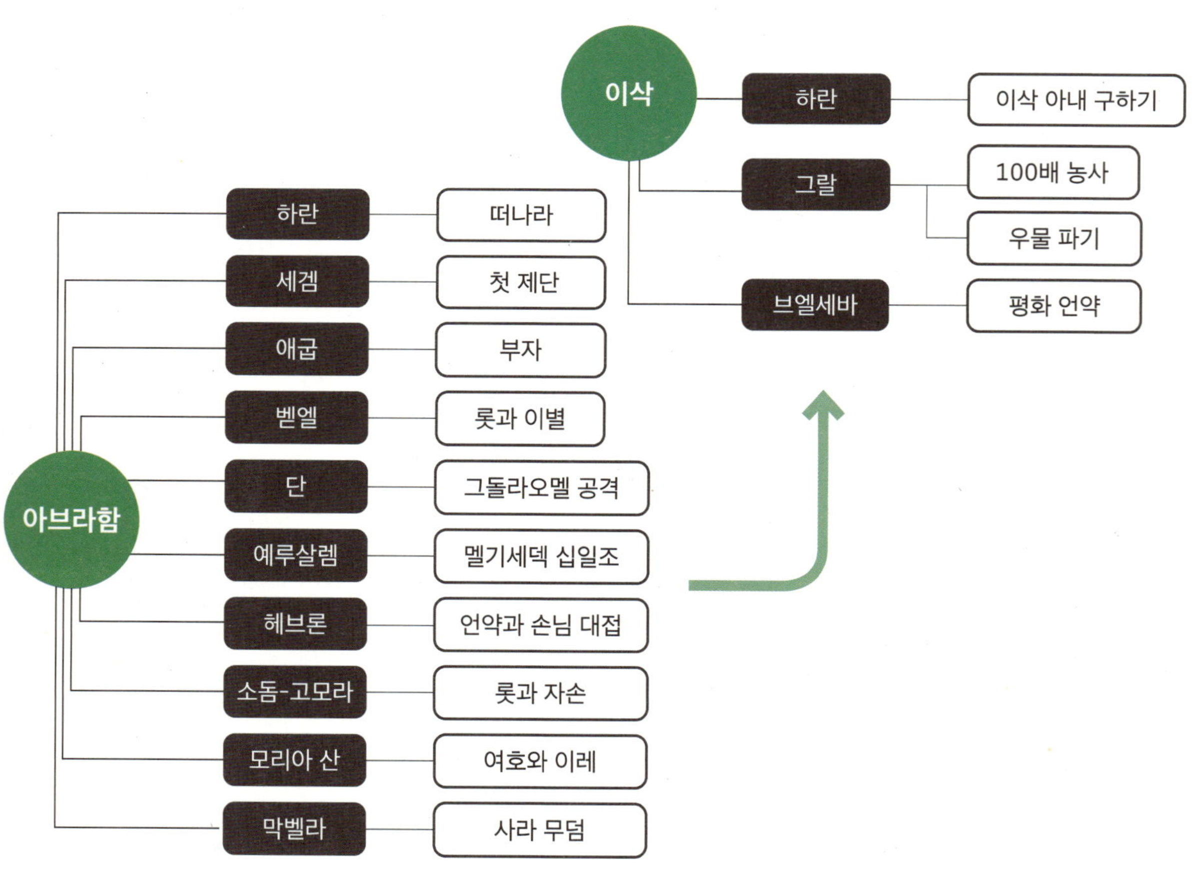

창세기 12-50장은 족장, 즉 아브라함, 이삭, 야곱(그리고 요셉)의 생애와 관련된 사건을 그린다. 이 장은 구약과 신약 역사의 기본이다. 족장 시대에 대하여는 의견이 많지만 주로 BC 22-17세기 혹은 좀 더 후대로 본다.

아브라함, 그가 열쇠다

하란-떠나라: 일단 짐 싸! 창 12:1-5

데라의 아들 아브라함이 창세기의 주역으로 등장한다. 그는 하나님의 부르심을 받고 가나안 땅으로 들어간다. 가나안 지역은 함의 네 번째 아들인 가나안이 살던 땅이며, 아시아(메소포타미아 문명)와 아프리카(나일강 문명)의 교량이다. 대륙 사이에 위치한 땅, 즉 대륙간지(大陸間地, The Land Between)라 할 수 있다.

대륙간지는 앞으로 다룰 땅이자 성경의 활동 무대다. 가나안의 중요

창세기 2
아브라함과 이삭

: 2일

오늘 읽을 분량

성경 창 12-23, 시 22, 44, 47, 105

본서 60-76쪽

성경의 맥 잡기

1. 아브라함의 가나안 입성과 약속
2. 이삭 제사와 여호와 이레

신구약 연결 포인트

1. 아브라함이 첫 제사를 드린 세겜에 예수님이 수가성 여인을 방문
2. 아브라함의 여호와 이레는 성전과 예수님의 죽음을 준비하는 장소가 됨

묵상 가이드

1. 아브라함이 가나안 약속을 받은 세겜은 예배의 주제가 반복된 장소다.
2. 아브라함은 유목민법인 피의 보복(=기업 무름)과 손님 대접의 법을 어떻게 행했나?

/ **아브라함이 출발한 우르에서 발견된 금으로 만든 염소상**
염소가 나뭇가지에 걸려 있는 모습은 이삭을 드릴 때 얻은 양을 연상케 한다.

// 아브라함은 본토 친척집을 떠나 하나님이 지정하는 순간까지 믿음으로 향하였다.

성을 알기 위해서는 지중해 동쪽, 이집트와 메소포타미아 등지의 역사나 지리를 광범위하게 이해해야 한다.

지각변동은 가나안을 산, 계곡, 평야 등 다양한 지형으로 구성된 땅으로 만들어 놓았다. 요단 계곡과 아라바 광야는 지구대다. 이 깊은 계곡의 하천과 습지, 거친 광야는 동서 교역에 장애 요인이 되었다. 지중해에 가까운 서쪽의 해변길(국제해안가도)과 지구대(요단 계곡) 너머 동쪽 왕의 대로(요단 동편 가도)가 남북을 연결한다. 이런 지형을 바탕으로 분쟁이 일어났다.

가나안은 자연 경계가 빈약하여 다방면에서 적의 공격을 받을 수밖에 없었다. 인접 민족 간의 힘겨루기 과정에서 강한 힘을 가진 세력이 다른 세력을 밀어 내기 위해 이 땅을 자주 공격했다. 따라서 통치권이 안정되기 어려웠다. 반대로 인접 국가의 힘이 약화되거나 제국의 공백기에는 가나안에 강력한 중앙정부가 세워지고 평화가 찾아왔다. 가나안의 독립은 역사상 세 번 있었다.

1) 구약의 통일 왕국 시대
2) 마카비 혁명으로 얻은 하스모니아 시대
3) 현대 이스라엘

세 시대 모두 이스라엘 정부 아래 있었으나 어느 때든 정치, 경제, 군사 면에서 다양한 위협이 상존했다.

아브라함이 처음으로 대륙간지에 부름을 받은 후 출애굽한 이스라엘 민족이 들어와 정착하게 되었다. 왕국 시대 이후에는 에스라와 느헤미야의 주도로 다시금 종교적, 정치적 정체성을 회복했다.

성경 시대에 가나안은 하나님이 이스라엘의 믿음을 시험하는 장으로 이용되었다. 개인과 국가 모두가 시험을 받았다. 결국 이스라엘의 지도자와 백성은 '참 평안과 안전은 주님이신 하나님을 신뢰함으로 주어진다'는 진리를 배웠다.

> 하나님의 약하심이 사람보다 강하니라 고전 1:25

가나안 땅을 공부하는 동안 성경 인물이 맞닥뜨린 절망의 시대의 신체적 위협과 풍요의 시대의 도덕적 위협, 그리고 그 대처 방법을 깊이 생각해 보자. 하나님 신앙의 시험장인 제국들 사이에 위치한 이들이 상황을 어떻게 대처했는가를 알고 난 후에야 그에 대한 평가를 바르게 할 수 있다.

영적 각성 시기에 이스라엘의 선지자는 백성에게 자주 경고와 심판을 선포했는데, 이스라엘과 주변 국가 모두를 책망했다(렘 9:23-26). 시편 기자는 열악한 환경에도 불구하고 믿음 안에서 백성을 격려했다(시 46편). 대표적인 선포 중 하나가 모세가 가나안 입성 전 모압 평지에서 한 연설이다. 그때 가나안의 지정학적 특성을 묘사하고 그에 따른 위험을 경고하면서 하나님을 두려워하고 마음과 뜻과 힘을 다해 하나님을 사랑하도록 훈계했다(신 6:1-5).

수세기 후 유다 왕국이 막을 내리려는 시점(BC 7세기 후반)에 선지자 하박국은 또 다른 선포를 했다. 그는 한 세기 전 앗수르의 침략으로 이스라엘 민족이 어떤 고통을 당했는지 알고 있었다. 이제 또 다른 강대국 바벨론이 대륙간지로 들어왔다. 그는 왜 하나님이 이런 고난을 허락하셨는지 이해하기 어려웠다. 짧은 예언서 속에 그는 절망 가운데 있을지라도 '의인은 믿음으로 살아야 한다'는 전형적인 신앙인 상(像)을 제시했다(합 2:1-4). 사도 바울은 로마에 보낸 편지에서 하박국서를 인용하면서 고난 중의 로마 교인을 교훈하였다.

> 복음에는 하나님의 의가 나타나서 믿음으로 믿음에 이르게 하나니 기록된 바 오직 의인은 믿음으로 말미암아 살리라 함과 같으니라 롬 1:17

아브라함이 가나안으로 들어갈 때 이스라엘 동쪽, 시날 땅, 수메르 왕국에는 BC 3000년 전부터 문명이 일어나 우르, 라락, 라가쉬, 움마, 에렉 등지가 번창했다. 수메르 문화는 근동 문명의 기초가 되었고 그 영향력은 수리아, 가나안을 지나 이집트까지 미쳤다. 당시 이집트도 통일 왕국이 시작되었다. 이집트 12왕조

해변길

서론에서 언급한 바와 같이 가나안의 중요성은 양대 문명을 연결하는 도로에 있다. 로마 시대 이전에 건설된 도로 흔적이 없다거나 구약 시대 자료가 빈약하다고 하여 무역과 교류가 이루어지지 않았다고 말할 수는 없다. 역사적 자료와 고고학적 증거가 상업적 교류와 군사적 행동이 잦았음을 알려 준다.

지형을 따라 도시를 자연스럽게 연결해 보면 고대 도로를 추정할 수 있다. 도로는 험한 지형(산, 습지, 사막 등)을 피하고 안전하며 식수와 식량 공급이 가능한 지역을 중심으로 발달하였으리라.

아브라함은 갈대아 우르에서 하란을 거쳐 가나안으로 내려왔고 다시 이집트까지 이르는 등 가나안의 북쪽과 남쪽 무역로를 왕래했다. 유목민인 아브라함은 대로(해변길)보다 주로 '족장의 도로'를 이용했을 것이다.

그러나 아브라함이 북방 왕들과 전쟁하던 길, 요셉이 이스마엘 상인에게 팔려 애굽으로 내려간 길은 해변길이었다. 해변길은 아시아와 아프리카 두 대륙의 문화와 세력의 교량 역할을 했다.

의 것으로 알려진 저주문서는 BC 20세기경 가나안에 대한 정보를 담고 있다.

해변길을 따라

대륙간지, 특별히 해변길과 그 도로를 따라 북쪽 메소포타미아까지 연결되는 범위에 대한 이집트의 관심은 계속된다. BC 2000년대 초기, 즉 저주문서 시대 이전 가나안에 대한 정보는 거의 없다. 저주문서는 이집트에 대항한 지역이 어디이고 이집트가 관심을 가졌던 도시가 어디인가를 알려 준다.

이집트의 저주는 산지에 있던 예루살렘과 세겜뿐 아니라 해변길 위의 중심지에도 내려졌으나 므깃도와 가사(이집트가 가나안의 공격을 방어하기 위한 수비 도시)는 전략 기지로 이용했기 때문에 제외되었다. 이집트는 항상 가나안을 주시하며 특히 가나안 남쪽을 제1지역 방어선으로 간주했다.

세겜-첫 제단: 매력적인 땅 아름다운 예배 창 12:6-9

아브라함이 어느 방향에서 들어왔는지는 확실히 모르나 가나안 동쪽, 길르앗 산지에서 요단강을 넘어 와디 파리아를 이용하여 디르사를 거쳐 세겜으로 들어왔을 것으로 추정된다. 왜냐하면 손자 야곱이 하란에서 돌아올 때 길르앗의 얍복강에서 와디 파리아를 통해 가나안으로 들어왔는데, 그는 조상(특히 아브라함)에게 들은 길을 이용했을 것이기 때문이다. 아브라함이 가나안으로 들어와 처음으로 하나님의 약속을 받은 곳이 세겜이다.

> 6 아브람이 그 땅을 지나 세겜 땅 모레 상수리나무에 이르니 그때에
> 가나안 사람이 그 땅에 거주하였더라 7 여호와께서 아브람에게 나
> 타나 이르시되 내가 이 땅을 네 자손에게 주리라 하신지라 자기에게
> 나타나신 여호와께 그가 그곳에서 제단을 쌓고 창 12:6-7

동쪽에서 본 세겜의 그리심산(좌)과 에발산(우)

세겜은 아브라함이 매료될 만큼 아름다웠고 가나안에서 첫 제단을 쌓을 만큼 충동적인 장소였다. 아브라함이 가나안에서 첫 예배를 드린 후 세겜은 이스라엘의 예배처가 되었고, 야곱, 여호수아에 이르기까지 중요한 예배를 드리는 장소로 이용되었다. 신약의 예수님(요 4장, 수가 성 여인 사건)은 전통적으로 중요한 예배가 드려진 세겜에 오셔서 그 참된 의미를 말씀하셨다. 예수님이 사마리아인의 위협을 무릅쓰고 찾아오셔서 말씀하신 이유가 무엇일까? 그것을 알기 위해서는 세겜의 역사를 먼저 알아야 한다.

세겜이 어떤 지역이기에 예배와 관련된 중요한 사건이 일어났을까? 세겜은 이스라엘 남북으로 놓인 등줄기 산맥의 가운데에 자리한다. 세겜('어깨'라는 의미)이라는 지명이 말해 주듯이 남북으로 어깨 같은 산이 버티고 있다. 북쪽에는 저주를 선포한 에발산이, 남쪽에는 축복을 선포한 그리심산이 있다. 두 산 사이에 동서로 난 골짜기를 따라 서쪽으로 내려가면 해변길이 나오고 동쪽으로 가면 넓은 들판이 나온다. 세겜 들판은 남북으로 도로가 지난다. 북쪽으로 가면 솔로

이집트 저주문서

전쟁에 나가기 전 무찌를 도시 이름을 토기에 적고 저주의 말과 함께 신전 앞에 던지며 깨뜨렸다.

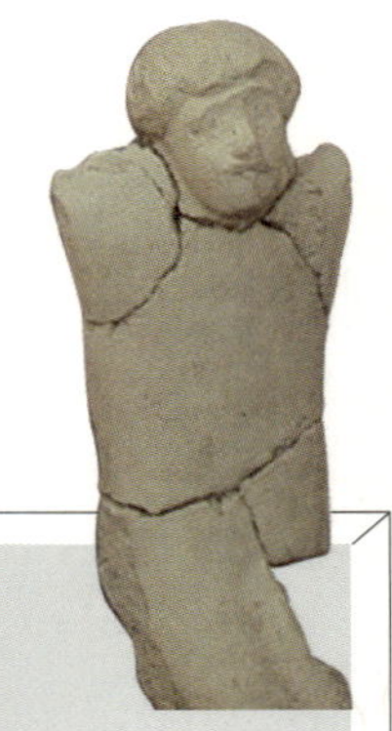

궁금해요

저주문서(Execration Texts)

이집트인은 혐오스런 도시를 작은 토기에 적어 넣어 재앙이 임하도록 저주하였다. 이런 토기를 '저주문서'라고 부른다. 이 문서에 므깃도가 없는 것은 이미 화친했거나 이집트 군대가 상주한 것이라 추정할 수 있다. 저주문서는 BC 20세기와 19세기의 것이다. 19세기의 것에 중요한 정치적 중심지로서 세겜이 언급되었다. 아마도 세겜이 해변길로 쉽게 접근할 수 있는 가나안 중심 도시이기 때문일 것이다. BC 19세기 말 세겜에 공공장소가 많았음을 고고학적 증거는 보여 준다. 이는 세겜이 에발산과 그리심산 사이에 있으며, 주변의 중심지 역할을 했기에 필수적이었다. 이 시기에 연단은 성벽으로 둘러 싸여 있었다. 그 위에 지어진 연속되는 마당을 가진 건물은 아마 뜰이 있는 신전과 함께 종교적인 용도로 사용되었던 것 같다. 나할 세겜은 서쪽에, 평야는 동쪽에 자리 잡고 있다.

아브라함은 길르앗 산지에서 요단강을 넘어 세겜으로 왔을 것이다.

아브라함은 세겜에서 약속을 받고 첫 예배를 드렸다.

몬이 아름답다고 노래하고 북이스라엘의 두 번째 수도였던 디르사에 이르고, 남쪽으로 가면 실로를 거쳐 벧엘과 예루살렘에 도달한다.

세겜은 북쪽에서 이주해 오는 사람들에게 매력적인 장소다. 그리심산에서 세겜을 바라보면 산지에서 가장 아름다운 도시 중 하나라는 생각이 든다. 세겜은 넓은 농경지와 편리한 교통, 풍부한 수량 등 도시가 들어서기에 알맞은 조건을 모두 갖추고 있다. 그러므로 세겜이 힘을 키우면 가나안 전역을 석권할 수 있었다.

이스라엘의 고고학자인 벤자민 마잘(B. Mazar)은 여기에서 더 나아가 세겜의 중요성 때문에 아마르나 문서의 '세겜 산지'라는 표현은 이스라엘 전역을 지칭한다고 했다. 그래서 스데반은 설교에서 아브라함이 세겜에서 장사되었다고 표현했다고 할 수 있다.[1]

출애굽 직전 세겜의 왕이던 라바유(Labayu)가 이런 시도를 하였고, 솔

1 Mazar and Ahituv, *Biblical Israel*, 43. 중앙 산악지대를 세겜이라고 불렀다는 마잘의 견해는 사도행전 7:16을 해석하는 데 중요한 단서가 된다. "세겜으로 옮겨져 아브라함이 세겜 하몰의 자손에게서 은으로 값 주고 산 무덤에 장사되니라"(행 7:16)에서 헤브론의 막벨라 굴을 세겜이라고 한 이유는 세겜이 더 포괄적인 단어이기 때문이었다고 볼 수 있다. 즉 세겜이 산지 전역을 통치했기 때문에 헤브론도 세겜이라는 지역명에 포함되었다고 볼 수 있다. 하몰이라는 단어조차도 '언약을 맺는 자'에 해당하기에 그 자손에게 샀다는 말이 문제되지는 않는다.

로몬 이후 여로보암이 이 점에 착안하여 북이스라엘의 수도로 삼았다. 세겜의 장점이자 단점은 사방으로 뚫린 교통과 넓은 농경지다. 방어에 취약한 세겜은 외부의 적이 쳐들어올 때마다 수난을 겪거나 파괴되었다.

아브라함은 세겜에서 벧엘로 나아갔다(창 12:8). 지도 창세기 2에서 북동 방향에서 세겜에 이르는 경로와 또 세겜과 벧엘을 연결시켜 보라.

여기서 묵상

유서 깊은 예배처 세겜

세겜은 성경에서 중요한 곳이다. 아브라함은 가나안에 들어온 뒤 이곳에서 첫 예배를 드렸고, 야곱은 밧단 아람에서 가나안으로 귀향한 후 이곳에서 예배를 드리고 얼마 동안 우물을 파고 살았다. 요셉은 죽으면서도 못 잊었던지 이곳에 뼈를 묻어 달라고 유언했다. 뿐만 아니라 여호수아는 가나안을 정복하면서 가장 먼저 이곳을 회복하고자 했다. 모세는 세겜 산에 가서 율법을 새롭게 하는 예배를 드릴 것을 요구했으며, 여호수아가 이를 따랐다. 이스라엘 백성도 출애굽 후 가나안에 입성하여 첫 번째 예배 처소로 삼았다. 실로나 예루살렘에 예배처의 영광을 내줄 때도 있었으나 가나안에서 예배의 처음이요 뿌리가 되는 장소는 늘 세겜이었다.

여호와를 향한 예배의 기원이 되었던 세겜 땅에 예수님이 오셨다. 바른 예배를 가르치시려 예수님은 당시 위험한 사마리아를 통과해야만 했다. 예수님은 예배를 오해하고 있는 대표적인 인물로 사마리아 여인을 택하셨다. 그리고 예배의 기원이 되는 땅에서 예배의 근본을 가르치셨다. 그 말씀이 전통과 형식에 젖어 참된 예배의 의미를 모르는 오늘날 기독교인의 귀에 메아리친다.

기자의 피라미드는 이미 아브라함 방문 때 세워져 있었다.

애굽-거부 창 12:10-20

아브라함은 점점 남쪽으로 가다 네게브라는 반사막지대까지 이르렀다. 그런데 그곳에 기근이 들었다. 그는 기근이 있어도 아프리카 밀림에서 내려오는 물로 생명을 유지할 수 있는 애굽으로 내려갔다. 당시 많은 유목민들이 애굽으로 내려갔고 얼마 있지 않아 주객이 바뀌어 가나안 사람들이 세운 이집트 정권인 힉소스 왕조가 세워졌으리라 추정되기도 한다.

자식 같은 롯이 떠난 후 외로운 아브라함에게 하나님은 다시 번성의 축복을 주신다.

> 그 땅에 기근이 들었으므로 아브람이 애굽에 거류하려고 그리로 내려갔으니 이는 그 땅에 기근이 심하였음이라 창 12:10

아브라함이 애굽에 도착했을 때는 이미 기자의 세 피라미드가 완성되어 위용을 더하고 있었다. 아브라함은 그 위세에 눌려 생명의 위협을 느끼고 아내를 누이라고 속였다. 사라는 애굽왕의 부름에 애굽 궁전까지 갔으나 하나님의 은혜로 풀려났을 뿐 아니라 왕이 오히려 아브라함에게 큰 호의를 베풂으로써 아브라함 일행은 큰 부자가 되어 가나안으로 돌아올 수 있었다.

누지문서
앗수르 북쪽 누지에서 1000개 정도의 토기 문서가 발견되었다. 여기에는 족장 시대의 관습이 기록되었는데, 예를 들어 아내가 아들이 없을 때 첩을 들이거나 종을 상속자로 삼는 법(하갈, 엘리에셀), 아버지가 아들의 아내를 지정하는 법(리브가), 가족의 드라빔 우상을 취하면 권한이 강화되는 법(라헬), 자녀를 축복하는 권한(이삭), 장자의 명분을 팔 수 있는 법(에서), 상속권이 부모가 기뻐하는 자식에게 있는 법(요셉) 등이다.

> 1 아브람이 애굽에서 그와 그의 아내와 모든 소유와 롯과 함께 네게브로 올라가니 2 아브람에게 가축과 은과 금이 풍부하였더라 창 13:1-2

창세기 12:9의 '남방'은 13:1의 '네게브'와 같은 단어다. 그럼에도 불구하고 한글 성경은 다른 단어처럼 번역해 놓았다. 아브라함 일행은 네게브에서 다시 족장의 길인 산지 능선 길을 따라 북쪽으로 올라갔다. 유목민은 풀을 따라 움직이는데 풀이 북쪽부터 나기 때문에 북으로 올라갔다가 풀을 따라 남쪽으로 내려오곤 한다. 아브라함 일행도 벧엘까지 갔다가 다시 남쪽으로 내려오는 일을 반복했으리라 생각된다. 그런데 가나안, 특히 산지는 양을 키우기에 적합했지만 많은 무리의 양을 키우기에는 초지가 부족했다. 그렇다 보니 목자들 간에 다툼이 잦았고 아브라함과 롯의 목자들 간에도 이런 다툼이 일어났다(창 13:7-11).

아브라함은 양보하였고 롯은 자기 욕심을 따라 눈에 보기 좋은 소돔과 고모라 방향으로 갔다. 그러나 그곳은 탐욕과 죄악의 땅이었다. 자식 같은 롯이 떠난 뒤 외롭고 힘든 아브라함에게 축복의 언약이 주어진다.

그를 이끌고 밖으로 나가 이르시되 하늘을 우러러 뭇별을 셀 수 있나 보라 또 그에게 이르시되 네 자손이 이와 같으리라 창 15:5

단-그돌라오멜 공격: 소돔과 고모라 전쟁 창 14:1-16

아브라함은 롯을 구하기 위해 무성한 숲이 있는 단에서 밤에 기습 공격을 했다.

5 제십사년에 그돌라오멜과 그와 함께한 왕들이 나와서 아스드롯 가
르나임에서 르바 족속을, 함에서 수스 족속을, 사웨 기랴다임에서 엠
족속을 치고 6 호리 족속을 그 산 세일에서 쳐서 광야 근방 엘바란까
지 이르렀으며 7 그들이 돌이켜 엔미스밧 곧 가데스에 이르러 아말
렉 족속의 온 땅과 하사손다말에 사는 아모리 족속을 친지라 8 소돔
왕과 고모라 왕과 아드마왕과 스보임왕과 벨라 곧 소알왕이 나와서
싯딤 골짜기에서 그들과 전쟁을 하기 위하여 진을 쳤더니 11 네 왕
이 소돔과 고모라의 모든 재물과 양식을 빼앗아 가고 12 소돔에 거주
하는 아브람의 조카 롯도 사로잡고 그 재물까지 노략하여 갔더라 창
14:5-8, 11-12

소돔과 고모라 전쟁은 성경에 나오는 첫 전쟁이자 국제적인 전쟁이었다. 지도에서 지명을 보면 그돌라오멜 군대가 시날과 엘람 등 먼 곳에서 원정을 왔음을 알 수 있다(창 14:1). 무려 왕복 4000km가 넘는 원정길이었다. 이렇게 먼 거리를 와야만 했던 이유는 소돔과 고모라에 있는 소금으로 인한 분쟁 때문이었으리라 추정된다.

메소포타미아 군대가 가나안을 휩쓴 대원정이 요단 동편 가도(왕의 대로)와 네게브(남방)까지 미쳤다. 그들은 먼저 가르나임, 아스다롯, 함을 쳤다. 그리고 기랴다임과 세일과 엘바란을 쳤다. 그 후에 가네스바네아를 치고 다시 올라와 다말을 쳤다. 그런 다음에야 비로소 소돔과 고모라를 쳤다. 이 전쟁 루트를 보면 소돔과 고모라로 바로 오지 않고 주변 연합군을 먼저 점령했음을 알 수 있다. 이것이 전법의 기본이다. 한니발도 이런 전법으로 주변을 다 점령했지만 로마만 점령하지 못했다.

이들이 왜 소돔과 고모라까지 왔겠는가. 소금이 귀하던 시절에 소돔과 고모라는 지리적 이점을 이용해 소금으로 갑질을 했다. 그리하여 문제가 생기니 연합

왕복 4000km가 넘는 원정 길을 나선 그돌라오멜 군대

그돌라오멜은 소돔과 고모라를 압박하기 위해 염해 위쪽부터 차례로 점령했다.

군이 원정까지 와 전쟁을 한 것이다. 이 시기에 마침 롯이 살고 있었는데 그는 단까지 잡혀갔다. 아브라함은 이 소식을 듣고 주변 사람들까지 동원하여 대군을 추격했다. 아브라함은 롯의 기업 무르는 자이기 때문에 적군이 수만이어도 원정을 갔어야 했다. 숫자와 상관없이 목숨 걸고 싸워야 할 의무가 있었던 것이다.

> 14 아브람이 그의 조카가 사로잡혔음을 듣고 집에서 길리고 훈련된 자 삼백 십팔 명을 거느리고 단까지 쫓아가서 15 그와 그의 가신들이 나뉘어 밤에 그들을 쳐부수고 다메섹 왼편 호바까지 쫓아가 16 모든 빼앗겼던 재물과 자기의 조카 롯과 그의 재물과 또 부녀와 친척을 다 찾아왔더라 창 14:14-16

고작 318명으로 수만 명의 적군을 이길 수 있는 유일한 방법은 게릴라전이었다. 성경은 이 전쟁이 단에서 밤에 이루어졌다고 한다. 단은 요단강의 근원으로 물과 나무가 많았다. 그러므로 밤에 기습하면 적군의 숫자를 알기 힘들다. 아브라함은 최적의 장소에서 기습 공격을 함으로 후대의 기드온과 같은 대승을 거둘 수 있었다. 최초의 게릴라 전술이었다. 이렇게 공격에 승리한 후에도 아브라함은 롯을 구하려 단에서 70km 이상 떨어진 다메섹을 지나 그 왼편(성경에서는 북쪽이다) 호바까지 쫓아갔다.

이런 전통은 룻기에서도 잘 나타난다. 고엘은 하나님의 정의를 표현하는 정신이라고 할 수 있다.

예루살렘-멜기세덱과 십일조 창 14:17-20

롯을 구하고 돌아오던 아브라함은 왕의 골짜기(기드론 골짜기)에서 (예루)살렘 왕 멜기세덱을 만난다. 그는 여호와의 제사장이었다. 아브라함은 소득의 10분의 1을 구분하여 하나님께 바쳤다. 십일조의 시초다(히 7:1). 아브라함은 기습 전쟁을 승리로 이끌고 많은 노획물을 얻은 다음, 하나님이 이 모든 것을 주셨음을 고백하는 의미에서 십일조를 바쳤다. 십일조를 바치고 멜기세덱과 예배한 장소는 높은 모리아산이었을 것이다. 창세기 22장에서 하나님이 아브라함에게 '모리아 땅으로 가서 내가 일러 준 한 산으로 가라' 명령하셨을 때 아브라함은 어디인지 바로 깨달았을 것이다. 여기서 드린 십일조는 모든 것이 하나님의 것이요, 하나님의 은혜임을 고백하는 의식이었다.

아브람이 그 얻은 것에서 십분의 일을 멜기세덱에게 주었더라

> 19 그가 아브람에게 축복하여 이르되 천지의 주재이시요 지극히 높으신 하나님이여 아브람에게 복을 주옵소서 20 너희 대적을 네 손에 붙이신 지극히 높으신 하나님을 찬송할지로다 하매 아브람이 그 얻은 것에서 십분의 일을 멜기세덱에게 주었더라 창 14:19-20

유목민이 친절하게 길을 안내해 주고 있다.

손님 대접은 유목민의 정신이다. 이는 나중에 사랑의 계명으로 발전했다.

궁금해요

유목민의 두 법

1. 손님 대접(사랑)

아브라함은 유목민이었다. 유목민이 자유분방하게 사는 것 같아도 농경민이 납득하기 어려운 엄격한 규율이 존재한다. 그 첫째가 손님 대접이다. 아브라함은 부지중에 손님을 잘 대접하다가 이삭을 낳을 것이라는 축복을 받았다(창 18장; 히 13:2). 이 정신은 사랑의 정신으로 예수님이 완성하신다.

> 새 계명을 너희에게 주노니 서로 사랑하라 내가 너희를 사랑한 것 같이 너희도 서로 사랑하라 요 13:34

2. 기업 무름(=고엘; 공의)

무질서해 보이는 유목민 사회를 유지하는 힘은 동족을 엄격하게 돌보는 상호 유대 정신이다. 어떤 아버지가 어려움을 당했다면 반드시 도와야 한다. 아들이 도와야 하는데 그것이 대적의 공격 때문이라면 보복해야 한다. 그러므로 피의 보복과 기업 무름은 같은 의미의 단어 '고엘'을 사용한다. 이 단어는 신약에서 '구속'이라는 단어로 사용되었다. 기업을 무르지 못하거나 보복하지 못하면 가까운 친척이 연차적으로 그가 당한 화를 보상해야 했다. 지금도 유목민들은 고엘 제도를 철저히 지킨다. 아브라함의 조카 롯은 창세기 14장에서 큰 어려움을 당했다.

손님 대접과 기업 무름의 정신인 사랑과 공의는 예수님의 십자가를 통해 완성되었다. 예수님은 우리를 위해 죄 값을 치러 고엘이 되어 주셨고, 우리가 아직 죄인되었을 때 우리를 위해 죽으심으로 하나님의 사랑을 나타내셨다. 공의와 사랑 사이의 딜레마를 완성한 것이 예수님의 십자가다.

> 우리는 다 양 같아서 그릇 행하여 각기 제 길로 갔거늘 여호와께서는 우리 모두의 죄악을 그에게 담당시키셨도다 사 53:6

헤브론-언약과 손님 대접: 아브라함이 맺은 언약 창 15장

아브라함은 헤브론으로 돌아갔다. 그러나 기습 공격 후 그돌라오멜의 보복 공격이 두려웠다. 그때 여호와 하나님은 그에게 나타나 언약을 맺으시고 축복하셨다.

> 1 이후에 여호와의 말씀이 환상 중에 아브람에게 임하여 이르시되 아브람아 두려워하지 말라 나는 네 방패요 너의 지극히 큰 상급이니라 17 해가 져서 어두울 때에 연기 나는 화로가 보이며 타는 횃불이 쪼갠 고기 사이로 지나더라 18 그날에 여호와께서 아브람과 더불어 언약을 세워 이르시되 내가 이 땅을 애굽 강에서부터 그 큰 강 유브라데까지 네 자손에게 주노니 창 15:1, 17-18

고기를 쪼개는 언약 방식은 성찬식을 연상케 한다. 성찬식은 떡을 쪼개 먹는다. 예수님이 이런 언약으로 우리와 함께 계신다.

고대 언약의 방식은 제물인 짐승을 반으로 쪼개고 그 사이를 언약을 지키려는 자들이 함께 지나가는 예식을 통해서였다. 고기를 쪼갠다는 말은 히브리어로 '카랏 베릿'이라 하는데 언약을 자르는 게 언약을 맺는다는 뜻이다. 만약 언약을 지키지 않으면 이처럼 쪼갬을 받아도 마땅하다는 생명의 예식이었다.

> 곧 송아지 두 조각 사이로 지난 유다 고관들과 예루살렘 고관들과 내시들과 제사장들과 이 땅 모든 백성을 렘 34:19

고기를 쪼개면 그 사이를 지나가면서 언약을 맺는 게 히브리인들의 문화였다. 그러나 하나님은 일방적으로 그 사이를 지나가심으로 일방적인 믿음의 언약을 체결하셨다.

소돔과 고모라: 모압·암몬 태동 창 19장

하나님은 아브라함이 어려움에 처할 때마다 건져 주셨다. 창세기 19장은 소돔과 고모라를 멸망시키는 사건이다. 세계에서 가장 낮은 땅(해저 400m)에 위치한 소돔은 하늘과 가장 먼 곳이어서인지 악이 가득하였다. 악의 극치는 동성연애다. 소돔은 평균 40℃에 이르는 더위에도 염해의 소금 무역과 동쪽 세렛강에서 흘러오는 물로 풍요로웠다.

롯의 아내는 뒤를 돌아보아 소금기둥 이 되었고 딸 둘에게서 모압과 암몬 족속이 나온다.

아브라함이 살던 헤브론과 롯이 정착한 소돔을 주목하라. 롯의 신앙은 죄악 가운데 겨우 연명하는 수준이었다. 천사를 대접하고 그의 보호를 받은 롯은 소알이라는 도시로 피했다. 아브라함의 중보기도 덕분이었다. 그러나 롯의 아내는 욕심을 버리지 못해 소금기둥이 되었다(창 19:26). 순례자들은 염해 지역을 지나며 우연히 발견한 소금기둥만 보아도 롯의 아내라고 이름 붙일 정도로 탐욕으로 인한 기억이 남아 있는 땅이다.

소돔과 고모라가 유황과 불로 멸망한 후 롯은 두 딸과 함께 동쪽 산지 동굴로 들어갔다. 지금도 유적으로 남아 있는 롯의 동굴에서 모압과 암몬 민족이 태동한다. 두 딸은 기업 무를 사람이 없자 아버지를 통해 두 민족을 탄생시킨다. 참으로 처참한 역사의 산물이라고 할 수 있다.

> **37** 큰딸은 아들을 낳아 이름을 모압이라 하였으니 오늘날 모압의 조상이요 **38**
> 작은딸도 아들을 낳아 이름을 벤암미라 하였으니 오늘날 암몬 자손의 조상이
> 었더라 **창 19:37-38**

모리아산-여호와 이레 : 이삭을 드림 창 22:1-19

창세기 12-26장은 아브라함과 이삭의 생애가 그려져 있다. 22장은 아브라함이 이삭을 드리는 사건이다. 아브라함은 당시 브엘세바에 거하였다.

궁금해요

맛을 잃은 소금?

염해 소금은 그냥 쓰면 광물질이 많아 배탈이 난다. 그래서 다 녹여서 물로 쓴다. 녹여 쓴 후 남는 소금은 불순물이어서 맛이 나지 않으므로 버려야 한다. 그러나 모양은 처음이나 나중이나 소금 모양이므로 자칫 잘못해서 먹었다간 큰일이 난다. 예수님이 말씀하신 맛을 내지 못하는 쓸모없는 소금은 이를 말하는 것이다.

> 아브라함은 브엘세바에 에셀나무를 심고 거기서 영원하신 여호와의 이름을 불렀으며 창 21:33

에셀나무를 심은 이유는 그 아래에 제단을 쌓고 예배하기 위함이었다. 그러므로 장기적인 예배의 처소, 현대로 말하자면 예배당을 세운 셈이다. 아브라함은 어디를 가든지 예배 중심의 삶을 살았다. 그러나 마지막 가장 강력한 시험이 그를 기다리고 있었다. 기도하는 자만이 감당할 수 있는 시험이었다.

> 여호와께서 이르시되 네 아들 네 사랑하는 독자 이삭을 데리고 모리아 땅으로 가서 내가 네게 일러 준 한 산 거기서 그를 번제로 드리라 창 22:2

지도에서 아브라함이 이삭과 브엘세바에서 예루살렘 모리아산으로 이동한 경로를 살펴보고 3일 길이 어느 정도인지 가늠하여 보라(창 22:4). 약 60km 정도 된다. 모리아산은 얼마 전 살렘왕 멜기세덱을 만난 장소이고 예수님이 십자가를 지신 골고다와 동일한 지역이라는 점도 잊지 말라. 이삭도 나무를 지고 갔고 예수님도 십자가를 지고 올라가셨다. 아브라함은 자신이 하는 일이 예배라고 생각했다.

> 이에 아브라함이 종들에게 이르되 너희는 나귀와 함께 여기서 기다리라 내가 아이와 함께 저기 가서 예배하고 우리가 너희에게로 돌아오리라 하고 창 22:5

이삭은 어느새 청년이 되었다. 그리고 아버지의 의도도 어느 정도 알고 있었던 것 같다. 그러나 그는 순종하여 순순히 포박되어 죽음의 자리에 누웠다. 아브라함이 이삭을 죽이려는 장면은 슬로비디오처럼 묘사되었다. 구약 언어인 히브리어는 절정의 순간에 동사를 짧게 많이 사용하여 그때의 긴박감을 전한다. 오른쪽 정렬의 끝 동사들에 주목하여 이야기의 다이내믹함을 느껴 보라.

이삭을 드리는 장소는 '여호와 이레'라 불렸고 예수님의 죽음을 준비하는 장소가 되었다.

> 9 하나님이 그에게 일러 주신 곳에 이른지라
> 이에 아브라함이 그곳에 제단을 쌓고
> 나무를 벌여 놓고
> 그의 아들 이삭을 결박하여
> 제단 나무 위에 놓고
> 10 손을 내밀어 칼을 잡고
> 그 아들을 잡으려 하니 창 22:9-10

하나님은 아브라함의 예배를 받으셨다. 아브라함은 이미 이삭을 죽이기까지 순종하면 하나님이 이삭을 다시 살리실 줄 믿었다.

> 그가 하나님이 능히 이삭을 죽은 자 가운데서 다시 살리실 줄로 생각한지라 비유컨대 그를 죽은 자 가운데서 도로 받은 것이니라 히 11:19

이 결과 하나님은 이삭 대신 양을 준비하셨다. 이 양은 후일 예수님을 상징한다. 아브라함은 예언적인 이름을 이곳에 붙인다. '모리아'도 준비한다는 의미가 있지만 '여호와 이레'라는 지명으로 하나님이 놀라운 일을 행할 것임을 예언한 것이다.

> 아브라함이 그 땅 이름을 여호와 이레라 하였으므로 오늘날까지 사람들이 이르기를 여호와의 산에서 준비되리라 하더라 창 22:14

여기서,
묵상

왜 이삭을 바치라 하셨을까?

왜 하나님은 자식을 제사로 드리라는 상식을 뛰어넘는 요구를 하셨을까? 구약이 신약의 예수님을 조명한다면, 모리아산 제사 사건은 예수님의 골고다 사건과 아주 흡사하다. 아브라함의 심정을 통해 하나밖에 없는 독생자를 죽여야 하는 여호와 하나님의 심정을 보이려 하셨을까?

자신의 의지가 있으면서도 묵묵히 나무를 지고 올라가 죽기로 작정한 이삭의 모습은 예수님에 비견된다. 아브라함은 아들 이삭을 데리고 모리아산으로 올라갔다. 사랑하는 아들을 죽여야 했던 하나님 아버지는 예수를 데리고 같은 산을 오르셨다. 그분의 사랑은 아브라함보다 더 숭고하다. 아브라함을 만류한 하나님은 그분의 아들을 직접 죽이셨다. 당신의 아들 예수는 이삭보다 덜 소중해서 흠 없는 양처럼 죽이셨는가? 하나님의 사랑은 우리를 살게 하신다. 피 맺힌 절규를 들으면서까지 아들을 죽이신 하나님 아버지의 사랑 때문에 당신은 구원받은 자녀가 되었다. 그 사랑에 보답하기 위하여 무엇을 하려는가?

막벨라 굴- 사라 무덤 창 23장 3일

유목민은 땅을 소유하지 않는다. 그러나 무덤은 있어야 했기에 아브라함은 처음으로 땅을 구입한다. 굴과 주변의 밭을 은 400세겔에 구입한 것은 바가지를 썼다고 할 수 있다. 그러나 이 땅은 선산이 되어 아브라함과 이삭, 야곱 내외가 묻히게 된다.

> 아브라함이 에브론의 말을 따라 에브론이 헷 족속이 듣는 데서 말한 대로 상인이 통용하는 은 사백 세겔을 달아 에브론에게 주었더니 창 23:16

가격을 많이 쳐 주고 막벨라 굴을 샀지만 후에 선산이 되었다.

: 3일

오늘 읽을 분량

성경 창 24-36, 시 14, 20, 46, 53

본서 77-93쪽

성경의 맥 잡기

1. 이삭의 농사와 우물
2. 야곱의 기념 장소인 벧엘, 갈르엣, 마하나임, 브니엘, 숙곳, 엘엘로헤이스라엘

신구약 연결 포인트

1. 이삭이 우물을 뺏긴 지역에서 에티오피아의 내시가 예수님 예언을 읽음
2. 에서의 자손은 이두매 족속이 되어 헤롯 왕가의 조상이 됨

묵상 가이드

1. 이삭은 우물을 계속 빼앗기다 우물을 얻은 후 블레셋왕에게 어떤 말을 들었나?
2. 야곱의 강점은 하나님의 축복을 사모하는 네게브 정신이다. 어떤 사건에서 이 정신이 나타나나?

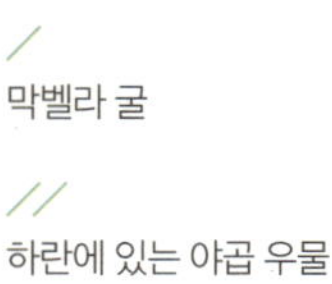

/
막벨라 굴

//
하란에 있는 야곱 우물

그 후에 아브라함이 그 아내 사라를 가나안 땅 마므레 앞 막벨라 밭 굴에 장사하였더라(마므레는 곧 헤브론이라) 창 23:19

하란-이삭의 아내 구하기 창 24장

아브라함은 여호와 신앙을 가지고 있는 자신의 가족 중에서 며느리를 얻기 원했다.

엘리에셀로 추정되는 종은 우물 곁에서 아브라함의 며느릿감의 조건을 놓고 기도했다. 그 조건은 '손님 대접'이었다. 그는 나그네에게 물을 한 그릇 떠 줄뿐더러 낙타에게도 물을 자원하여 줄 수 있는 여인이면 하나님이 원하시는 여인이라고 생각했다(창 24:10-12). 그러나 이것은 좀 무리한 기도였다. 낙타는 목이 마를 때 110리터까지도 마신다. 그러니 낙타 10마리에게 물을 마시게 하는 것은 아무래도 무리한 요구다. 하란의 우물은 5m 정도를 내려가야 하는 지하 동굴식 우물이다. 여인이 낙타에게 물을 먹이다가 다리가 후들거려 쓰러질 수도 있었다.

그런데 리브가는 어떻게 하였는가? 아브라함의 종에게 물을 줄 뿐 아니라 낙타들에게도 배불리 마시게 하겠단다(창 24:19). 질그릇 항아리를 들고 낙타 10마리에게 주기 위해 1톤이 넘는 물을 날라 일면식도 없는 나그네를 대접하는 리브가의 심성을 보라. 그리고 그녀의 튼튼한 체력을 상상해 보라. 영육간에 강건한 여인이었을 것이다. 그래서인지 아브라함과 야곱은 아내가 여럿이었지만 이삭은 오로지 리브가 한 명이었다. 이 상황을 보면 그럴 만도 하지 않은가?

창세기 2
2대 족장 이삭의 생애

이삭, 순종하는 2대 족장 창 24장

리브가와 이삭이 만난 장소는 네게브 지역이었다. 이삭은 넓은 들에서 묵상을 하다가 아내를 맞고, 리브가는 멀리 서 있는 남편감을 보고 너울을 취하면서 정숙한 모습으로 첫 만남을 가진다. 네게브의 영성을 지닌 자들의 하나 됨이다.

> 62 그때에 이삭이 브엘라해로이에서 왔으니 그가 네게브 지역에 거주하였음
> 이라 63 이삭이 저물 때에 들에 나가 묵상하다가 눈을 들어 보매 낙타들이 오
> 는지라 64 리브가가 눈을 들어 이삭을 바라보고 낙타에서 내려 65 종에게 말
> 하되 들에서 배회하다가 우리에게로 마주 오는 자가 누구냐 종이 이르되 이
> 는 내 주인이니이다 리브가가 너울을 가지고 자기의 얼굴을 가리더라 66 종
> 이 그 행한 일을 다 이삭에게 아뢰매 67 이삭이 리브가를 인도하여 그의 어머
> 니 사라의 장막으로 들이고 그를 맞이하여 아내로 삼고 사랑하였으니 이삭이
> 그의 어머니를 장례한 후에 위로를 얻었더라 창 24:62-67

그랄-이삭의 농사와 우물 : 신앙의 훈련장 네게브 창 26:1-25

아브라함과 이삭은 산지 도로(세겜에서 헤브론, 브엘세바까지 이어진다)를 이용했다. 이 산지 도로를 족장들이 많이 이용하였기에 '족장의 도로'라고 부른다. 도로상의 도시는 당대의 중심지이거나 후대에도 중요한 장소다.

이와 같은 관점에서 아브라함과 이삭, 야곱이 가장 많이 머물렀던 네게브(남

남방(네게브)의 환경
건기에는 사막, 우기에는 초지가 된다.

방)를 조명해 보자. 개역성경에서는 네게브를 '남방'으로 번역했다. 그러나 지명은 그대로 쓰는 것이 자연스러우므로 이 책에서는 네게브라 하고 필요하면 각주를 달겠다.

오늘날 네게브는 이스라엘의 남부 대부분(유다 산지로부터 홍해와 시나이까지)을 지칭한다. 그러나 성경에서는 제한된 의미로 유다 산지(지도 창세기 2의 중앙)와 광야(지도 창세기 2의 남쪽) 사이를 말한다. 네게브 서쪽, 지중해와 브엘세바 사이는 해발고도가 높지 않은 분지다. 동쪽은 비교적 높은 산지 사이의 넓은 분지로 되어 있다. 계곡에서 발원한 물줄기는 네게브 남동쪽에서 가사 남쪽 지중해로 유입하고, 다른 지류는 아랏, 호르마, 브엘세바를 경유하여 브솔 시내와 합류한다.

네게브는 황토(뢰스, löss)로 덮인 반(半) 산성 반 사막지대다. 가루 형태의 토양은 물 흡수가 느리고 나무가 거의 없으므로 어쩌다 내리는 비는 거세게 흘러 토양을 침식시킨다. 폭우가 내리면 저지대가 순식간에 침수되듯이 사막에 빠른 속도로 시내가 만들어진다. 시편 기자는 급작스런 호우가 발생하는 네게브의 환경에 빗대어 바벨론의 포로 생활에서 급히 돌이켜 달라고 기도했다. 뒤이어 강우 시기가 불확실하고 물이 충분치 못한 상황은 눈물을 머금고 간절한 마음으로 씨를 뿌리러 나간 농부가 내려 주신 은혜의 단비로 추수할 수 있으리라는 의지와 은혜로 변주된다.[2]

> 4 여호와여 우리의 포로를
> 네게브(남방) 시내들같이 돌려보내소서(급하게)
> 5 눈물을 흘리며 씨를 뿌리는 자는
> 기쁨으로 거두리로다(의지와 은혜)
> 6 울며 씨를 뿌리러 나가는 자는
> 반드시 기쁨으로 그 곡식 단을 가지고 돌아오리로다
> 시 126:4-6

네게브의 연간 강수량은 매우 불확실하지만 연평균 200~300mm다. 강우량이 많은 해에는 작물을 재배할 수 있지만 가뭄이 들면 모든 것을 잃어버린다. 네게

2 이스라엘은 우기가 겨울이므로 씨 뿌리는 시기는 늦가을(10월경)이고 추수는 봄(3~4월)에 한다.

브는 우기(10~3월)에 비가 오지 않으면 가축에게 먹일 풀조차 못 구한다. 아브라함은 그래서 이 시기에 물이 풍부한 이집트로 내려갔다. 흉년이 들어 이삭도 이집트에 내려가다가 그랄에 이르렀다. 그랄은 네게브 지역의 서쪽 부분에 해당하는 곳이다.

> 1 아브라함 때에 첫 흉년이 들었더니 그 땅에 또 흉년이 들매 이삭이 그랄로
> 가서 블레셋왕 아비멜렉에게 이르렀더니 2 여호와께서 이삭에게 나타나 이
> 르시되 애굽으로 내려가지 말고 내가 네게 지시하는 땅에 거주하라 창 26:1-2

그런데 여호와께서 이삭에게 네게브에 그대로 머물러 있으라 말씀하셨다. 이는 매우 큰 모험이다. 농부나 목자는 겨울에 내린 비로 자란 작물이나 풀에 의존하여 살아간다. 겨울에 비가 오지 않으면 그 여름은 남은 샘이나 풀을 가지고 이럭저럭 버틴다. 하지만 다시 같은 일을 당할 때는 가축이고 뭐고 모두 몰살할 위기에 처한다. 이집트로 내려가지 말라는 하나님의 말씀은 이삭에겐 대단한 모험이었다.

중동 지역은 한 번 비가 오면 계속 와서 풍년이 들고, 한 번 흉년이 들면 계속 흉년 상태다. 그래서 1년 차 흉년 때 빨리 이동하지 않으면 2~3년 차 때 생계가 몹시 위험해진다. 비가 오지 않으면 웬만한 샘은 바닥을 드러내고 풀도 자라지 않아 양 떼를 키울 수가 없다. 물 있는 곳으로 양 떼를 옮기는 일을 조금만 지체해도 모두 죽게 된다(경제 문제). 그러니 샘 근처의 원주민과 유목민 간에 물과 초지를 둘러싼 싸움이 일어날 수밖에 없다. 자칫 전쟁이 일어나 생명을 잃을 수도 있다(이웃 문제). 물싸움은 성경 여러 곳에 나온다(창 29:2-8; 출 2:16-17). 그런데 하나님은 이삭에게 내려가지 말라고 하셨다.

> 3 이 땅에 거류하면 내가 너와 함께 있어 네게 복을 주고 내가 이 모든 땅을
> 너와 네 자손에게 주리라 내가 네 아버지 아브라함에게 맹세한 것을 이루어 4
> 네 자손을 하늘의 별과 같이 번성하게 하며 이 모든 땅을 네 자손에게 주리니
> 네 자손으로 말미암아 천하 만민이 복을 받으리라 12 이삭이 그 땅에서 농사
> 하여 그 해에 백 배나 얻었고 여호와께서 복을 주시므로 13 그 사람이 창대하
> 고 왕성하여 마침내 거부가 되어 창 26:3-4, 12-13

이삭은 여호와를 믿었다. 이삭은 하나님을 믿은 만큼 씨앗을 뿌렸을 것이다. 아마 가지고 있던 씨앗을 모두 뿌렸을지도 모른다. 블레셋 사람도 절대 안 심는 곳에 이삭은 믿음으로 씨앗을 뿌려 그 해에 100배의 결실을 얻었다.

여기서,
묵상

네게브의 영성

네게브는 하나님이 비를 내려 주시면 '100'배를 수확하고 비를 안 내려 주시면 수확이 '0'인 땅이다. 이곳에서 하나님은 이삭과 아브라함과 야곱을 훈련시키셨다. 네게브는 반 사막지대다. 광야와 산지 사이에 있기에 어느 때는 광야가 되고 어느 때는 산지처럼 농사를 지을 수 있다. 풍요와 주림을 왔다갔다한다. 그들은 네게브에 살면서 하나님을 의지해야만 살 수 있다는 지혜를 배웠다. 네게브는 믿음의 조상 아브라함을 탄생시켰고, 주님께 순종하면서 순탄하게 살아간 믿음의 선조 이삭을 낳았다. 특히 하나님의 축복에 대한 야곱의 끈질긴 투쟁과 열망은 네게브에서 배운 교훈이 근성이 되어 나온 것이 아닐까? 네게브에서 여호와가 내려 주시는 축복의 비가 없으면 살 수 없음을 본 야곱은 일생 주님의 축복을 열정적으로 소망하며 살았다.

수세기 동안 네게브와 동쪽과 남쪽, 서쪽의 광야는 다양한 유목민 족속의 고향이었다. 강력한 중앙정부가 세워지면서 네게브는 유다 산지를 방어하기 위한 남쪽 방어선이 되었다. 유다 왕국이 강하여 영향력을 행사할 때는 네게브도 안정되었고 요단 동편과 연결된 무역로가 열렸다. 네게브가 없었더라면 유다 산지는 광야에서 남쪽까지 휩쓸고 지나간 아말렉 족속 같은 외부의 공격에 노출되었을 것이다. 이럴 경우 요단 동편뿐 아니라 홍해를 통해 동아프리카까지 연결되는 통로가 막혀 막대한 경제 손실이 발생한다. 이 무역로를 탐낸 나라가 이집트였다. 그래서 솔로몬의 아들 르호보암 때 쳐들어와 가장 먼저 차지한 곳이 네게브였다.

브엘세바 우물
그 깊이로 네게브의 물 사정을 엿볼 수 있다.

그랄-우물 파기 창 26:1-25

사탄의 세력은 신앙으로 승리한 우리를 시기하고 넘어뜨리려 한다. 그리고 끝까지 싸움을 걸어온다. 우물을 빼앗는다는 것은 전쟁을 선포한 것과 마찬가지다. 이삭은 이 싸움을 피하며 적어도 4개의 우물을 팠다.

> 이삭이 거기서 옮겨 다른 우물을 팠더니 그들이 다투지 아니하였으므로 그 이름을 르호봇이라 하여 이르되 이제는 여호와께서 우리를 위하여 넓게 하셨으니 이 땅에서 우리가 번성하리로다 하였더라 창 26:22

브엘세바 언약
이삭은 온유함으로 하나님이 함께함을 보여 주어 언약을 맺게 되었다.

물이 귀한 네게브에서 샘을 얻은 것은 생명을 얻은 것이나 마찬가지다. 브엘세바 우물이 수십 m나 되는 것을 보아도 알 수 있다. 이를 양보한 이삭은 결국 블레셋왕 아비멜렉의 존경을 받아 그와 불가침 조약을 맺게 된다.

브엘세바-평화 언약 창 26:26-33

> 23 이삭이 거기서부터 브엘세바로 올라갔더니 26 아비멜렉이 그 친구 아훗삿과 군대 장관 비골과 더불어 그랄에서부터 이삭에게로 온지라 28 그들이 이르되 여호와께서 너와 함께 계심을 우리가 분명히 보았으므로 우리의 사이 곧 우리와 너 사이에 맹세하여 너와 계약을 맺으리라 말하였노라 창 26:23, 26, 28

이삭은 네 번이나 귀한 우물을 빼앗기다가 다섯 번째가 되자 빼앗기지 않았다. 그 이유가 무엇일까? 그것은 아비멜렉의 말을 통해 알 수 있다. "여호와께서 너와 함께 계심을 우리가 분명히 보았다." 그들은 이삭이 판 우물마다 물이 나오는 걸 보고 하나님을 두려워하게 된 것이다.

네게브는 물만 있으면 100배의 열매를 얻을 수 있는 땅이다.

주님은 온유한 자가 땅을 차지한다고 말씀하셨다. 이삭은 그것을 이룬 모델이다. 이삭은 힘없이 물러선 것 같았지만 하나님이 함께하심을 보여 줌으로써 땅을 차지했다. 이삭의 발자취를 따라 다윗이 거의 1000년 뒤에 네게브를 찾아왔다. 사울이 무죄한 자신을 죽이려 했으나 이삭처럼 싸우지 않고 그랄 골짜기 시글락으로 피신하여 1년 4개월을 살았다. 다윗은 말할 수 없는 어려움 중에 온유

함으로 승리한 인물이다.

> 백성들이 자녀들 때문에 마음이 슬퍼서 다윗을 돌로 치자 하니 다윗이 크게 다급하였으나 그의 하나님 여호와를 힘입고 용기를 얻었더라 삼상 30:6

2000년의 세월이 흐른 후 에티오피아의 내시는 네게브에서 빌립 집사의 도움을 받아 성경을 읽다가 예수님을 만나 믿게 된다(행 8:26-39). 그가 만난 예수님은 이삭처럼 어떤 세력에도 대항하지 않고 어린 양처럼 끌려가셨던 온유한 메시아였다(사 53:7-8).

네게브는 주님을 의지하면 살고 그렇지 않으면 죽는 땅이다. 이곳에서 하나님은 족장인 아브라함, 이삭, 야곱을 훈련시키셨다. 땅을 통해 훈련하신 것이다. 네게브 정신, 네게브 신앙을 가장 잘 배운 인물이 야곱일 것이다. 형을 속이면서까지 장자의 축복을 받아 내려 하고, 얍복강에서 환도뼈 신경을 다치면서까지 축복을 얻어 내려 했던 것도 하나님이 주시는 축복 정신을 잘 알고 있었기 때문이다. 하나님 외에는 축복이 없고 그 은혜 없이는 살 수 없다는 야곱의 네게브 정신은 하나님이 가장 기뻐하시는 것이다. 속이는 자 야곱이 하나님을 이기는 자 이스라엘이 될 수 있었던 것도 이 네게브 정신에서 연원한다. 주님은 오늘도 이런 마음으로 사모하며 찾아오는 자를 찾고 계시지 않을까?

지도 그리기

창세기 2

부록에서 지도를 찾아 그리세요

에셀나무

아브라함이 브엘세바에서 심었던 나무로, 이 나무 아래 제단을 쌓고 하나님을 섬겼다. 향나무 같은 잎새는 씹으면 짠맛이 나는데 유목민들이 염분을 섭취하는 수단으로 사용되기도 한다. 남방 지역까지 자랄 수 있어 싸리나무 같은 로뎀나무보다 더 큰 그늘을 제공하여 그 아래 제단을 쌓을 수 있었다.

브엘세바 공원 입구의 에셀나무를 제단과 합성했다.

광야의 나무

시내산 캐서린수도원의 떨기나무

떨기나무

광야의 '가시덤불'은 바싹 마르면 뿌리가 약해져 바람에 굴러다닌다. 돌에 반사된 햇빛으로 쉽게 불이 붙고 이동하면서 여기저기 불을 전파한다. 그런데 모세는 불이 사라지지 않고 계속 타던 떨기나무를 보고 신기한 마음에 이끌려 가 하나님을 만났다. 떨기나무처럼 보잘것없는 것도 하나님의 불이 임하니까 하나님의 영광이 나타나는 도구로 바뀌었다. 우리도 쓸모없지만 영광의 불쏘시개가 된 이상 하나님의 빛을 비추는 존재가 되었다.

사사기의 아비멜렉 기사에도 가시나무 이야기가 나온다. 가시나무는 관목이다. 많은 사람이 떨기나무를 이스라엘로 상징한다.

싯딤나무

시내산 근처의 싯딤나무. 하나님이 성막을 짓는 재료로 명한 나무로 중국의 한문성경의 영향을 받아 '조각목'으로도 번역되었다. 아까시나무라고도 한다.

> 그들은 조각목으로 궤를 짜되 길이는 두 규빗 반, 너비는 한 규빗 반, 높이는 한 규빗 반이 되게 하고 출 25:10
>
> 너는 조각목으로 성막을 위하여 널판을 만들어 세우되 출 26:15

그런데 하나님은 이 나무로 왜 성막을 만들라 하셨을까? 이 나무가 거룩하거나 특별하다기보다 광야에서 쓸 만한 나무가 이것밖에 없기 때문이다. 그래서 솔로몬이 성전을 지을 때는 주로 감람나무를 사용했다.

> 내소 안에 감람나무로 두 그룹을 만들었는데 그 높이가 각각 십 규빗이라 왕상 6:23

단단하고 수피가 마른 싯딤나무는 광야에서 버티기 위하여 뿌리를 수백 미터까지 뻗는다고 한다. 작은 싯딤나무라 하더라도 들짐승이 잎사귀를 따먹은 아랫부분은 가지치기를 해서 모양을 잡은 듯이 평평하게 된다. 광야에서 나무를 만나는 것은 큰 행운이다. 광야 여정에 구름기둥같이 그늘을 만들어 주기 때문이다.

| 족장 2 : 야곱과 요셉 |

꿈을 꾸고, 꿈을 이루다

성경 창세기 25-50장 **연대** BC 18~16세기

역사적 배경 이집트 힉소스 왕조

핵심 본문 야곱의 하란행, 4아내와 12자녀, 브니엘 사건, 벧엘로 이동, 상인에게 팔려 감, 바로의 꿈 해석, 야곱 가정의 애굽행

지도 창세기 3

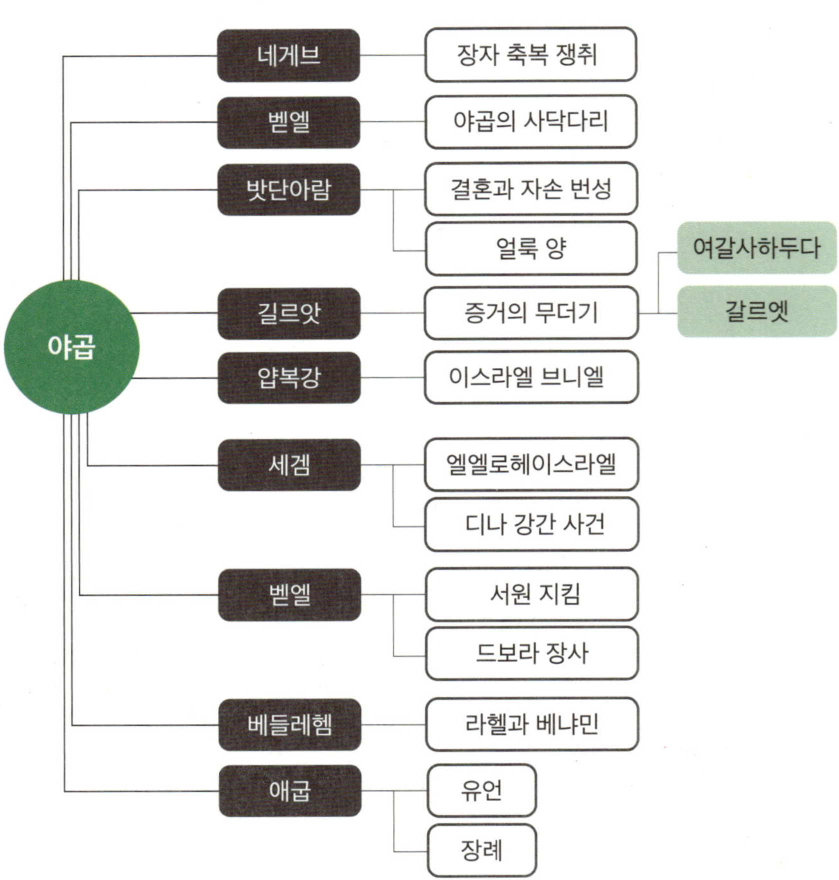

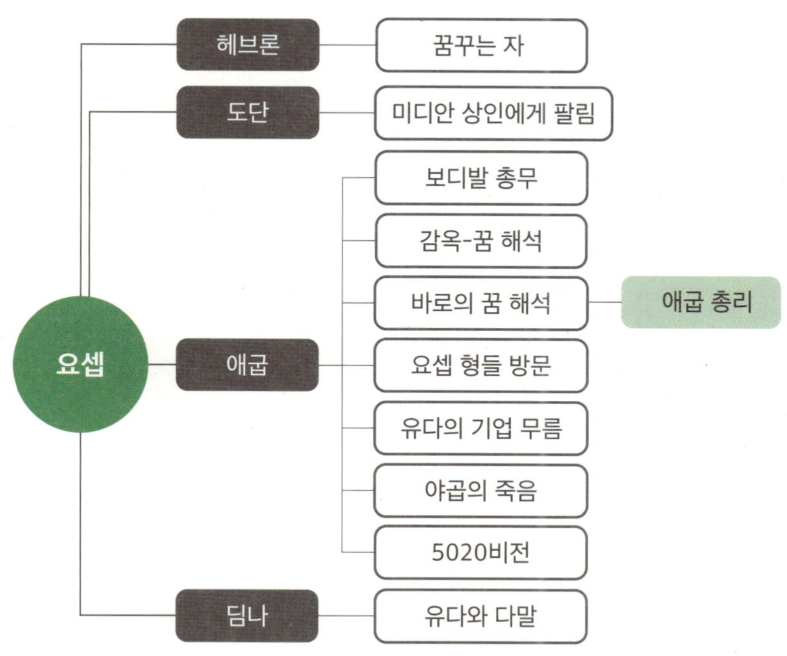

요셉
헤브론
꿈꾸는 자
도단
미디안 상인에게 팔림
애굽
보디발 총무
감옥-꿈 해석
바로의 꿈 해석
애굽 총리
요셉 형들 방문
유다의 기업 무름
야곱의 죽음
5020비전
딤나
유다와 다말

창세기 3
야곱과 요셉

밧단아람
길르앗
얍복강
벧아르벨
함
이스라엘
페헬
사르단?
요단 계곡
벧산
르홉
여리고
염해(사해)
기랴다임?
아로엘
아델
세일
소알
디르사
엘엘로헤 이스라엘
엔사미야
세겜
기나
도단
다아낙
므깃도
아이
알론바굿
사닥다리
살렘
베냐민 출산
예루살렘
마므레?
벧술
기랏아르바
가나안
다말
아랏
호르마?
믹달?
아벡
룻다
게셀
벧세메스
에글론?
텔벧미르심
라기스
브엘세바
가드림몬?
욥바
요셉이 팔려 감
텔나길라
남방(네게브)
텔몰
그랄
광야
대해(지중해)
아스글론
가사
텔엘파라
유르자?
가데스바네아
애굽

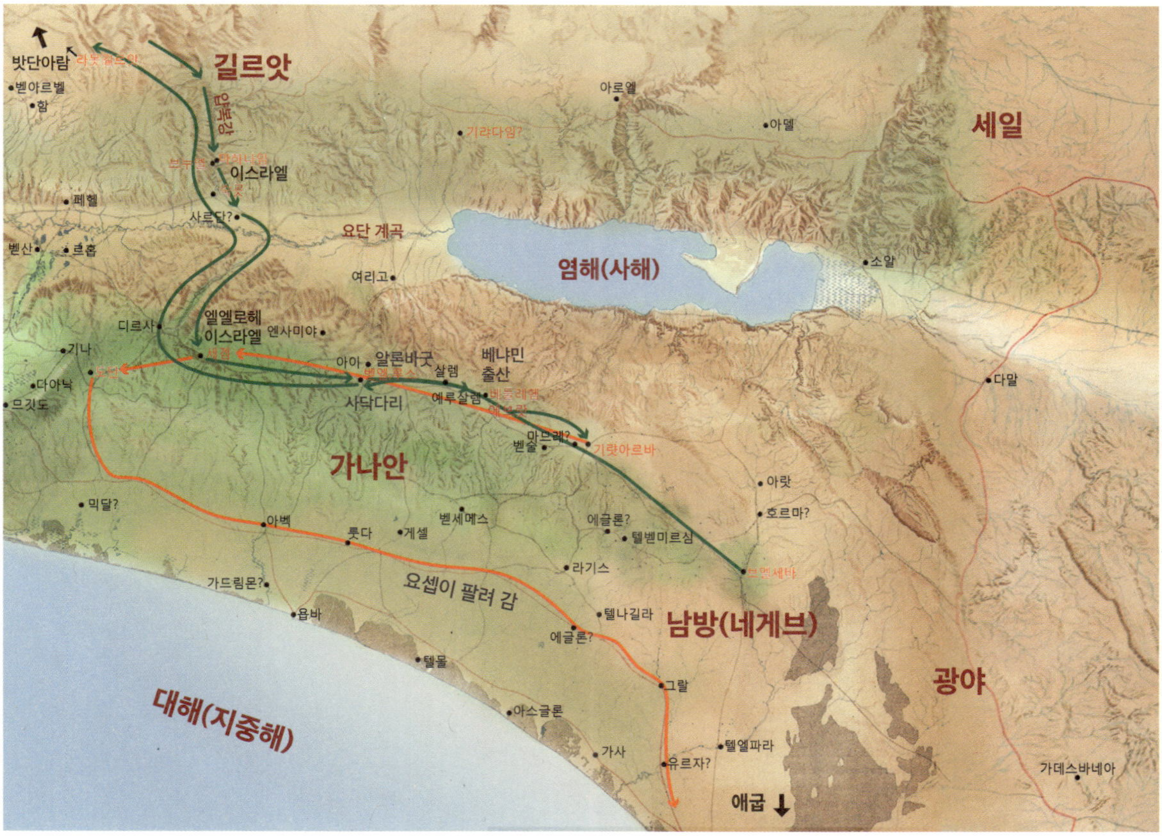

야곱의 아들들

레아(실바)	라헬(빌하)
르우벤	
시므온	
레위	(단)
유다	(납달리)
(갓)	요셉
(아셀)	베냐민
잇사갈	
스불론	

창세기 25-50장에서는 야곱과 그의 아들 요셉의 이야기가 집중 기록되어 있다. 이들의 주무대는 메소포타미아의 하란(현대 터키의 동쪽), 이집트, 대륙간지 등이다. 하란을 향해 출발하는 야곱의 여정과 20년 후 그곳에서 가나안으로 귀향하는 과정을 주의 깊게 보라. 창세기 28, 32, 33, 35장을 읽은 다음 지도에서 빨간색 지명을 주의하여 보라.

야곱, 믿음의 뿌리를 깊이 내리다

네게브-장자 축복 쟁취

야곱은 네게브에서 하나님의 축복권이 없으면 살 수 없음을 깨달았다. 결국 야곱은 아버지와 형을 속이면서까지 축복권을 얻어 냈다(창 27장). 이에 에서는 분노했고, 야곱은 그의 보복을 피해 외삼촌이 있는 하란으로 향했다.

야곱의 강점은 하나님의 축복을 사모했다는 것이고, 약점은 인위적으로 그 축복을 얻으려 장자권을 샀다는 것이다.

벧엘-야곱의 사닥다리 창 28:10-22

벧엘로 급히 도망한 야곱은 얼마나 피곤했던지 돌베개를 베고 불안한

하란으로 가는 야곱의 여정

잠을 청했다. 그런데 거기서 천사가 오르락내리락하는 사닥다리를 보게 되었다. 야곱의 할아버지 아브라함이 벧엘과 아이 사이에 단을 쌓고 예배를 드린 적이 있다. 야곱은 하나님의 축복으로 무사히 돌아오면 그곳에 제단을 쌓고 소득의 십일조를 드리겠다는 서원을 하고 북쪽 메소포타미아 하란 땅으로 떠난다(창 28장).

야곱이 도착한 밧단아람은 하란 근처였다. 하란과 가나안의 브엘세바는 20일이 훨씬 더 소요되는 먼 길(약 800km)로 하란에서 가나안 입구까지는 480km 정도다.

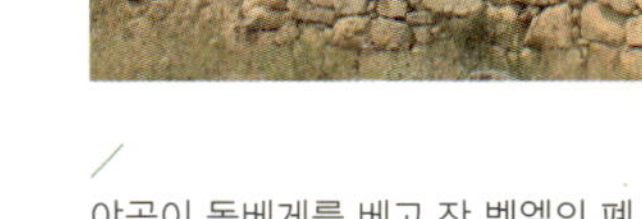

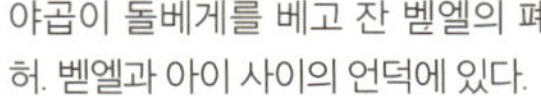

야곱이 돌베게를 베고 잔 벧엘의 폐허. 벧엘과 아이 사이의 언덕에 있다.

밧단아람-결혼과 자손 번성

하란 생활은 속고 속임의 연속이었다. 야곱의 삼촌 라반('희다'라는 뜻)은 이름과 달리 엉큼한 인물이었다. 그는 야곱을 몇 번이나 속여 먹었다. 그러나 이 와중에도 하나님은 레아와 라헬을 통하여 자손을 낳아 12지파로 나가는 기틀을 마련하셨다. 환난 중에도 일하시는 하나님의 역사를 본다.

야곱이 머물던 하란(나홀성) 지역

얼룩 양: 고대 유전자 조작 사건

라반의 거짓에 야곱도 뒤질세라 유전자 조작을 하는 기술(?)까지 동원하여 라반의 재산을 자신의 것으로 이동시키는 막판 뒤집기를 했다. 이로써 야곱은 하란에서 두 아내와 11명의 아들, 그리고 수많은 재산을 얻었다. 야곱은 자신의 하란 생활을 이렇게 정리한다.

> **38** 내가 이 이십 년을 외삼촌과 함께하였거니와 외삼촌의 암양들이
> 나 암염소들이 낙태하지 아니하였고 또 외삼촌의 양 떼의 숫양을 내
> 가 먹지 아니하였으며 **39** 물려 찢긴 것은 내가 외삼촌에게로 가져가
> 지 아니하고 낮에 도둑을 맞았든지 밤에 도둑을 맞았든지 외삼촌이
> 그것을 내 손에서 찾았으므로 내가 스스로 그것을 보충하였으며 **40**
> 내가 이와 같이 낮에는 더위와 밤에는 추위를 무릅쓰고 눈 붙일 겨
> 를도 없이 지냈나이다 **창 31:38-40**

라반의 말에 오늘 이 무더기가 너와 나 사이에 증거가 된다 하였으므로 그 이름을 갈르엣이라 불렀으며(창 31:48)

낮의 더위와 밤의 추위를 당하며 눈 붙일 겨를도 없었다는 대목이 인간의 한계를 시험할 정도의 혹독한 더위와 추위 속에 몸서리쳤던 야곱의 북받친 감정을 잘 드러낸다. 하란은 아라비아 사막 북쪽에 위치하기 때문에 낮과 밤의 일교차가 극심했다. 여름엔 50℃까지 오를 정도로 덥고 겨울엔 영하 가까이 떨어져 춥다. 현재 쿠르드족이 하란에 거주하고 있다. 이곳은 나무가 없어서 흙으로 집을 짓는다. 강수량이 적다 보니 천장을 안 막아 위가 뻥 뚫려 있다. 집 안의 연기와 음식 냄새가 환기되도록 한 것이다.

갈르엣-증거의 무더기

야곱은 이처럼 모진 고생을 겪은 뒤 20년 만에 대가족을 이끌고 가나안으로 귀환한다(창 31장). 귀환 중 야곱은 성경 역사에 남는 지명을 남긴다. 외삼촌과 언약 맺은 곳을 아람어로는 '여갈사하두다', 히브리어로는 '갈르엣'이라는 '증거의 무더기'라 불렀다. 이 이름이 '길르앗' 지역의 유래가 되었다(창 31:47-49).

얍복강-이스라엘 브니엘 창 32:13-32

길르앗 산지에서 얍복강을 따라 내려오면 강이 한 장소를 굽어 흐르면서 혹 같은 모양의 요새를 만든다. 야곱은 이곳에서 여호와의 군대를 보고 '군영들'(two camps) 즉 '마하나임'이라는 지명을 붙였다. 이 요새는 후대에 사울왕의 아들 이스보셋이 북쪽의 수도로 삼았고, 다윗이 압살롬을 피해 피신한 안전한 장소였다. 이후 헤롯이 세운 궁전 유적이 발견되면서 신약시대에도 사용되었음을 알 수 있다.

이 부근에서 야곱은 가나안에 들어가기 전 형 에서의 허락과 화해를 받고자 했다. 그래서 선물과 함께 사람들을 보냈으나 에서가 400명의 군인을 데려오고 있다는 소식을 들었다. 분명히 야곱을 치기 위해 오는 중이었다. 야곱은 이미 라반에게서 도망왔을 뿐 아니라 그와 언약을 맺어서 돌아갈 수도 없었다. 야곱은 진퇴양난에 빠졌다. 그러나 그의 위대함은 여기서 나타난다. 그는 하나님께 배수진을 치는 얍복강 기도를 하기 시작했다. 하나님의 천사가 그의 기도 제목을 듣고 뚜렷한 응답도 없이 가려 하자 야곱

야곱은 얍복강에서 축복을 달라고 씨름하듯 기도하여 하나님의 얼굴을 뵙고 이스라엘이라는 이름을 얻었다.

은 그를 끝까지 붙들고 늘어졌다. 천사는 그의 넓적다리 관절을 치면서까지 뿌리치려 했으나 그는 포기하지 않고 붙들면서 이렇게 요구했다.

> 그가 이르되 날이 새려 하니 나로 가게 하라 야곱이 이르되 당신이 내게 축복하지 아니하면 가게 하지 아니하겠나이다 창 32:26

야곱의 위대함은 속이고 쟁취하려는 태도에 있지 않고 축복이 하나님께로부터 온다는 확신에 있다. 이는 네게브에서 아버지 이삭의 삶을 보고 배운 네게브 정신이었다. 그는 형에게 보호를 요청하지도 않았거니와 그보다 더 강한 힘도 요청하지 않았다. 오직 하나님의 축복이면 된다는 것을 알았다. 그래서 하나님의 축복을 바라고 장자의 축복도 추구했고, 벧엘의 축복도 붙잡았으며 지금은 가나안 입성 전 축복의 확신을 간구하고 있다. 이 정신이 '이스라엘'이라는 이름을 얻게 했다.

여기서,
묵상

하나님의 얼굴을 보다

'이스라엘'은 하나님과 겨루어 이겼다는 뜻이다(창 32:28). 감히 누가 하나님을 이길 수 있는가? 그러나 하나님이 져주는 사람이 있는데 바로 기도하는 사람이다. 오직 하나님 외에는 다른 구원자가 없음을 기대하고 기도하는 자를 하나님은 도우신다. 야곱은 이 응답의 장소를 '하나님의 얼굴'이라는 뜻의 '브니엘'이라고 불렀다(창 32:30). 얼마 후 야곱은 에서를 만난 후 "내가 형님의 얼굴을 뵈온즉 하나님의 얼굴을 본 것 같사오며"(창 33:10)라고 말한다. 아부하는 말이 아니다. 야곱은 자신을 축복하신 하나님의 얼굴을 에서의 부드러워진 얼굴을 통해 보았기에 하나님의 얼굴을 뵈었다고 한 것이다. 기도의 확신 후 그 일이 성취되었을 때 우리는 하나님의 얼굴, 브니엘을 보곤 하지 않는가?

야곱은 브니엘 체험 이후 형님 에서의 얼굴에서 하나님의 얼굴인 브니엘을 보았다.

야곱이 얍복강가에서 내려와 머문 숙곳(숙곳 박물관 사진)

세겜-엘엘로헤이스라엘 창 33:17-20

야곱은 형을 만난 후 잠시 요단강 계곡에 위치한 텔(언덕)에서 머물며 초막을 친다. '초막들'이라는 히브리 단어가 '숙곳'인데 이곳 지명이 숙곳으로 불렸다. 숙곳은 초막절을 지칭할 때도 사용되는 이름이다. 야곱은 숙곳에서 최종 목적지인 가나안 땅으로 들어가려 한다. 다음 지도를 보면 야곱은 메소포타미아 북쪽 하란에서 길르앗 지역을 거쳐 얍복강을 따라 서쪽으로 내려오다 숙곳에서 요단강을 넘어 세겜으로 들어온다(창 31-33장). 그는 의심할 여지없이 와디 파리아와 디르사를 거쳐 세겜으로 올라왔을 것이다.

야곱 가족은 100크시타를 주고 산 세겜 부근 땅에서 한동안 거주했다. 아마도 이 장소는 아브라함이 첫 제단을 쌓았던 곳으로 추정된다. 아브라함이 그러했듯이 야곱에게도 세겜은 매력적이었고 가나안의 첫 예배처가 되었다. 야곱은 이곳에서 첫 제단을 쌓고 예배했다. 신약에서는 이곳이 수가 성이다.

> 19 그가 장막을 친 밭을 세겜의 아버지 하몰의 아들들의 손에서 백 크시타에
> 샀으며 20 거기에 제단을 쌓고 그 이름을 엘엘로헤이스라엘이라 불렀더라 창
> 33:19-20

야곱의 귀환

세겜-디나 강간 사건 창 34장

디나의 오라버니 시므온과 레위가 각기 칼을 가지고 가서 몰래 그 성읍을 기습하여 그 모든 남자를 죽이고(창 34:25)

그런데 세겜에 살던 야곱의 가족에게 심각한 문제가 발생했다. 족장인 하몰의 아들 세겜이 야곱의 딸 디나를 강간한 것이다(창 34장). 전개되는 이야기를 살펴보면 세겜의 지도자들은 주변 지역을 확실히 통제하고 있었다. 야곱의 두 아들이 무력으로 세겜을 멸한 후에 야곱은 재빨리 움직여 다시 '족장의 길'로 불리는 산지 길을 따라 벧엘까지 갔다.

야곱은 이 사건으로 너무 큰 충격을 받아 레위와 시므온을 죽는 날에 저주하기까지 한다. 세겜이 동맹군을 일으켜 야곱의 집안을 몰살시킬지도 몰랐기 때문이다. 야곱은 다시 자신을 돌아보며 서원한 것을 지키지 않은 죄를 깨닫고 벧엘로 올라갔다.

벧엘-서원 지킴 창 35:1-7

> 우리가 일어나 벧엘로 올라가자 내 환난 날에 내게 응답하시며 내가 가는 길에서 나와 함께하신 하나님께 내가 거기서 제단을 쌓으려 하노라 하매 창 35:3

야곱은 자기 인생에 최선을 다한 사람이다. 그러나 일의 순서에 문제가 있었다. 성경은 먼저 하나님을 찾고 인간적인 노력을 다하라고 말한다. 그러나 야곱은 벧엘의 환상, 에서와의 재회, 디나의 강간 사건 등에서 알 수 있듯이 먼저 인간적인 노력을 하여 한계 상황에 부딪치고 나서야 하나님을 찾았다.

벧엘-드보라 장사 창 35:8

벧엘 아래 리브가의 유모 드보라를 장사한 곳은 미스바로 후에 여사사 드보라가 사역한 곳이다.

벧엘의 서원을 마친 후 남쪽 아버지의 집으로 향하던 중 리브가의 유모 드보라를 잃었다. 유모는 외지 생활에서 어머니 역할을 하던 존재였다. 야곱은 그를 장사지낸 뒤 그곳을 통곡의 상수리나무라는 '알론바굿'이라 불렀다. 후에 동일한 이름을 전수받은 여인이 이스라엘을 다스린다. 바로 사사 드보라다(삿 4:5).

라헬은 베냐민을 낳고 베들레헴 길에서 장사되었고, 레아는 헤브론 막벨라 굴에 장사되었다.

: 4일

오늘 읽을 분량

성경 창 37-50, 시 77, 80, 81

본서 94-100쪽

성경의 맥 잡기

1. 요셉이 환난을 통해 꿈꾸는 자에서 꿈을 해석하는 자로, 꿈을 주는 자로 변화
2. 야곱의 유언적 예언은 12지파의 운명을 결정함.

신구약 연결 포인트

1. 요셉이 팔려 가는 사건과 예수님이 동방박사 방문을 받고 애굽으로 가는 경로가 일치
2. 야곱이 유다에게서 통치자가 나오리라는 예언대로 예수님이 유다 자손으로 오심

묵상 가이드

1. 요셉의 생애와 예수님의 삶을 비교하며 읽어라.
2. 유다의 며느리 다말은 기업 무름을 사모하여 예수님의 족보에 올랐다. 유다는 무엇을 배웠나?

> 리브가의 유모 드보라가 죽으매 그를 벧엘 아래에 있는 상수리나무 밑에 장사하고 그 나무 이름을 알론바굿이라 불렀더라 창 35:8

베들레헴-라헬과 베냐민 창 35:16-20

족장의 도로를 따라 벧엘, 미스바, 라마, 기브아, 예루살렘을 지나 베들레헴에 이르렀을 때 라헬은 두 번째 자녀인 베냐민을 낳았다. 득남의 경사는 곧 애통으로 변했다. 야곱이 사랑하던 여인 라헬이 산고로 죽었기 때문이다. 야곱은 베들레헴 길인 에브랏에 그녀를 장사하였고, 그 무덤은 지금도 유대인에게 기념 장소로 사용되고 있다.

> 라헬이 죽으매 에브랏 곧 베들레헴 길에 장사되었고 창 35:19

요셉, 꿈꾸는 자에서 꿈을 나눠 주는 자로 4일

헤브론-눈치 없는 꿈쟁이 창 37:1-11

야곱은 최종 목적지인 이삭이 있던 헤브론, 기럇아르바에 이르렀다. 이삭은 건강이 걱정되어 20년 전에 야곱에게 유언적인 축복을 했는데, 야곱이 돌아올 때까지 생존하고 있었다. 덕택에 야곱의 가족은 할아버지 이삭을 볼 수 있었다. 특히 집 안에 주로 있던 요셉은 할아버지에게서 증조부인 아브라함의 약속과 그 역사를 들었을 것이다.

> 야곱이 기럇아르바의 마므레로 가서 그의 아버지 이삭에게 이르렀으니 기럇아르바는 곧 아브라함과 이삭이 거류하던 헤브론이더라 창 35:27

요셉은 사랑을 많이 받고 자란 눈치 없는 소년의 표본이다. 아버지 야곱이 형제 중에 그를 유난히 사랑하여 형제로부터 곱지 않은 시선을 받고 있었다. 그런데 형제들이 들으면 싫어할 꿈 이야기를 함으로써 더 큰 미움을 샀다. 요셉이 꾼 꿈은 결국 이루어지지만 성숙을 향한 모진 훈련

요셉이 팔려 감

이 그 앞에 기다리고 있었다.

요셉이 꿈을 꾸고(창 37:5)

> 요셉이 꿈을 꾸고 자기 형들에게 말하매 그들이 그를 더욱 미워하였더라 창 37:5

도단-꿈꾸는 자 요셉 팔림 창 37:12-36

야곱은 요셉에게 심부름을 시킨다. 세겜으로 양을 치러 간 형들의 안부를 알아 오라는 것이었다. 그도 그럴 것이 세겜은 얼마 전 끔찍한 일이 일어났던 곳이다. 야곱(이스라엘)은 아들들이 세겜에 있다는 말을 듣고 불안했다. 세겜 주변 사람들은 디나 사건 때 야곱의 아들들이 세겜 사람들에게 행한 일을 알고 있었다(창 34장). 안전을 확인하기 위해 하나님이 사랑하는 아들을 세상에 보내신 것처럼 야곱은 사랑하는 아들 요셉을 세겜으로 보냈다.

그러나 요셉은 형들이 양 떼를 세겜보다 좀 더 북쪽인 도단으로 데리고 간 것을 확인했다. 유목민들은 풀을 따라 이동한다. 여름에는 남쪽까지 갔다가 겨울에 북쪽으로 올라간다. 따라서 이 사건이 일어난 시기가 겨울임을 알 수 있다. 겨울에 우기가 시작되자 야곱의 아들들은 신선한 풀을 얻기 위해 북쪽에서도 가장 기름진 세겜으로 갔다. 우리나라는 겨울에 남쪽부터 풀이 나지만 이스라엘은 북쪽부터 풀이 난다. 북쪽에 비가 오기 때문에 습도가 있어 꽃소식이 북쪽부터 들려오는 것이다. 요셉의 형들이 위험을 무릅쓰고 북쪽으로 간 것도 이런 맥락에서 이해해야 한다. 그러나 그 해 따라 풀이 덜 자란 탓에 좀 더 북쪽인 도단으로 이동해야 했다.

> **18** 요셉이 그들에게 가까이 오기 전에 그들이 요셉을 멀리서 보고 죽이기를
> 꾀하여 **19** 서로 이르되 꿈꾸는 자가 오는도다 **20** 자, 그를 죽여 한 구덩이에
> 던지고 우리가 말하기를 악한 짐승이 그를 잡아먹었다 하자 그의 꿈이 어떻
> 게 되는지를 우리가 볼 것이니라 하는지라 창 37:18-20

도단은 이스르엘 골짜기와 사론 평야를 잇는 주요 도로에 위치해 있어 이집트로 통할 수 있었다. 형들이 요셉을 죽이려 할 때 이스마엘 상인들이 길르앗 산지에서 향품과 유향, 몰약을 싣고 해변길을 따라 애굽으로 내려가고 있었다(창 37:25). 유다의 제안에 의해 요셉은 상인에게 팔렸다. 요셉이 상인들을 따라 해변길을 갔으니 아버지 야곱이 있는 헤브론과 멀지 않은 곳을 지난 셈이다. 이 이별은 아버지와 아들을 한참 동안 갈라놓았다.

여기서, 묵상

요셉의 생애와 예수님의 생애를 비교해 보라. 유향과 몰약, 애굽, 몸값, 누명 등을 보면 요셉과 예수님은 닮은 점이 많다. 예수님은 동방박사의 예방 후

/ 도단성(사진 앞쪽 언덕)의 우물에 버려진 요셉은 동쪽에서 오던 이스마엘 상인들에게 팔려 갔다.

// 미디안 상인에게 팔린 요셉은 예수님의 삶과 닮았다.

애굽으로 내려가셨고 요셉처럼 누명을 쓰고 무덤(감옥)에 계셨으나 모든 이름 위에 뛰어난 이름을 얻으셨다.

딤나-유다와 다말: 돌아온 방랑자 창 38장

요셉 이야기 중간에 갑자기 유다 가족의 이야기가 삽입된다. 현대 관점에서 보면 이야기가 좀 지저분하다. 유다는 이방 여인과 결혼한 데다 자녀들도 이방 여인 다말과 결혼시켰다. 그러나 두 아들이 다말과 결혼한 후 죽어 나가는 것을 보고 유다는 남은 셋째 아들만큼은 다말에게서 떼어 냈다. 하지만 다말 입장에선 기업 무름, 계대결혼 제도에 따라 셋째 아들인 시동생에게서라도 아들을 낳아 자손을 이어 가야 했다.

기업 무름의 꿈을 이룬 다말

다말은 시집와서 보니 유다 가문이 얼마나 복 있는 가문인지 알았던 것 같다. 반면 유다는 자기 가문의 소중함을 몰랐다. 그러던 중 다말이 유다를 속여 임신하는 일이 일어났다. 이때 유다는 깨달았을 것이다. 이방 여인도 기업을 잇기 위해 이토록 노력하는데 자신은 동생 요셉을 팔아먹었으니 자신의 어리석음을 통렬히 후회했을 것이다. 이는 훗날 요셉을 만나 자신이 베냐민 대신 종이 되겠다고 나서는 것을 보고 유추할 수 있다. 다말이 머물던 곳은 삼손의 첫 아내가 살게 될 동네로 블레셋에 속한 마을이었다.

애굽-요셉 꿈 해석, 꿈 제시 창 39-45장

요셉은 이집트 시위대장의 집에 팔렸으니 당시 수도에서 일했을 것이다. 요셉이 시위대장의 집에 들어가자 그 집은 모든 일이 형통하였다.

> 여호와께서 요셉과 함께하시므로 그가 형통한 자가 되어 그의 주인 애굽 사람의 집에 있으니 창 39:2

요셉의 성실성은 누구보다 돋보였다. 나약한 줄만 알았던 요셉은 그 가정을 잘 꾸려 갔다. 시련도 있었다. 시위대장의 아내가 요셉의 정욕을 시험한 일로 감옥에 갇히는 신세가 된 것이다(창 39:7-20). 요셉은 시위대장의 아내가 유혹할 때 세겜 사건을 잊지 않고 있었다. 하몰의 아들 세겜이 자기 누나 디나를 강간하여 일어난 결과, 즉 잘못된 남녀 관계는 처절한 보복과 전쟁을 가져온다는 것을 상기해서 유혹을 뿌리쳤다. 시위대장 아내의 모략으로 감옥에 갇힌 요셉은 그곳에서도 최선을 다했다. 어디에 있든지 자기에게 맡겨진 일에 최선을 다하고 비전을 놓치지 않았던 요셉은 몇 년 뒤 유명인사가 되었다. 꿈을 많이 꾸고 그 때문에 형들에게 미움을 받고 노예로 팔리기까지 한 요셉이 결국 꿈을 해석하여 그간의 설움을 역전시키고 애굽의 총리가 된 것이다.

시간이 흐른 후 요셉의 형들은 곡식을 얻기 위해 애굽에 왔고, 총리가 된 요셉에게 절하게 되었다. 그 옛날 요셉이 꾼 꿈이 현실이 되었다. 이 사건은 야곱의 집을 구원하기 위해 계획된 것이었다(창 37장, 45:1-46:7). 하나님은 요셉을 훈련시키셨고 결국 이집트 관리가 될 수 있는 나이 30세에 총리가 되게 하셨다. 하나님은 요셉을 정확한 시간, 가장 적절한 때 들어 쓰셨다. 이 과정에서 요셉은 꿈꾸는 자에서 꿈을 해석하는 자로 성장한다.

형제들이 애굽에 옴으로써 요셉과 만난 이야기는 지루할 정도로 길게 이어진다. 분명히 요셉은 절하는 장면을 통해 꿈이 이루어진 것을 알았고, 형들이 회개하는 소리를 들었는데도 자신의 정체를 드러내지 않았다. 그 이유는 다음 구절에서 나타난다.

> **33** 이제 주의 종(유다)으로 그 아이를 대신하여 머물러 있어 내 주의 종이 되게 하시고 그 아이는 그의 형제들과 함께 올려 보내소서 **34** 그 아이가 나와 함께 가지 아니하면 내가 어찌 내 아버지에게로 올라갈 수 있으리이까 두렵건대 재해가 내 아버지에게 미침을 보리이다 창 44:33-34

이 고백이 있은 후 요셉은 자신의 정체를 밝힌다. 요셉을 팔았던 유다가 자신이 대신 종이 되겠다고 했을 때 요셉의 마음이 동했다. 회개의 합당한 열매를 맺는 순간까지 기다린 것이다.

> 그러므로 회개에 합당한 열매를 맺고 속으로 아브라함이 우리 조상이라 말하지 말라 눅 3:8

야곱의 유언 창 48장

창세기 48장에서 야곱은 요셉의 두 아들을 자신의 아들로 받는다. 이는 장자가 두 배를 받는 법에 의해 요셉이 장자가 되었음을 선언하는 예식이기도 하다(신 21:17). 49장의 유언은 예언과 같다. 특별하게도 르우벤은 장자에서 배제되었고, 레위와 시므온은 저주를 받았다. 레위는 나중에 비느하스를 통해 저주를 극복했지만 시므온은 극복하지 못했다. 반면에 네 번째 아들 유다는 찬송을 받았다. 통치자의 지팡이가 유다에게 있으리라고 예언한 것이다. 네 번째 아들이 장자가 되는 듯한 분위기다. 그러나 당시 실제 장자는 요셉이었다. 야곱은 그를 '형제 중에서 뛰어난 자의 정수리'라고 칭하였다. 이 유언은 앞으로 열두 지파의 땅과 환경을 결정하는 결정적인 역할을 한다.

야곱의 장례 창 49장

야곱의 장례는 당시 법에 의해 왕의 죽음에 준하는 예식으로 치러졌다(창 50:1-3).

특별한 것은 그의 장지가 헤브론 막벨라 굴이라는 점이다. 340km가 넘는 거리를 가서 장사함으로 막벨라 굴은 아브라함과 이삭, 야곱의 무덤이 되어 선산의 지위를 완성하게 되었다. 선산을 차지한 지파가 유다가 된 것을 보면 야곱의 유언 이후 유다와 요셉은 장자 경쟁을 했다고 할 수 있다.

> 12 야곱의 아들들이 아버지가 그들에게 명령한 대로 그를 위해 따라 행하여
> 13 그를 가나안 땅으로 메어다가 마므레 앞 막벨라 밭 굴에 장사하였으니 이는 아브라함이 헷 족속 에브론에게 밭과 함께 사서 매장지를 삼은 곳이더라 창 50:12-13

/ **유다 산지 베들레헴의 포도 가지**
유다는 포도로 눈이 붉을 것이며 요셉은 무성한 가지가 되어 담을 넘는 축복을 받았다.

// 야곱이 묻혀 선산이 된 막벨라 굴의 야곱의 무덤 문 입구

여기서,
묵상

5020 비전 창 50장

아버지 야곱이 죽자 형들은 요셉의 보복이 두려웠다. 그러나 요셉은 형제를 만났을 때 이미 하나님이 자신을 왜 이집트로 보내셨는지를 깨달았다. 그래서 그는 자신의 사명을 이렇게 선언한다.

요셉은 꿈꾸는 자에서 꿈을 해석하는 자, 꿈을 주는 자로 성장했다.

> 당신(형)들이 나를 이곳에 팔았다고 해서 근심하지 마소서 한탄하지 마소서 하나님이 생명을 구원하시려고 나를 당신들보다 먼저 보내셨나이다 창 45:5

이것은 "우리가 알거니와 하나님을 사랑하는 자 곧 그의 뜻대로 부르심을 입은 자들에게는 모든 것이 합력하여 선을 이루느니라"(롬 8:28)와 일맥상통한다. 나를 이렇게 만드신 분은 하나님이시며 이를 통해 만민의 생명을 구하게 하셨다는 것을 깨닫게 된 것이다.

요셉은 꿈을 꾸고 꿈을 전해 준 사람이었다. 요셉을 통해 5020(창 50:20)의 말씀과 비전을 기억하길 바란다. 요셉은 죽을 때 다음과 같이 유언한다.

> 24 요셉이 그의 형제들에게 이르되 나는 죽을 것이나 하나님이 당신들을 돌보시고 당신들을 이 땅에서 인도하여 내사 아브라함과 이삭과 야곱에게 맹세하신 땅에 이르게 하시리라 하고 25 요셉이 또 이스라엘 자손에게 맹세시켜 이르기를 하나님이 반드시 당신들을 돌보시리니 당신들은 여기서 내 해골을 메고 올라가겠다 하라 하였더라 창 50:24-25

지도 그리기

창세기 3

부록에서 지도를 찾아 그리세요

요셉은 꿈꾸는 자로 자라 꿈을 해석하는 자로 성장하였다. 이어 마지막에는 애굽에서 나와 가나안을 꿈꾸게 하는 자가 되었다. 이스라엘 사람들은 고센에 묻어 둔 그 뼈를 볼 때마다 반드시 돌아갈 것이라는 희망을 갖게 되었을 것이다. 꿈꾸는 자에서 꿈을 해석하는 자로, 그리고 꿈을 주는 자로 자라 가는 요셉의 삶이 하나님이 우리에게 원하시는 삶이 아닐까?

욥기

욥기의 지리적 배경 5일

지혜서에 해당하는 욥기는 역사와 지리를 보는 성경에서 자세히 다룰 주제는 아니다. 그러나 그 배경이 되는 우스 땅이나 욥의 친구들이 사는 데만 같은 지역을 통해 욥기의 배경을 알아볼 수 있다. 먼저 욥은 이스라엘에서 볼 때 동쪽 땅에 거주하는 사람이었다.

> 그의 소유물은 양이 칠천 마리요 낙타가 삼천 마리요 소가 오백 겨리요 암나귀가 오백 마리이며 종도 많이 있었으니 이 사람은 동방 사람 중에 가장 훌륭한 자라 욥 1:3
>
> 우스 땅에 욥이라 불리는 사람이 있었는데 그 사람은 온전하고 정직하여 하나님을 경외하며 악에서 떠난 자더라 욥 1:1

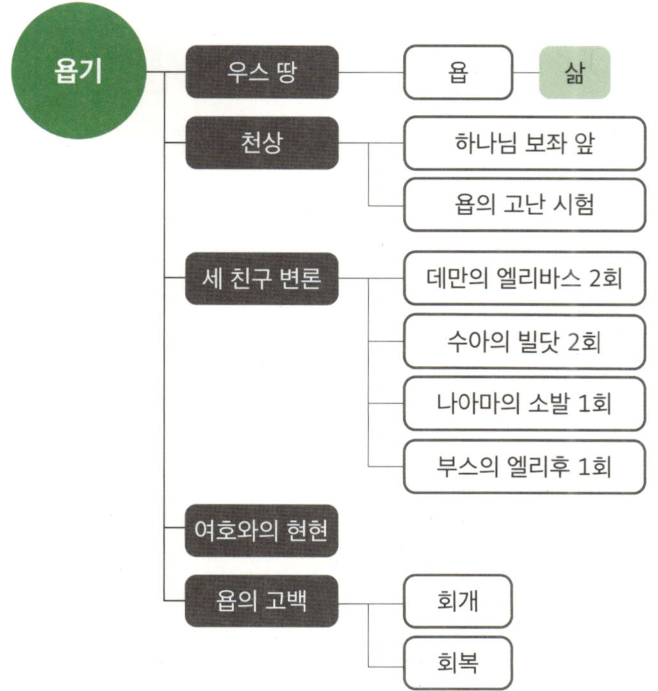

: 5일

오늘 읽을 분량

성경 욥 1-16

본서 101-106쪽

성경의 맥 잡기

1. 욥의 시험을 위한 땅과 하늘의 모습
2. 욥과 세 친구의 논쟁주제: 고난은 죄에 대한 결과인가?

신구약 연결 포인트

1. 야고보서는 욥의 인내(5:11)를 의인의 인내 표준으로 삼음
2. 의인의 고난에 고민하던 시 73의 아삽, 하박국의 결론은 예수 그리스도의 십자가

묵상 가이드

1. 욥의 삶을 통해 순전한 삶의 원형을 보라.
2. 의인은 고난받을 수 있는가? 왜인가?

/
유목민에게 얼마나 많은 낙타를 가졌는가는 그의 재산을 평가하는 기준이다.

//
페트라 근처 데만으로 추정되는 지역으로 엘리바스의 고향이다. 욥이 근처에 살았다면 욥기의 배경은 에돔 지역이다.

창세기 10:23에 의하면, 욥이 살던 우스는 아람의 아들로 게델과 같은 지역이라 추정되며, 예레미야는 우스가 에돔 지역이라고 알려 준다.

> 우스 땅에 사는 딸 에돔아 즐거워하며 기뻐하라 잔이 네게도 이를지니 네가 취하여 벌거벗으리라 애 4:21

그리고 그의 세 친구 중에 데만 사람 엘리바스는 에돔 땅의 에서 족속과 관련이 있다. 에스겔도 에돔의 심판이 데만에서 드단까지 이른다고 했다(겔 25:13). 데만은 에서의 후손이며, 엘리바스는 에서의 장자이자 데만의 아버지 이름이다. 이를 근거하면 욥은 분명히 가나안의 동쪽, 에돔 땅 근처에 살던 비이스라엘계 사람이며, 에돔 족속과 관련된 인물임을 알 수 있다.

> 에서 자손 중 족장은 이러하니라 에서의 장자 엘리바스의 자손으로는 데만 족장, 오말 족장, 스보 족장, 그나스 족장과 창 36:15
> 그때에 욥의 친구 세 사람이 이 모든 재앙이 그에게 내렸다 함을 듣고 각각 자기 지역에서부터 이르렀으니 곧 데만 사람 엘리바스와 수아 사람 빌닷과 나아마 사람 소발이라 그들이 욥을 위문하고 위로하려 하여 서로 약속하고 오더니 욥 2:11

에돔 지역

이를 근거로 욥이 살던 에돔 지역을 살펴보는 것이 욥기의 배경을 이해하는 데 도움이 되리라 생각한다.

에돔의 경계를 보면 동쪽은 아라비아 사막, 서쪽은 아라바 광야, 남쪽은 에시온게벨(엘랏), 북쪽은 세렛강이다. 에돔 족속은 유다 멸망 후 신약시대까지 유다 남부로 이주하여 이두매 족속이라 불렀다. 에돔이 이주한 후 아라비아인으로 나바테아 사람들이 에돔 지역에 들어와 살면서 대상무역을 하며 번창하였다. 신약시대 나바테아인들은 이두매 사람들과 인척관계를 맺고 긴밀한 관계를 유지했다. 그 대표적인 사람이 헤롯 가문이고 나바테아의 유명한 왕이 '아레다왕'이다(고후 11:32).

에돔 지역의 대부분은 남북으로 길게 늘어진 세일산이라 불리는 1300~700m 고도의 높은 산맥이다. 산지는 남쪽으로 가면서 더욱 험하고 높아지다가 엘랏이 있는 곳에서 홍해를 만난다. 요새가 많은 산악지대로 깊은 계곡에는 기름진 농경지 조성도 가능하다. 토양은 석회암과 누비안 사암층, 일부는 화산암으로 이루어져 있다. 남북으로 '왕의 대로'가 있어 해변길의 다메섹과 홍해를 이어 준다. 동서로는 에돔의 북쪽 보스라에서 왕의 대로와 해변길을 연결하여 애굽으로 가는 길이 열린다.

욥기의 역사적 배경

욥이 히브리어 '아야브'에서 유래한 것으로 볼 때 그 의미는 '적', '원수'다. 본문과 연결하면 욥이 사탄에 의하여 원수처럼 여겨져 '박해받는 사람'의 전형으로 보아진다. 한편, 아람어 '유브'라는 어근에서 나왔다고 했을 때 '인내하다'라는 뜻을 가져서 본서의 욥의 인내와 연결된다. 그런데 현대 학자들은 마리 문서에서 언급된 '아야 아붐'이라는 이름과 연관하여 '아버지는 어디 계신가?'라는 뜻을 가진다고 본다. 어떻게 보든 욥은 이스라엘 사람들이 사용하던 이름이 아니고 이방인이지만 순전한 신앙으로 성경에 언급된 지혜자라고 할 수 있다.

욥의 시대적인 배경은 아브라함, 이삭, 야곱이 살던 족장 시대라는 것

/
에돔의 남쪽 와디람의 바위

//
에돔과 모압의 경계 세렛강
에돔은 '붉다'는 뜻으로 검붉은 돌이 많았다.

유목민의 천막과 양 떼
욥기의 배경이 되는 요단강 동편 지역이다.

을 알 수 있다. 데만이라는 이름이 에서의 자손이기 때문에 족장 시대 이후 출애굽 전까지의 시대를 반영한다고 보는 것이 자연스럽다. 그 근거들을 자세히 보면 다음과 같다.

① 욥의 생존 기간은 140년으로(욥 42:16) 성경에 기록된 족장 시대의 일반적 수명과 부합한다(창 25:7).
② 욥의 재산을 가축 숫자로 계산하는데(욥 1:3) 이는 족장 시대의 관례와 같다(창 12:16).
③ 아브라함, 이삭, 야곱 같은 족장들과 마찬가지로 욥도 자기 집안의 제사장적 역할을 했다(욥 1:5; 창 12:8, 35:1-6).
④ 족장 시대보다 훨씬 이후의 내용인 출애굽 사건이나 모세의 율법에 대한 언급이 없다.
⑤ 족장 시대에는 하나님께 대한 대표적인 호칭이 '전능자', '전능하신 이'라는 '샤다이'였는데 , 욥기에서는 이 호칭이 31회나 사용된다(창 17:1, 35:11; 욥 8:3, 5, 34:17).
⑥ 포로기의 에스겔이 욥을 언급한 것을 보면 왕국 시대 이전의 인물임을 알 수 있다.

비록 노아, 다니엘, 욥, 이 세 사람이 거기에 있을지라도 그들은 자기의 공의로 자기의 생명만 건지리라 나 주 여호와의 말이니라 **겔 14:14**

: 6일

오늘 읽을 분량
성경 욥 17-31
본서 101-106쪽

성경의 맥 잡기
1. 욥의 세 친구의 두 번째 논쟁
2. 욥의 장문의 대답과 절망감

신구약 연결 포인트
1. 욥의 대답과 사도 바울이 육신의 가시로 인해 기도한 것과 비교
2. 욥의 무죄 주장과 예수님이 간음, 살인죄에 대한 지적(마 5:27-28) 비교

묵상 가이드
1. 마음으로 지은 죄에 대한 개념에 의하면 욥은 무죄를 주장할 수 있는가?
2. 욥의 친구들의 문제와 욥의 문제는 무엇일까?

욥과 바울: 왜 의인이 고통 받는가? 6일, 7일

욥의 가장 큰 괴로움은 왜 의인이 고통받느냐였다. 그는 페트라 옆인 데만 사람 엘리바스 등을 비롯한 친구들에게 지속적으로 죄를 회개하라는 충고를 받는다. 그렇지만 욥은 자신의 고통이 죄 때문이 아님을 계속 변론한다. 이 변론은 길게 3번이나 반복된다(욥 3-14, 15-21, 22-31장). 이때 고대로부터 내려오는 온갖 지혜의 말들이 사용된다. 우리가 잘 아는 유명한 격언도 수아 사람 빌닷이 욥을 정죄하는 중에 나온다.

네 시작은 미약하였으나 네 나중은 심히 창대하리라 **욥 8:7**

이후 변론가 엘리후도 등장하나 하나님이 직접 자신을 계시하신다. 하나님이 욥과 그의 세 친구에게 나타나심으로 그 모든 문제가 해결된다. 창조주의 오묘한 섭리를 조금 말했을 뿐인데 욥과 그 친구들은 입을 다물 수밖에 없었다. 한탄하고 자신의 괴로움을 호소하던 욥은 주의 영광을 본 후 이렇게 고백한다.

> 내가 주께 대하여 귀로 듣기만 하였사오나 이제는 눈으로 주를 뵈옵나이다 욥 42:5

욥은 하나님의 영광을 눈으로 보자 모든 의문점이 해결되었다. 이와 비슷한 고민을 가졌던 사람이 데만 지역 페트라에 왔다.

그는 3년 동안 이곳에 있었다. 그리고 데만의 페트라에서 무슨 소동을 일으켰는지 이곳에서 쫓겨나 다메섹으로 갔다가 광주리를 타고 야반도주를 하였다. 그가 바로 바울이다. 그는 다메섹으로 가는 길까지는 하나님의 말씀을 듣는 자로 살았다. 그러나 그는 그곳에서 하나님의 영광인 주 예수님을 만나 뵈었다. 그리고 이곳 아라비아의 수도 페트라 쪽으로 온 것이 거의 확실하다. 욥이 하나님의 영광을 보았다면 바울은 주 예수를 만난 뒤 이곳에 온 것이다.

사도 바울은 육체에 큰 질병이 있어 3번이나 작정기도를 하였다. 죄의 문제가 해결되었는데도 왜 이런 질병이 계속되는지 고민되었던 바울은 욥과 비슷한 고민을 했다.

: 7일

오늘 읽을 분량

성경 욥 32-42
시 37, 49, 73, 128, 139

본서 101-106쪽

성경의 맥 잡기

1. 람 족속 부스 사람 엘리후의 말
2. 여호와께서 욥에게 나타나심
3. 욥의 회개와 복

신구약 연결 포인트

1. 자연 계시의 지혜를 설명하신 하나님과 특별 계시인 예수님을 통한 지혜 비교(참고 고전 1:18)
2. 하나님의 영광을 본 욥과 변화산의 베드로 비교(참고 벧후 1:17)

묵상 가이드

1. 욥이 고난을 어떻게 해석하였나?
2. 의인이 고난받은 후에 오는 축복은 무엇인가?

/
페트라의 가장 유명한 보물 궁전으로 바위를 파서 만든 3층 건물이다.

//
에돔의 페트라 낙타가 음료수를 마시고 있다.

/
페트라로 들어가는 입구: 2km의 긴 바위 협곡을 지나야 보물궁전이 나온다.

//
'시크'라 알려진 페트라 입구 협곡에 낙타와 상인이 조각되어 있다. 대상들이 머물곤 하던 이곳에 바울도 왔다.

그의 고민과 욥의 고민은 이렇게 완성되었다.

> 나에게 이르시기를 내 은혜가 네게 족하도다 이는 내 능력이 약한 데서 온전하여짐이라 하신지라 그러므로 도리어 크게 기뻐함으로 나의 여러 약한 것들에 대하여 자랑하리니 이는 그리스도의 능력이 내게 머물게 하려 함이라 고후 12:9

하나님의 영광을 뵈었던 바울은 데만보다 훨씬 유명해진 도시 페트라에 와서 시크라 부르는 2km의 바위 틈새 협곡에 들어섰을 것이다. 그곳에서 회심 후 뜨거운 불길처럼 타오르던 복음의 열정을 참지 못해 지나가던 사람들에게 복음을 전했을 것이다. 자신의 죄가 아닌 우리의 죄를 위하여 고난 받고 죽으신 영광의 주님을 바라보며 욥기를 읽어 보라.

역사와 묵상

01 기업 무름과 손님 대접을 잘 실천했던 아브라함은 공의와 사랑을 베풀었고, 하나님은 십자가에서 그분의 사랑과 공의를 완성하셨다(사 53:6). 네게브는 유목민의 땅이다. 유목민 정신인 고엘, 기업 무르는 법인 하나님의 공의를 배우고, 손님 대접의 정신인 사랑을 배우는 배움터였다. 네게브는 아브라함-이삭-야곱(족장들)의 믿음의 훈련장이었다. 하나님이 반 사막지대인 네게브로 당신을 이끌어 믿음을 훈련시키신 적이 있는가? 함께 나누어 보자.

02 네게브는 온유한 자가 차지하는 땅이다. 반 사막지대에서 생명과 같은 우물을 다섯 번 가까이 빼앗기면서도 말없이 물러섰던 이삭 앞에 한 나라의 왕인 아비멜렉이 찾아와 동맹을 맺자고 한다. 그 이유는 '여호와께서 이삭과 함께 함'을 보았기 때문이다(창 26:28). 다윗과 예수님도 온유함으로 승리하였다. 당신은 온유함으로 승리하고 있는가?

03 이삭은 기근을 만났을 때 그랄에서 애굽으로 가지 않고 하나님의 말씀대로 근방에서 농사를 지었다. 그는 말씀에 의지하여 모든 종자를 뿌렸고 백배나 얻었다(창 26:12). 네게브는 하나님을 의지하면 백배를 거두고, 믿지 않으면 아무것도 얻지 못하는 훈련의 땅이다. 하나님은 하늘에서 내리는 비에 의존해야 하는 그 땅에서 족장들을 훈련시키셨다. 야곱 역시 여기서 "축복은 하나님께로부터 온다!"는 네게브 정신을 배웠다. 에서 군대의 위협 속에서 야곱이 얍복강에서 간구한 내용이 무엇인가?(창 32:26)

---

04 유다는 이방 여인과 결혼하고 자녀들도 이방 여인과 결혼시켰다. 그러나 그의 며느리 다말이 시아버지와 동침하는 수모를 감수하면서까지 기업을 이으려는 모습을 보고 변화되었다. 그는 동생 요셉을 팔아 버린 일을 생각하였을 것이다. 이후 유다는 요셉이 베냐민을 종으로 삼으려 하자 자신이 종이 되겠다고 자청한다. 다른 형제들은 말로만 회개하였지만 그는 삶의 열매로 회개의 모습을 보여 주었다. 그 모습에 감동한 요셉은 자신을 드러낸다. 나는 기업을 세우는 자인가, 팔아먹는 자인가?

---

05 요셉은 철부지 시절 꿈꾸는 자였다. 그 꿈은 다른 사람을 힘들게 했다. 그러나 꿈이 있었기에 여주인의 유혹을 이길 수 있었다. 그는 세겜에서 디나 추행 사건으로 집안이 큰 어려움에 처하는 것을 보고 교훈 삼았을 것이다. 그는 유혹을 피했지만 이로 인해 누명을 쓰고 감옥에 들어갔다. 감옥에서 요셉은 꿈을 해석하는 자가 되었다. 총리가 되어 가족을 애굽으로 이끌어 왔고, 그의 생을 마치면서 가나안으로 갈 것을 명하였다. 그는 꿈꾸는 자에서 꿈을 주는 자가 되었다. 창세기 50:20을 읽고 요셉에게 주신 비전을 우리도 품고, 실현하고, 전해 주자.

---

06 성경의 저자들은 고난에 대한 의문을 제기하곤 한다. 욥도 자신의 고난에 대하여 의문을 제기하고, 시편 73편의 아삽과 하박국 선지자도 의인이 받는 고난에 의문을 제기한다. 욥의 친구들은 고난은 죄에서 오기 때문에 욥에게 숨은 죄를 자백하라고 한다. 욥이 살던 아라비아 지역(에돔)에 가서 3년을 머물던 바울도 이후에 자신의 육신의 가시 때문에 고민했다. 그런데 이 모든 고민은 하나님의 성소에 들어가거나 하나님의 영광을 보면서 해결이 된다. 욥도 하나님을 만나 보고 자신의 시야가 좁았음을 고백했고, 아삽도 성전에서 묵상 중에 악인의 최후가 졸지에 일어남을 보았으며, 하박국도 의인이 믿음으로 살리라는 말씀을 듣고 '무화과 나뭇잎이… 여호와로 인하여 즐거워하리라'고 고백했다. 사도 바울도 은혜가 자신에게 족함을 알게 되었다. 예수님의 십자가는 말할 것도 없다. 당신이 고난 중에 하나님의 영광을 본 후에야 깨달은 고난의 의미가 있는가?

출애굽기

개관 8일

모세가 저술한 다섯 개의 성경을 '모세오경'이라고 한다. 그중 출애굽기부터 신명기까지는 출애굽에서 요단을 건너기 직전까지를 다룬다. 출애굽기는 애굽에서 시내산까지의 여정과 율법과 성막을 받는 사건을 다룬다. 레위기는 시내산에서 제사에 대한 예법을 받고 7대 명절 등과 같이 예배자의 거룩한 삶을 말한다. 민수기는 시내산을 출발하여 가데스바네아를 거쳐 여리고 앞 모압 평지에 이르는 약 36년의 여정을 설명한다. 신명기는 모압 평지에서 광야 생활을 총 복습하고 앞으로 들어갈 땅에 대해 예습한다.

출애굽기에서 주로 다루는 부분은 이집트(애굽)의 상황과 광야 생활이다. 세

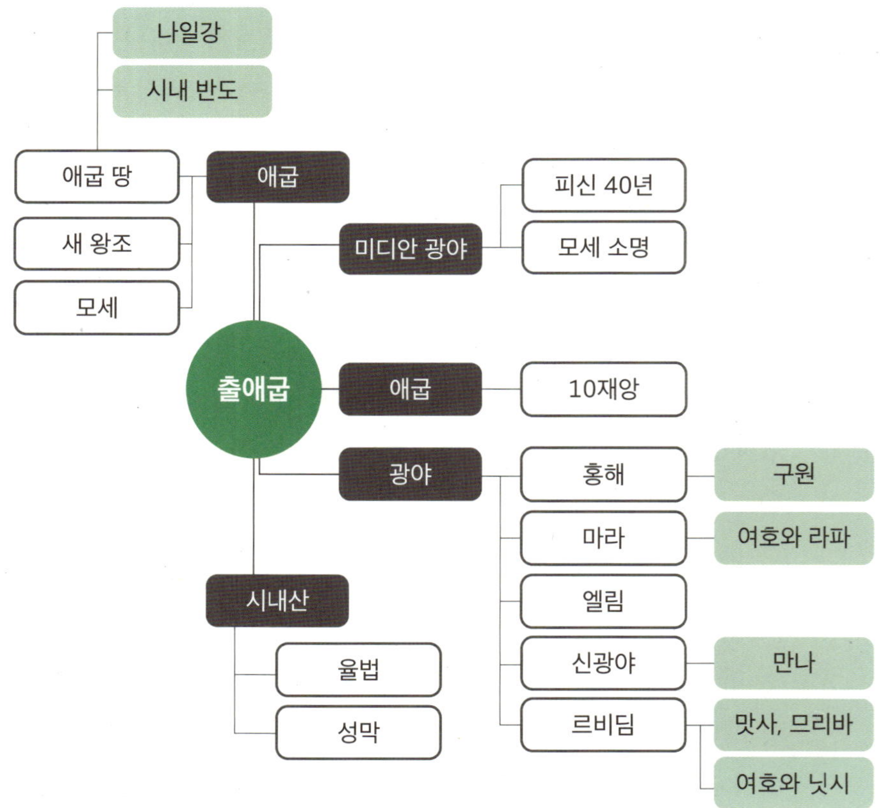

출애굽기 개요와 모세오경 배경 지역

계 역사의 기준이 되는 이집트 역사를 다루는 것은 가슴 벅찬 일이다. 하나님은 믿음의 용사를 주인공으로 캐스팅하시고 거대한 이집트 역사를 배경으로 바로를 조연으로 삼으시며 구속의 역사를 연출하셨다.

역사	연대	**애굽 힉소스 쫓겨나고(BC 1540) 신왕조 시작** BC 15세기설- 애굽 바로 투트모세 2세, 하셉수트 여왕(1482-1479), 투트모세 3세(1479-1425), 아멘호텝 2세, 투트모세 4세(1401-1391) BC 13세기설 람세스- 2세(1279-1213), 세티 1세(1294-1279), 메르넵타(1213-1203)									
	사건	투트모세 3세의 므깃도 전투, 투트모세 4세가 스핑크스 꿈의 비석 세움, 세티 1세 가나안 벧산 전쟁, 메르넵타의 비문에 이스라엘 언급.									
지리		고센	호렙산	나일강	홍해	마라	신광야	르비딤	시내산	산 아래	산 아래
성경	장	1	3	4	14	15	16	17	19	32	35-40
	주제	모세 탄생	모세 소명	10재앙	장자 재앙 홍해 도하	여호와 라파	만나	맛사 여호와 닛시	율법 성막	금송아지	성막 제작 성막 봉헌

이집트: 찬란한 고대 문명의 꽃

지리적 위치

이집트는 아프리카 대륙 동북단에서 찬란한 문명의 꽃을 피웠다. 이

: 8일

오늘 읽을 분량

성경 출 1-13, 시 78, 114, 135, 136

본서 110-131쪽

성경의 맥 잡기

1. 모세의 탄생과 피신
2. 애굽의 아홉 가지 재앙

신구약 연결 포인트

1. 모세를 건진 곳에서 예수님이 유아기를 보내심
2. '스스로 계신 자' 여호와의 이름은 예수님이 자신을 지칭할 때 사용함(요 18:6)

묵상 가이드

1. 세상의 상징인 애굽은 이스라엘을 어떻게 성장시켰나?
2. 애굽의 아홉 재앙은 나일의 동물과 태양신을 섬기는 애굽의 신들에 대한 징계였다.

룩소(테베)의 나일강
밀림 지역에 비가 내리면 강물이 범람하여 주변을 농지로 만든다.

집트는 북쪽이 남쪽이므로 북쪽을 하이집트라 하고 남쪽을 상이집트라 부른다. 당시 수도는 룩소(성경에는 노아몬)였는데, 모세가 여기에서 자랐다. 삼각주 동쪽 부근에는 고센이 있다. 요셉이 가족을 이곳에 머물도록 했는데, 이는 언제든지 하나님이 부르시는 때에 가나안에 갈 수 있도록 한 것이다.

이집트의 가장 중요한 자원은 나일강이다. 나일강의 풍부한 수원과 기름진 옥토는 이집트를 문명의 발상지로 올려놓았다. 성경과 일부 학자들은 나일강 상류를 창세기에 나오는 기혼강과 비손강이라고 본다.

나일강 하구에 형성된 삼각주(델타)는 물이 풍부하고 비옥하다. 지중해에서 불어오는 해풍은 부드럽게 더위를 식힌다. 이집트는 북쪽은 지중해, 남쪽은 광활한 사막, 북동쪽은 시내 광야로 사방이 둘러싸여 외적의 침입이 적었다. 덕분에 메소포타미아보다 전쟁이 훨씬 적었고 통일 왕국을 오래 지속할 수 있었다. 많은 문화재가 파손되지 않고 보존되어 고대 연대를 계산하는 데 기초로 사용되었다.

나일강

'이집트는 나일강의 선물'이라는 말이 있을 정도로 이집트는 나일강을 중심으로 발전했다. 나일강은 남쪽에서 북쪽으로 흐르기 때문에 북쪽에 풍부하고 비옥한 삼각주가 있다. 나일강은 남쪽 빅토리아 호수에서 발원해 6500km를 흘러 지중해로 유입된다. 열대림을 통과하는 백나일과 에티오피아 고원에서 흘러나오는 청나일이 수단의 카르툼 남쪽에서 합류하여 곧장 지중해로 흘러가는 것이다.

아프리카 동부 고원에 내리는 봄비는 북쪽으로 흘러내려 하천을 범람시킨다. 5~7월에 서서히 올라가던 수위는 9~10월에 이르면 최고치를 기록한다. 이때 불어난 물이 범람하여 홍수를 일으키지만 이로써 온갖 수목이 자라고 동물이 서식할 수 있는 환경이 조성된다. 수천 킬로미터를 흘러 온 나일강은 카이로 북쪽 엘 마낙(El Manach)에서 두 줄기로 나뉘며 하구에 삼각주를 만든다. 홍수와 함께 내륙에서 밀려 온 옥토는 최고의 곡창 지대를 만든다.

이집트인들에게 매년 범람하여 자연의 선물을 안겨 주는 나일강의 홍수는 하나의 순환이고 숭배의 대상이었다. 이집트의 계절은 3개로 구분된다. 나일강이 범람하는 7~10월은 농한기, 물이 빠진 11~2월은 파종기, 3~7월은 추수기다. 나일강이 이렇게 중요한 만큼 출애굽 직전의 열 가지 재앙도 나일 강과 깊은 관련이 있다.

시내 반도

시내(시나이) 반도는 이집트가 위치한 아프리카와 가나안의 아시아를 잇는 교량 역할을 한다. 시내 반도 북서쪽에는 수르(술, 에담) 광야가 있고, 남서쪽에는 신 광야가 위치한다. 지형을 보면, 남쪽은 높고 지중해와 접한 북쪽은 낮은 삼각형 모양이다. 면적은 60만 1400km^{2}로 구름이 없는 맑은 날이 70% 이상 계속된다. 북부는 해안과 접하여 넓이 32km의 모래톱 평야이고 약간의 농업이 가능하다. 중부로 가면서 고도가 높아지며 사암과 석회암으로 된 평편한 고원 지대를 이룬다. 남부는 화강암으로 된 험준한 산들이 있어 고대로부터 터키옥, 대리석, 구리를 생산하던 광산이 많았다. 광산에 세워진 하토르(Hathor) 신전에는 바로와 관련된 유물과 유적도 남아 있다.

시내 반도의 광산인 세라빗 엘 카딤에는 이집트인들의 흔적이 남아 있다.

시내 반도는 이집트 삼각주에서 아시아를 향하는 4개의 길이 지나고 있어 무역과 군사도로로 이용되었다.

① 해변길 : 애굽의 소안에서 가사까지(이후 북으로 지속)

아시아를 향하는 4개의 길

② 술 길 : 수르 광야 길로 애굽 고센 지역에서 가데스바네아를 거쳐 브엘세바까지

③ 메카 순례길 : 애굽의 삼각주 꼭짓점에 해당하는 온에서 엘랏으로 가다스바 쪽으로

④ 세라빗 엘-카딤 길 : 숙곳-마라-르비딤-시내산 방향(1년에 한 번 사용하는 광산 길)

아크나톤 태양신
이집트는 태양을 주신으로 섬기는 다신교 사회였다. 그러나 신왕조의 아크나톤은 태양을 유일신고화 하는 시도를 했다.

이런 도로 여건 때문에 시내는 정치 분쟁이 끊이지 않았다. 시내 반도에 거주하던 유목민 중 미디안 족속과 아말렉 족속이 있다. 모세가 피난한 미디안 광야는 아카바만 남서쪽인데, 출애굽 백성은 모세가 40년 동안 살던 광야를 40년 동안 헤매고 다녔다. 시내의 대표 산은 엘리야 시대에 북이스라엘이 한동안 관장하던 호렙산이라고 불리는 시내산이다.

이집트의 종교

이집트는 다신교로서 주로 나일강에 관계된 곤충과 동물을 많이 섬겼다. 출애굽 열 가지 재앙에 나오는 곤충은 그들이 섬기는 신이었는데, 하나님이 이들을 심판하심을 나타낸다. 양성을 가진 황소 신인 아피스(Apis, Hapis)는 고대 이집트 멤피스 지역에서 숭배받던 성스러운 소다. 나일강이 범람하면 토양이 기름지게 된다. 이 범람하는 시기에 애굽인은 높은 곳에 위치한 신전에서 황소 신에게 풍요를 비는 예식을 행하였다.

또 이집트 사람들은 태양신을 믿기에 해가 지는 곳은 죽은 자들이 있는 곳, 해가 뜨는 곳은 산 자들이 사는 곳이라 생각했다. 태양신이 들어가는 집 '벧세메스'가 서쪽이니 죽은 사람도 서쪽으로 가야 한다고 생각했기 때문이다. 그래서 나일강을 기준으로 서쪽에는 피라미드 같은 무덤을 만들고, 동쪽에는 사람들의 주거지를 만들었다. 피라미드에 새겨진 조각품을 보면 배를 탄 장면이 많이 나오는데, 죽은 자들이 배를 타고 동쪽에서 서쪽으로 간다는 의미가 담겨 있다.

| 이스라엘 민족의 대이동 |

애굽 생활을 끝내고 광야로

성경 출애굽기 **연대** BC 1400년대 혹은 1200년대

역사적 배경 이집트 힉소스, 18왕조 혹은 19왕조

핵심 본문 애굽에서의 번성(출 1:1-7), 모세의 소명(1-4장), 열 재앙(5-12장), 애굽에서 시내산까지(13-18장)

지도 출애굽 1

출애굽기는 애굽의 노예 생활에서 시내산까지의 여정을 기록하였다. 이스라엘이 언제 이집트로 내려갔는지, 모세가 활동한 연대는 언제인지가 출애굽 시기를 결정한다. 보수적인 학자들은 출애굽 연대를 "이스라엘 자손이 애굽 땅에서 나온 지 사백팔십 년이요 솔로몬이 이스라엘 왕이 된 지 사 년 시브월 곧 둘째 달에 솔로몬이 여호와를 위하여 성전 건축하기를 시작하였더라"라는 열왕기상 6:1 말씀을 그대로 받아들여, 솔로몬 성전 봉헌에서 480년을 거슬러 간 BC 1446년으로 생각한다. 그러나 이스라엘 정부와 대부분의 고고학자들은 고고학 증거와 기타 사료를 토대로 BC 13세기설을 주장한다. 분명한 연대를 원하는 사람들을 위해 보수적인 연대를 참고하지만 이 책에서는 200년 정도의 차이를 보이는 시기를 토론하기보다 당시의 상황을 파악하여 성경을 이해하는 데 초점을 맞추도록 한다.

이집트 생활: 풍요롭지만 팍팍한 일상

이집트에서의 이스라엘 출 1장

출애굽이 BC 1500-1200년 사이에 이루어진 것은 의심의 여지가 없다. 그러면 힉소스, 18, 19왕조가 다스리던 당시 이집트의 정치 상황과 성경의 사건을 비교해 보자.

① BC 20-18세기 12왕조 때 상하로 나뉜 이집트가 통일되었고, 수도는 이드타우이(Ith-taui)였다. 국경을 넘어 주변에 영향력을 미쳤다.
② 12왕조 이후 13, 14왕조는 비교적 약세였다. 이 틈에 이방 '힉소스' 왕조가 등장했다.
③ 힉소스 왕조는 아시아에서 온 이민족 정부다. BC 1795년경 삼각주를 정복한 이방인이 수도인 놉(멤피스)까지 점령하고 BC 1540년까지 다스렸다.[1] 이때 흙으로 성을 건축하고 북쪽 국가와 활발히 무역했다.
④ 그러나 힉소스 왕조는 원주민의 18왕조, 즉 이집트의 신왕조에게 축출되었다. 18왕조와 뒤이은 19왕조는 이집트 역사 중 가장 강력한 제국으로서 명성을 떨쳤다.

이스라엘과 깊은 관련이 있는 왕조는 힉소스 왕조와 18왕조다. BC 15세기 출애굽설을 받아들인다면 힉소스 왕조가 막 시작할 시기에 비슷한 처지의 외국인 요셉이 관리로 등용되기 쉬웠을 것이고, 총리대신으로 기근을 수습하는 과정에서 왕이 백성의 땅을 사들일 수 있었다. BC 13세기설을 받아들인다 하더라도 힉소스 왕조는 아시아에서 온 이방인 이스라엘을 선대하고 번창하는 데 일조했을 것이다. 그들이 삼각주 지역에 있는 고센 땅 아바리스에 수도를 두었기 때문이다.

힉소스 왕조는 대부분 가나안에서 온 사람들로 구성되었다. 가나안 땅에 흉년이 들자 가나안인이 대거 이동하여 하이집트로 왔는데, 이곳은 이미 상이집트인들이 정권을 잡고 있었다. 가나안인들은 헝그리 정신을 가지고 정권 교체를 했다. 그러나 시간이 점차 지나면서 힉소스 정권은 헝그리 정신을 잊고 이집트에 동화되었다. 그러자 상이집트에서 힘을 규합한 원주민이 힉소스 왕조를 몰아냈

1 R. A. Kithchen 연대 계산에 따랐다.

고, 힉소스 왕조는 북쪽 하솔까지 밀리고 밀려 완전히 쫓겨났다. 이렇게 탄생한 신왕조의 첫 번째 왕이 아흐모세다.

신왕조인 18왕조는 특권을 누리던 이스라엘을 경계하고 억압했다. 18왕조는 외국 원정이 잦았는데 이민족 이스라엘은 위험한 존재가 아닐 수 없었다. 과장된 표현이긴 하지만 다음 구절을 보면 이스라엘은 인구가 급속히 증가했음에 틀림없다.

> 8 요셉을 알지 못하는 새 왕(18왕조)이 일어나 애굽을 다스리
> 더니 9 그가 그 백성에게 이르되 이 백성 이스라엘 자손이 우
> 리보다 많고 강하도다 출 1:8-9

18왕조는 국고성 비돔과 라암셋을 건축하면서 이스라엘을 종으로 부려 먹었다. 고통을 주면 이스라엘의 인구가 감소하리라 여겼지만 실패로 돌아갔다. 그리하여 산파에게 태어나는 이스라엘 남자아이를 모두 죽이라고 명령했다. 그러나 친히브리 산파의 협조와 히브리 여인의 강건한 출산력으로 이 시도도 무위로 끝났다. 현대 이스라엘 여인이 출산하는 모습을 보면 이때 상황을 추측할 수 있다. 이들은 출산 후 바로 몸을 추스르고, 일주일이면 산모가 밖에 나가 거동하는 것이 예사다.

테베의 카르낙 신전
카르낙 신전은 중왕조에서 시작하여 30왕조까지 이어지는 고대 이집트의 산 역사다. 힉소스의 침략으로 이곳에서 섬기던 아문 신이 더 중요한 위치를 차지하였다.

이스라엘 백성이 라암셋 건설을 위해 만들었던 흙벽돌

힉소스 왕조의 최후 보루였던 브솔 시내 근처인 사루헨이 무너지면서 18왕조가 들어선다.

FOCUS ON
성경 속 역사

이집트 역사

이집트 역사는 세계 역사의 기초다. 이집트 역사를 바탕으로 로마가 세계 역사를 기준 잡았기 때문이다. 프톨레마이오스 왕조(BC 332~30)의 신관(神官) 마네토는 고대 이집트의 역사를 파라오(=바로, 군주, 왕)들의 계보에 따라 모두 31개의 왕조로 나누어 서술하였다. 마네토에 의하면, 이집트 역사는 BC 3000년 메네스라는 이름으로 부른 나르메르의 상, 하 이집트 통일에서 시작하여 이집트 출신의 마지막 파라오 넥타네보 2세의 죽음(BC 343)으로 마감한다.

초기왕조	제1~2왕조(BC 3200-2700)
고왕조	제3~6왕조(BC 2691-2176)
첫 번째 중간기	제7~10왕조(BC 2176-2023)
중왕조	제11~12왕조(BC 2116-1638)
두 번째 중간기	제13~17왕조(BC 1638-1540)
신왕조	제18~20왕조(BC 1540-1070)
후기왕조	제21~30왕조(BC 1070-343)
프톨레미 왕조(헬라왕국)	BC 332-30

역사를 나누는 기간이 학자마다 다르나 우리가 주목할 것은 두 번째 중간기와 신왕조라고 할 수 있다. 그러나 후기 왕조도 열왕기와 밀접한 관계를 가진다. 요셉의 애굽 총리 생활과 출애굽 사건에 연관된 기간이기 때문이다.

학자 간 신왕조 연대 차이

	왕조	브레스터드	마이어	CAH	헬크	멜라트	버낼	이언 쇼	키친
신왕국	제18왕조	1580	1580/75	1567	1552	1567	1567	1550	1540
	제19왕조	1315	1315	1320	1306	1320	1320	1295	1295
	제20왕조	1200	1200	1200	1196/86	1200	1200	1186	1186

* 연대 숫자는 모두 BC

참고도서

- K.A. Kitchen, "Regnal and Genealogical Data of Ancient Egypt." 39-52쪽 in M. Manfred Bietak(ed.), *The Synchronisation of Civilisations in the Eastern Mediterranean in the Second Millennium B.C.* Vienna, 2000.
- Ian Shaw "The Oxford History of Ancient Egypt," 2000 (Editor)
- Martin Bernal: Black Athena Vol.2, 1991
- Mellaart: 1979, pp.9, 19
- Helck: 1971, chart; 1979, pp.146-148
- CAH(Cambridge Ancient History, 캠브리지 고대사) : charts at the end of vols. I.2b, II.1 and II.2
- 마이어(Meyer) : 1907b, pp.68, 178
- 브레스터드(Breasted) : 1906, I, pp.40-45

이집트 기본 연대기

시대	내용
초기왕조 시대 제1-2왕조 (BC 3200-2700)	상형문자의 등장, 나르메르에 의한 최초 상·하이집트 연합, 아비도스와 사카라의 피라미드 건설
고왕조 제3-6왕조 (BC 2691-2176)	피라미드와 피라미드 문서들
첫 번째 중간기 제7-10왕조 (BC 2176-2023)	상이집트 수도는 테베, 하이집트 수도는 헤라클레폴리스
중왕조 제11-12왕조 (BC 2116-1795)	테베의 바로에 의한 재연합, 남쪽 누비아로 확장하고 북으로는 남부 레반트 침입, 빛나는 예술과 조각, 아문-레 신의 출현-족장시대로 추정
두 번째 중간기 제13-17왕조 (BC 1795-1540)	다수의 왕조들에 의해 분열 힉소스(레반트에서 온 '외국 출신의 지도자들' 혹은 '산지 출신의 지도자들')가 삼각주(하이집트)를 다스림
신왕조 제18-20왕조 (BC 1540-1070)	테베의 바로들에 의하여 통일되어 레반트, 누비아, 리비아 지역으로 원정하였으며, 카르낙 신전과 룩소 신전 건설 아마르나의 아크나톤의 일신교 시도

수도를 테베에서 아마르나로 옮기고 유일신 사상을 시도한 아크나톤으로 불리는 아멘호텝 4세

황금관이 발견된 소년 왕, 투탕카멘

제18왕조 (BC 1540-1295)	아흐모세 1세(BC 1540-1515)- 새 왕 아멘호텝 1세(BC 1515-1494) 투트모세 1세(BC 1494-1482) 투트모세 2세(BC 1482-1479) 하셉수트 여왕(BC 1479-1457)-모세를 건진 공주 투트모세 3세(BC 1479-1425)-모세 도망, 므깃도 전투 아멘호텝 2세(BC 1427-1401)-모세와 싸운 왕, 출애굽(BC 1446) 투트모세 4세(BC 1401-1391)-스핑크스의 꿈의 비문: 장자가 죽어 차자가 왕이 됨 아멘호텝 3세(BC 1391-1353) 아크나톤(아멘호텝 4세 BC 1353-1336)-아마르나 문서와 유일신 사상 네페르네페루아텐(BC 1338-1336) 투탕카멘(BC 1336-1327)-소년 황금관 주인공
제19왕조 (BC 1295-1186)	람세스 1세(BC 1295-1294) 세티 1세(BC 1294-1279)- 벧산 전쟁과 가나안 정복 람세스 2세(BC 1279-1213)-최고의 바로 메르넵타(BC 1213-1203)-이스라엘이 처음으로 언급된 비문을 작성한 왕 세티 2세(BC 1200-1194)
제20왕조 (BC 1186-1070)	세트나크트(BC 1186-1184) 람세스 3세(BC 1184-1153)-해양 민족 블레셋의 침략을 받음 람세스 4-11세(BC 1153-1070)
세 번째 중간기 제21-26왕조 (BC 1070-525)	3천 년 동안 지속되는 쇠퇴기의 시작 상이집트는 테베에서 통치하고 하이집트는 타니스에서 통치, 후기에는 더 분리됨. 이스라엘은 왕국시대

람세스 3세의 장제전에 기록된 블레셋의 침략 기록

메르넵타 비문
아래 진한 검은색이 이스라엘이라는 글자가 처음 언급된 부분이다.

최고의 바로인 람세스 2세
멤피스에 있는 바로 상은 미완성이지만 10m가 넘는다.

제21왕조 (BC 1070-945)	사아문(BC 993-984)-솔로몬과 정략결혼 파세바하에뉴트 2세(BC 959-945)
제22왕조 (BC 945-715) 텔바스타 왕조, 삼각주 지역	시삭 1세(=셰숑크 BC 945-924)- 분열된 이스라엘 침공 오솔콘 1세(BC 924-889) 타켈롯 1세(BC 889-874)
제25왕조 누비안과 구스인 (BC 747-656)	피이(BC 747-716) 솨바코(BC 716-702)- 사르곤과 전쟁(왕하 17:4), 이스라엘 멸망 솨빗코(BC 702-BC 609), 디르하가(Bakara Tanutamani BC 690-664) - 히스기야를 도와 산헤립과 전쟁
제26왕조 사이스인 (BC 664-525)	삼각주 서부의 사이스 출신이 다스림, 서민의 민용문자와 고대 상형문자가 병행하여 사용됨. 사메텍 1세(BC 664-BC 610) 느고 2세(BC 610-BC 595)-요시야왕을 죽임 사메텍 2세(BC 595-BC 589) 와히브라(아프리에스 BC 589-BC 570)-애굽으로 피한 유대 식민지인 엘레판틴 시대 아흐모세 2세(BC 570-BC 526) 사메텍 3세(BC 526-BC 525)
후기 왕조	페르시아 통치기, 역사가 헤로도토스의 방문, 알렉산더 대왕에 의한 정복
제27왕조 (BC 525-343) 페르시아 시대	캄비세스(BC 525-522) 다리오 1세(BC 522-486) 크세르크세스(아하수에로, BC 486-465) 아닥사스다 1세(BC 465-424) 다리오 2세(BC 424-405) 아닥사스다 2세(BC 405-359)

위 연대 기준은 키친의 연구를 기초로 하였으나 출애굽 해석을 할 때는 마이어의 기준을 참고하였다.
K.A. Kitchen, "Regnal and Genealogical Data of Ancient Egypt." 39-52쪽 in M. Manfred Bietak(ed.), *The Synchronisation of Civilisations in the Eastern Mediterranean in the Second Millennium B.C.* Vienna, 2000.

로제타 비문
상형-민용-헬라어로 기록된 이 비문으로 상형문자의 비밀이 풀렸다.

시삭 1세의 침략 기록

이스라엘의 자궁 애굽

> 이스라엘 자손이 라암셋을 떠나서 숙곳에 이르니 유아 외에 보행하는 장정이 육십만 가량이요 출 12:37

아멘호텝 3세의 장제전으로 추정되는 멤논의 거상은 강을 넘어 동쪽 장지로 가는 입구 역할을 한다.

삼각주의 동쪽 고센은 이스라엘이 정착한 중요한 곳이었다. 애굽에 들어간 야곱의 가족 70명이 480년이 지난 뒤 장정만 60만 명이 되었다. 여자와 아이를 포함하면 200만 명 정도일 것이다. 계산해 보면, 한 명의 여인이 24명씩 낳아야 한다. 현대에도 유목민 중에는 15명 이상 낳은 여인도 종종 있다. 하지만 가나안에서는 이와 같은 인구 성장이 불가능하다. 가나안은 먹을 것이 충분한 애굽과 달리 양식과 안전이 뒷받침되지 못하기 때문이다.

신약시대에 로마 제국 식량의 70%가 이집트에서 나왔다고 한다. 그만큼 풍요로운 땅이다. 애굽에서 이스라엘은 인구가 400년 만에 폭발했다. 애굽은 풍요로움, 안전, 문화의 공급처로서 이스라엘의 자궁 역할을 했다. 그래서 선지서를 보면 애굽을 저주하지 않는다.

모세의 출현 출 2:1-10

투트모세 3세의 어머니 하셉수트는 어린 왕 대신 섭정을 했다. 모세를 건진 공주일 가능성도 있다.(이집트 카이로박물관)

모세는 18왕조 압제기에 태어났다(출 1:8). 급속히 늘어나는 인구를 제한하고자 바로는 이스라엘의 남자 신생아를 죽이라고 명령한다. 모세는 이 시기에 태어나 나일강에서 바로의 딸에게 발견되었다. BC 15세기설을 받아들인다면 이는 매우 드라마틱한 이야기다.

> 모세의 어머니와 그의 누이 미리암은 모세를 버려야 할 때 풍요와 건강을 제공하는 성역인 나일강 중 특히 여인들이 일종의 종교 의식으로 목욕하는 목욕장 부근에 모세를 떠내려 보냈다. 마침 18왕조의 창설자 아흐모세(Ahmose)의 아들 아멘호텝 1세의 딸과 투트모세 1세 사이에서 태어난 무남독녀 하셉수트(Hatchepsut)가 모세를 발견한다. 이것은 어느 정도 계획된 행동이었을 것이다. 계획대로 아니 계획 이상으로 요게벳은 아들 모세가 적어도 세 살이 될 때(이유 시기)까지 삯을 받고 키울 수 있었다.

하셉수트는 이복형제와의 사이에서 외동딸을 낳았으므로 모세가 바로의 후계자 물망에 올랐다. 하셉수트의 남편 투트모세 2세에게는 모세 외에 첩의 소생 투트모세 3세가 있었다. 하셉수트는 외동딸을 투트모세 3세와 결혼시켜 자신의 위치를 굳건히 한 상태에서 남편이 죽자 당시 열 살의 투트모세 3세를 제치고 왕좌를 차지했다.

공주는 나일강에서 모세를 건졌다. 모세의 누이 미리암은 유모로 어머니를 소개한다.

하셉수트의 23년 통치가 끝나자 투트모세 3세가 등극하였고, 모세는 위기에 처한다. 모세를 제거하려던 투트모세 3세에게 모세의 감독관 살해는 그를 축출할 결정적인 구실이 되었다. 이를 눈치 챈 모세는 시내 반도 동쪽 미디안 광야로 도망갔다.

40년이 지나 아멘호텝 2세가 왕위를 이었을 때 모세는 하나님의 부름을 받아 애굽으로 돌아왔다. 애굽에 열 가지 재앙이 내려졌을 때 아멘호텝 2세의 장남이 죽었다. 차남인 투트모세 4세가 왕위를 이은 뒤 스핑크스를 완성하고 꿈의 비석을 만들었다.

미디안 광야: 모세를 지도자감으로 키우시다 출 2:11-25

미디안 광야-피신 40년

모세는 40세가 되었다. 그는 자신이 히브리인이라는 사실을 알고 있

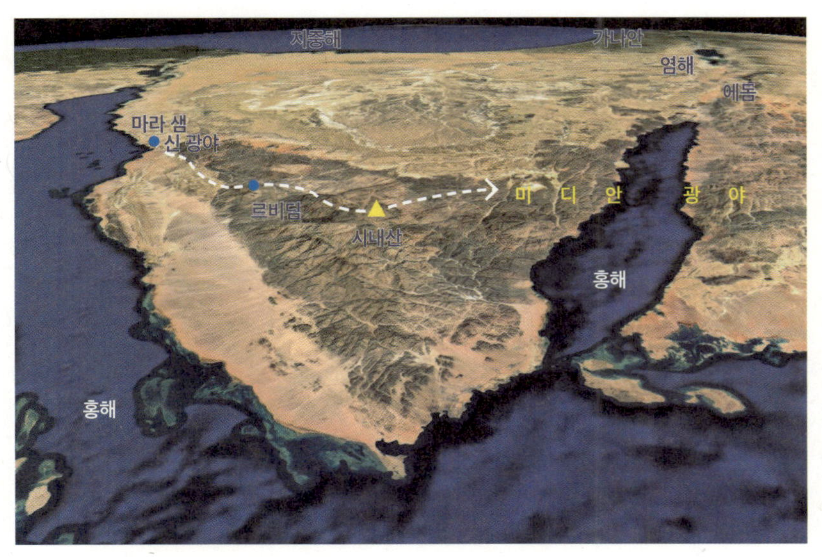

미디안인들은 홍해 좌우로 흩어져 살았다. ©구글어스

었다. 그래서 히브리인을 박해하는 애굽인을 쳐 죽였다. 그런데 그의 소견에 옳은 대로 혈기로 사람을 죽인 것이 화가 되어 도망가야 할 처지가 되었다. 그는 도망지를 미디안 광야가 있는 곳으로 택한다. 미디안 광야는 애굽인들이 농한기에 미라를 만들기 위해 보석을 캘 때 1년에 한 번 정도 방문하는 곳이다. 모세는 애굽인이 드물게 가는 이 장소를 알고 있었다. 이미 언급한 대로 세라빗 엘 카딤은 이 지역의 대표적인 애굽 광산이다. 그러나 대부분 미디안 사람들이 일했다. 미디안 광야에 살던 이들은 유목민으로서 일부는 엘랏 부근과 그 동쪽 아카바만의 광산에 정착하기도 했다. 미디안 땅은 대체로 아카바만 좌우이나 때로 모압 경계선 북부(민 22:4, 7) 혹은 시내 반도 일부까지 포함한다.

갈멜산 무크라카에서 본 욕느암
산과 텔 욕느암 사이가 욕느암 길이다.

시내 반도에 거주한 미디안 족속은 셈 족속의 전통과 풍습, 종교에 깊이 영향을 받았다. 이들은 당시 고대 근동에서 권능자로 알려진 셈족의 하나님 '엘'(El)을 숭배했을 것이다. 우물가에 앉아 있던 모세가 물 긷던 한 여인과 결혼하는데 장인은 엘의 제사장이었다. 모세의 결혼은 야곱이 라반의 딸을 만나 결혼한 것과 닮았다.

미디안에서 40년을 지낸 모세는 호렙산에서 하나님을 뵙고 출애굽 지도자로 부름받는다. 이제는 애굽 언어와 문화를 잊어버렸을 80노인의

궁금해요

모세의 광야 생활 시절 애굽은?

BC 16세기 힉소스의 멍에를 벗어던진 18왕조의 바로 아흐모세는 가사 남쪽 샤루헨을 3년 동안 포위하였다. 이후 애굽은 해변길을 따라 가나안 북쪽으로 세력을 확대하고 가나안의 해안 평야를 통제하였다. 그런데 BC 15세기 중반에 가나안에서 반란이 일어나 애굽의 위상이 위협받자 투트모세 3세는 가나안 원정에 나섰다. 투트모세 3세는 모세가 40년 광야 생활을 하던 시기에 애굽을 다스린 바로다.

그는 가사에서 해안 평야를 따라 야르콘강이 있는 아벡을 경유해 이스르엘 골짜기의 므깃도를 향해 진군했다. 가나안군이 진을 친 므깃도로 가기 위해서는 갈멜산지라는 큰 장애물을 넘어야 했다. 므깃도 길은 지름길이지만 산세가 험했기에 가나안군은 애굽 병거부대가 완만한 도단 길을 이용할 것으로 생각해서 도단과 욕느암에 진을 쳤다. 그러나 투트모세 3세는 갈멜산 앞 소함에서 참모회의를 한 후 이를 역이용하여 므깃도 길로 급습하였다. 애굽 군대가 므깃도에 도착했을 때 가나안 군대는 이 사실을 알고 욕느암과 도단에서 므깃도로 집결했지만 성으로 들어가기도 전에 애굽 군대에게 공격당했고 패하였다. 투트모세 3세의 가나안 므깃도 전투는 크게 성공하였고, 그의 전적을 카르낙 신전에 남겼다.

/
시내산 근처의 세라빗 엘 카딤에서 바라본 광야 지역은 모세가 피신한 장소다. 모세는 매년 이곳으로 미디안인들과 함께 채굴하러 오는 길을 알고 있었을 것이다.

//
시내산 캐서린수도원에 있는 떨기나무
떨기나무는 바싹 말라 버리면 주변의 돌에 의해 돋보기 효과로 불이 나기도 한다. 그러나 불이 붙었으나 꺼지지 않는 게 신기했던 모세는 가까이 다가갔고, 거기서 하나님을 만났다.

///
모세의 떨기나무가 있던 곳에 세워진 캐서린수도원

모세가 약해질 대로 약해진 상태에서 하나님의 부르심을 받은 것이다. 바울이 기도 응답으로 받은 말씀이 묵상되는 순간이다.

> 나에게 이르시기를 내(여호와의) 은혜가 네(바울)게 족하도다 이는 내 능력이 약한 데서 온전하여짐이라 하신지라 고후 12:9

미디안 광야-모세의 소명

모세는 미디안 광야에서 40년간 머물며 광야의 삶을 배웠다. 그는 80세가 되어서야 부름을 받는다. 떨기나무에 불이 붙었으나 꺼지지 않는 모습을 보면서 모세는 그곳에 다가갔고, 하나님은 거룩한 곳이므로 신을 벗으라고 하였다. 신발을 벗는 건 더러움을 벗는 행위다. 모세는 "내가 누구이기에 바로에게 가며 이스라엘 자손을 애굽에서 인도하여 내리이까" 하며 그분의 부르심에 거절한다. 이를 통해 광야 생활 동안 혈기가 많이 꺾였음을 알 수 있다. 이곳에서 하나님은 자신의 이름을 '스스로 있는 자'라는 '여호와'로 밝히신다.

모세는 마침내 광야 생활을 정리하고 호렙산에서 형 아론을 만나 고센 땅으로 향한다. 람세스에서 모세가 만난 바로는 자신을 축출한 투트모세 3세의 아들 아멘호텝 2세였다(BC 15세기설). 바로와 모세 간의 치열한 공방은 출애굽기 5-13장에 자세히 묘사되어 있다.

여기서,
묵상

모세의 광야 40년

하나님은 손해 보시는 분이 아니다. 모든 것이 합력하여 선을 이루게 하신다. 모세가 바로의 궁에서 자랄 때 애굽 사람의 모든 지혜를 배워 말과 하는 일이 능했다(행 7:22). 모세는 지도자로서 최고의 리더십 훈련을 받았으며 기하학과 건축술도 배웠다. 이 지식이 모세오경을 쓰고 시내산에서 성막에 대한 말씀을 받았을 때 말로써 이해하는 기반이 되었다.

광야 40년은 장차 이스라엘 백성을 40년간 이끌 학습 시간이었다. 다만 모세가 그의 힘과 능력으로 일할까 봐 하나님은 광야로 몰아내셨다. 40년의 광야 생활이 시간을 허비한 것처럼 보이지만 하나님은 어떤 상황이든 우리를 최고의 작품으로 만들어 가신다. 하나님은 다 주시지 않는다. 하나님은 공평하시다. 문제없는 사람은 세상에 없다. 그 문제를 통해 헝그리 정신을 갖게 만들어 주님을 찾게 하신다. 하나님은 각 사람에게 가장 좋은 걸 주시고, 모든 것이 합력하여 선을 이루게 하신다.

모세도 다 갖추었다고 생각했겠지만 광야 40년이 그에게 가장 필요한 시간이었다. 혈기를 죽이고 자기를 다스리는 시기였기 때문이다. 40년이 없었다면 혈기 때문에 사람들을 많이 죽였을지도 모른다. 이스라엘 백성이 노예근성에 젖어 모세를 대적했을 때 얼마나 힘들었겠는가. 그러나 그는 온유함으로 이겨 냈다.

자신의 비전이 무엇이냐고 묻는 사람에게 모세의 생애를 묵상하라고 권하고 싶다. 뒤를 돌아보라. 하나님은 이미 우리를 위하여 뭔가 훈련시켜 놓으셨다. 나 역시 지난 시간을 돌아보니, 성경지리에 필요한 모든 것을 배우게 하셨다. 하나님은 절대 실수하지 않으신다. 우리를 준비시켜 사용하신다. 오늘의 나를 준비시켜 내일의 나를 만드신다. 우리는 주님의 인도하심에 순종하면 될 뿐이다.

애굽: 노예에서 자유인으로 변화되다 출 7-12장

애굽-10재앙: 이집트 신들 심판

출애굽을 위한 10가지 재앙이 성경에 자세히 기록되었다. 재앙은 모두 지리적이다. 처음은 나일강물에 대한 것이었다. 강을 숭배하던 이집트인에게 행한 피의 재앙은 근원을 흔들어 버릴 것이라는 예표다. 재앙의 시기도 흥미롭다. 강이 범람하는 9월에 피의 재앙이 일어났다. 물이 넘칠 때 끈적끈적한 검푸른 ① 피가 사방에 흘러넘치는 광경을 상상해 보라. 물이 빠지기 시작한 7일 후(출 7:25) 질퍽한 진흙 상태에서 ② 개구리가 육지로 떼지어 올라왔다. 개구리 재앙이 끝나고 그 사체와 습지에서 서식한 ③ 모기(개역성경: 이)가 대거 몰려와 모든 동물을 괴롭혔다. ④ 파리로 이어진 불결한 환경은 ⑤ 악질과 ⑥ 독종을 일으켰다.

/ 10가지 재앙은 남부 밀림에서 물이 밀려와 고센 땅이 범람되어 물이 고여 있을 때 일어난 일이다. 사진과 같은 환경을 고려하여 10재앙을 생각해 보라.

// 10가지 재앙은 나일강 신들에 대한 심판이라는 해석도 있다. 나일강과 관련하여 이해하면 논리적으로 자연스럽게 암기가 된다.

사람은 땅에 소망을 두고 산다. 독에 가둔 쥐가 바늘구멍만 한 빛이 있어도 30시간을 버티지만 어둠 속에서는 2~3분 만에 죽는 것과 마찬가지다. 땅에서 자라는 식물에 소망을 둔 이집트인에게 하나님은 2월 초순 비 대신 ⑦ 우박을 내려 보리와 아마(삼) 농사를 망쳐 놓았다. 밀과 다른 곡식은 ⑧ 메뚜기 떼에 모두 먹히면서 땅의 소망이 사라졌다.

이제 이집트가 하늘의 소망, 즉 태양신을 향하여 눈을 들려 하자 주님이 ⑨ 흑암으로 태양을 가리신다. 절대적인 공포였다. 인간의 마지막 소망은 자손이다. 하나님은 이 마지막 소망조차도 ⑩ 장자의 죽음으로 소멸시키며 재앙을 마무리하셨다.

이 일이 애굽에만 국한된 일이겠는가? 하나님은 우리에게 여러 모습으로 경고하신다. 환경과 질병, 천재지변으로. 그러나 우리는 마지막 피를 보고나서야 돌이킨다. 어디까지 가려는가? 우리의 완고함을 꺾고 회개하며 나아가자.

결국 피에서 시작하여 어린 양의 피를 보고서야 대결이 끝났다. 어린 양의 피는 예수님을 예표한다. 세례 요한이 "보라 세상 죄를 지고 가는 하나님의 어린 양이로다"(요 1:29)라는 말을 요단강에서 한 것도 기억하라. 어린 양의 피만이 해방을 가져왔고 가나안(천국) 입성을 가능케 했다.

장자 재앙과 꿈의 비석

장자를 치는 재앙 때 '스핑크스'가 만들어졌다. 스핑크스는 얼굴이 인간이고 몸이 사자인 나일강의 수호신 중 하나다. 그 발 앞에 '꿈의 비석'이 있다. 아멘호텝 2세의 둘째 아들이 그곳을 지나다 스핑크스가 꺼내 달라고 요청하는 꿈을 꾸었다. 꿈 속에서 스핑크스가 둘째 아들(투트모세 4세)에게 "내 몸을 덮고 있는 모래를 다 걷어 주면 너를 왕(파라오)으로 만들어 주겠다"라고 말했다. 그는 즉시 잠에서 깨어나 모래를 깨끗이 걷어내었고 뒷날 왕이 되었다고 전해진다. 장자 재앙 후에 왕이 된 그가 스핑크스를 만든 거라 추정할 수 있다. 애굽 사람들은 출애굽이 그들의 역사에서 불리한 사실이므로 기록에 남기지 않았다. 그러나 성경은 세상의 역사 기록과 다르게 모든 허물을 기록하여 우리의 본보기가 된다.

기자에 위치한 세 피라미드 앞을 지키는 스핑크스

스핑크스 앞 검은 색 '꿈의 비석'이 눈에 띈다. 이 비석은 장자 재앙을 생각나게 한다.

여기서,
묵상

예수님과 어린 양의 피

출애굽을 위한 마지막 재앙은 장자를 치는 것이었다. 어린 양의 피를 문설주에 바른 집만이 재앙을 피할 수 있었다. 선량한 사람이나 강도나 의인이나 악인이나 구분 없이 피를 바른 집에 들어가면 살 수 있었다. 그러나 선한 사람일지라도 어린 양의 피가 아니면 살 수 없었다. 이방인들도 어린 양의 피를 바른 집 안에 들어가 있으면 살았다. 출애굽 시에 이방인들도 같이 나왔는데, 이들도 이스라엘과 같이 순응하며 살았다. 어린 양의 피는 예수님의 십자가 피를 상징한다. 예수님이 세례를 받은 뒤 세례 요한에게 어떤 호칭을 들었는가 생각해 보라. 출애굽 전야와 마찬가지로 어린 양의 피를 마음의 문에 바른 사람은 그 안에 무슨 악한 죄가 있든지 간에 구원받을 수 있다.

장자를 치는 재앙이 마지막이었다. 재앙의 날에 살 수 있는 유일한 길은 피를 칠한 집 안에 있는 것이다. 구원은 예수 보혈 안에 있다.

출애굽: 구원의 길을 건너다 출 12:37-42

출애굽 경로와 관련해 지금까지 논란이 많다. 여기서는 전통적인 경로를 택하기로 한다. 이스라엘 족속은 고센에 살았으나 출애굽 당시는 국고성을 짓기 위해 라암셋과 비돔(Pithom)성 부근에 모여 살았다. 가나안으로 가기 위해 이스라엘은 현재 칸티르(Qantir)로 추정되는 라암셋(람세스)에 집결했다(출 12:37).

라암셋에서 해변길을 이용하면 네게브의 그랄까지 275km 정도 된다. 10일 정도면 가나안에 도착할 수 있다. 그러나 하나님은 이 길로 백성을 인도하지 않으셨다. 이집트 수비대가 지키고 있기에 성경은 "전쟁을 하게 되면"이라는 말로 그 이유를 요약한다.

> 바로가 백성을 보낸 후에 블레셋 사람의 땅의 길(해변길)은 가까울지라도 하나님이 그들을 그 길로 인도하지 아니하셨으니 이는 하나님이 말씀하시기를

출애굽 1
출애굽 여정

이 백성이 전쟁을 하게 되면 마음을 돌이켜 애굽으로 돌아갈까 하셨음이라 출 13:17

그래서 '홍해길'로 가기 위해 숙곳에 이르렀다. 숙곳에서는 해변길과 나란하게 곧장 가데스바네아로 질러가는 '술길'이 열린다. 하나님은 이 길도 허락하지 않으셨다. 여기서도 이집트 수비대를 만날 것이기 때문이다. 하나님은 더 돌려 광야 끝인 에담 광야 길, 사람들이 가장 이용하지 않는 길로 인도하셨다(출 13:18).

구름기둥과 불기둥 출 13:17-22

광야에 접어들자 하나님은 구름기둥과 불기둥을 준비하셨다. 광야는 그늘이

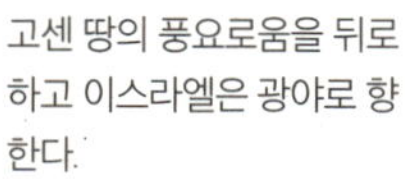

/
고센 땅의 풍요로움을 뒤로 하고 이스라엘은 광야로 향한다.

//
히브리인들이 머물던 고센의 성 중 하나인 예후디야
이스라엘은 이곳을 떠나 험난한 광야로 향한다. 광야는 하나님의 특별한 보호가 없으면 살 수 없다.

없으면 견디기 힘들다. 지중해 주변의 건조한 지방에서는 그늘에 들어가면 견딜 만하다. 하나님은 그늘이 될 뭉게구름을 준비하셨고 기온이 급강하는 밤에는 따뜻한 불기둥을 준비하셨다. 이 은혜가 없었다면 이스라엘의 광야 생활은 불가능했을 것이다(출 13:21).

구름기둥은 인도, 불기둥은 보호를 말한다. 신앙생활을 인도하고 보호하시는 성령님의 역할을 상징한다.

신명기 8:4에 보면 "이 사십 년 동안에 네 의복이 해어지지 아니하였고 네 발이 부르트지 아니하였느니라"고 했다. 우리가 하나님 나라 가기까지 성령님이 구름기둥과 불기둥으로 보호하신다.

홍해-구원 출 14장 9일

구름기둥과 불기둥을 따라간다고 해서 늘 평탄대로는 아니었다. 완악해진 바로는 마음을 고쳐먹고 이스라엘을 추격하기 시작했다. 하나님은 막다른 골목으로 이스라엘을 인도하신다. 해변길, 술길 등 편리한 길을 모두 포기하고 건너지 못할 홍해 앞으로 이스라엘을 인도하셨다. 성경은 그 이유를 이렇게 말한다.

> 내가 바로의 마음을 완악하게 한즉 바로가 그들의 뒤를 따르리니 내가 그와 그의 온 군대로 말미암아 영광을 얻어 애굽 사람들이 나를 여호와인 줄 알게 하리라 하시매 무리가 그대로 행하니라 **출 14:4**

하나님은 자신의 힘을 의지하는 이집트를 완전히 꺾어 버릴 계획을 세우셨다. 더 이상의 추격도 더 이상의 미련도 없이 오직 여호와를 두려워하도록 만들기 위한 작전이었다. 깊으신 하나님의 뜻을 알 리 없는 노예 출신의 이스라엘 백성이 몰려오는 이집트 군사를 두려워하면서 모세를 원망했다. 사람들은 앞일을 모르기에 원망만 한다. 그러나 모세는 하나님만 절대적으로 의뢰했고 그의 당당한 말은 오늘날 환난당하는 사람들에게까지 메아리친다.

> 모세가 백성에게 이르되 너희는 두려워하지 말고 가만히 서서 여호

: 9일

오늘 읽을 분량

성경 출 14-24, 시 95, 99, 106, 107

본서 131-144쪽

성경의 맥 잡기

1. 유월절과 홍해를 건너 마라의 샘, 신 광야, 르비딤 기적 경험
2. 시내산에서 두 돌판 받음

신구약 연결 포인트

1. 유월절 어린 양으로 오신 예수님의 역할과 어린 양 피의 역할 비교
2. 홍해와 구름 아래 삶을 세례로 봄(고전 10:2)
3. 르비딤 반석은 예수님을 상징하고(고전 10:4) 그 물은 성령의 생수(요 7:38-39)

묵상 가이드

1. 유월절 예식의 어린 양과 그 피가 예수님의 죽으심과 자주 비교된다.
2. 홍해의 세례를 지난 광야는 성도의 삶이다. 그 삶은 어떠하며 무엇으로 살아야 할까?
3. 시내산 돌판 받은 절기인 오순절에 성령님이 오셨다.

와께서 오늘 너희를 위하여 행하시는 구원을 보라 너희가 오늘 본 애굽 사람을 영원히 다시 보지 아니하리라 출 14:13

홍해 도하는 밤새도록 불었던 동풍 후에 이루어졌다. 이는 성도가 세례를 받고 성도의 삶으로 나가는 모습으로 해석할 수 있다.

하나님은 때가 되자 모세에게 바다를 향하여 지팡이를 내밀라고 하셨다. 강한 동풍이 밤새도록 불어 바다를 말렸다. 광야의 동풍은 아라비아 사막에서 이집트나 이스라엘로 불어오는 먼지와 열기다. 특히 유다 산지 동쪽에서 부는 동풍은 유대 광야를 만든다.

모세가 바다 위로 손을 내밀매 여호와께서 큰 동풍이 밤새도록 바닷물을 물러가게 하시니 물이 갈라져 바다가 마른 땅이 된지라 출 14:21

만약 서풍이 불었다면 지중해에서 불어오는 습한 바람으로 홍수가 났을 것이다. 이스라엘은 새벽 이전 어두울 때 갈라진 바다를 건넜고, 새벽에 이집트 군대가 들어올 때는 바닷물이 다시 제자리로 돌아갔다. 강한 바람, 거친 바닷길, 아직 채 마르지 않은 질퍽한 해저는 완전무장한 애굽의 병사와 마병, 특히 병거에게 치명적이었다. 바람과 열악한 길에 방황하던 군사를 물러갔던 바닷물이 다시 돌아와 덮쳤다. 순식간에 벌어진 일이었다.

홍해의 기적은 이집트뿐 아니라 이스라엘에게도 큰 영향을 미쳤다. 이 사건은 이스라엘의 영원한 출애굽 이야기의 소재가 되었고 이집트에 대한 미련을 버리는 계기가 되었다. 이후 나일과 태양에 기초한 이집트

아라비아 반도 쪽의 홍해
히브리어로는 갈대 바다라는 뜻의 '얌 숩'이지만 헬라어로 '홍해'라고 번역되었다. 현재 홍해는 이집트 쪽과 아라비아 쪽 두 곳이 있다.

의 신(神)은 이스라엘 역사에서 등장하지 않게 된다.

홍해의 위치가 불분명하다. 홍해의 원어는 얌숩으로 '갈대 바다' 혹은 '갈대 호수'라는 뜻이다. 히브리어는 바다와 호수의 구분이 없다. 우리가 알고 있는 홍해 바다라면 건너기가 쉽지 않았을 것이다. 그 깊이와 험하기가 어린이와 노인까지 건너기는 무리다. 그렇기에 홍해를 '갈대 호수'로 보는 것이 자연스럽다.

얌숩은 '갈대 바다'라는 뜻이다. 나일강과 같은 민물에 갈대가 많다. 히브리 단어는 물이 많은 곳을 모두 '바다'라고 부른다.

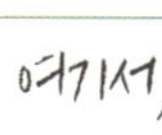

여기서, 묵상

홍해를 건넌 후 부른 모세의 노래는 요한계시록에서 마지막 성도가 부를 노래와 같은 맥락이다.

> 3 하나님의 종 모세의 노래, 어린 양의 노래를 불러 이르되 주 하나님 곧 전능하신 이시여 하시는 일이 크고 놀라우시도다 만국의 왕이시여 주의 길이 의롭고 참되시도다 4 주여 누가 주의 이름을 두려워하지 아니하며 영화롭게 하지 아니하오리이까 오직 주만 거룩하시니이다 주의 의로우신 일이 나타났으매 만국이 와서 주께 경배하리이다 하더라 계 15:3-4

바로와 같은 사탄은 우리의 구원을 막으려 끝까지 추적한다. 우리가 하나님 나라에 가기까지 계속 쫓아오는 게 바로의 군대다. 그러나 그들은 홍해에서 전멸되듯 멸절할 것이다. 주 예수 그리스도의 끊을 수 없는 사랑은 우리를 유리바다를 넘어 천국으로 인도한다. 그때 모세의 노래, 어린 양의 노래를 부를 것이다. 그렇기에 고린도전서는 홍해를 건너는 장면을 세례를 받는 행위로 표현하고 있다(고전 10:2). 유월절 어린 양의 피로 구원받은 성도는 홍해의 세례를 거쳐 구원을 받는다. 지금은 광야로 나오지만 후에는 온전한 천국에 입성하게 될 것이다.

광야 여행: 홍해 도하에서 시내산까지

마라-여호와 라파: 가치관을 바꾸시다 출 15:22-27

홍해를 건넌 이스라엘은 술(수르) 광야로 들어갔다(출 15:22). 홍해의 세례를 거친 이스라엘이 광야 생활을 겪는 것은 성도의 삶과 비교된다. 앞으로 펼쳐질 광야 생활은 성도의 삶의 지침서다. 모세와 그 일행은 편리한 술길로 가지 않고 사흘 정도 동쪽으로 내려가 마라에 이르렀다. 마라는 바다 가까이에 있는 샘이다. 해안가에 있는 우물의 문제는 물이 부족하면 역류되어 바닷물이 들어와 물이 쓰게 된다는 점이다. 그곳에서 하나님은 쓴물을 달게 만드셨다. 마라의 샘은 광야의 첫 번째 이적이다(출 15:23).

하나님은 한 나무를 지시하셨고 그것이 물에 떨어지자 쓴물이 단물로 바뀌었다. 하나님은 이후에 법도와 율례를 정하시고 백성을 시험했다. 주의 계명을 청종하고 귀 기울이면 애굽에 내린 질병을 내리지 않겠다고 말씀하시며 '치료하시는 여호와', 즉 '여호와 라파' 되심을 선언하셨다(출 15:25-26).

그런데 왜 마라의 이적이 첫 이적이었을까? 샘을 히브리어로 '아인'이라 하는데 아인은 '눈'(eye)이라는 뜻도 가진다. 이런 면에서 히브리인은 샘을 변화시킨

홍해에서 시내산까지

마라의 샘
멀리 홍해가 보인다. 육지에 물이 부족하면 바닷물이 역류하여 쓴물이 되곤 한다. 이곳에 나뭇가지를 넣자 단물이 나왔고 '여호와 라파'라 불렀다.

것을 눈을 변화시킨 것과 같은 뜻으로 받아들인다.

눈이 바뀌는 것은 가치관이 바뀌는 것이다. 쓴물이 단물로 바뀌는 것보다 이스라엘 백성에게 더 중요한 게 있다. 바로 애굽 종으로서의 시각이 하나님의 종으로서의 시각으로 바뀌는 것이다. 세상 가치관에 젖어 있던 이스라엘의 눈을 새롭게 열어 주셔서 세상 법이 아닌 하나님의 법을 보게 하신 것이다. 그리고 하나님의 율례와 법도를 알려 주셨다.

치료하시는 여호와를 육신의 질병에 적용시키기 쉽지만 여기서는 영적인 눈을 고치시는 여호와를 강조하고 있다. 하나님의 율례와 법도로 눈을 바꾸어야 한다. 복있는 사람은 심령이 가난한 자, 의에 주리고 목마른 자, 온유한 자 등이다. 이 눈으로 바라보고 나아가야 한다. 큰 사역이나 대단한 일이 성공이 아니다.

모세가 던진 나뭇가지는 십자가를 연상케 한다. 성령의 충만함만이 세상의 쓴물이 들어오지 않게 하는 방법이다. 샘은 '아인'으로 '눈'이라는 뜻을 가지고 있다. 샘이 바뀐 것은 눈과 가치관이 바뀌는 것을 의미한다.

여기서, 묵상

첫 번째 이적은 대체로 물이 변하는 이적이다. 모세도 물이 변하여 피가 되게 했고, 엘리사도 여리고의 샘을 변화시켜 좋은 물로 만들었다. 예수님도 물을 변화시켜 포도주가 되게 하셨다. 제자들도 물이 변한 후 믿음을 가지게 되었다. 주님은 우리가 믿음을 가진 뒤 눈이 변하기를 원하신다. 구원받은 후 눈이 변하지 않으면 애굽의 질병을 고스란히 받게 되어 있다.

그러나 가치관이 바뀐 사람은 여호수아와 갈렙뿐이었다. 많은 사람이 거대한 아낙 자손을 보고 떨어도 가치관이 바뀐 두 사람은 겁을 내지 않았다. 예수를 만나고 눈을 새롭게 뜬 사도 바울처럼 믿음의 눈을 열어 세상을 바라보자. 성도의 삶에서 가장 중요한 것은 '눈'을 바꾸는 일이다! 하나님은 광야의 첫 이적을 마라의 샘물을 달게 바꾸심으로 애굽의 종 되었던 쓴 시각에서 하나님 중심의 단 시각으로 변화시키기를 원하셨다.

마라에 던진 나무는 십자가를 연상케 한다. 은혜가 풍족하지 않으면, 세상이 우리 가운데 들어와 우리를 쓰게 만들어 버린다. 세상이

들어올 때는 먼저 십자가를 바라보아야 한다. 십자가만이 쓴 물을 바꿀 수 있다. 십자가를 바라보면 모든 문제가 하찮아 보이고 은혜의 샘이 터져나온다. 계속해서 들어오는 바닷물 같은 세상의 쓴물을 날마다 십자가의 보혈로 정결하게 하라. 성령의 생수가 흘러넘쳐야 쓴 물이 들어오지 않는다.

엘림

얼마 후 이스라엘은 오아시스 엘림으로 향했다. 이스라엘 백성은 엘림의 풍부한 물을 맛보았다(출 15:27). 엘림은 '종려나무'라는 뜻이다. 종려나무 잎은 천사의 날개와 같다. 이스라엘을 환영하는 모습이 아닐까?

신 광야에서 만나와 메추라기를 받기 시작했다.

'이것이 무엇이냐'라는 만나는 광야 40년 동안 매일 아침 나가야 얻는 식량이었다. 예수님은 자신을 생명의 떡이라며 만나와 비교하셨다. 생명의 양식은 새벽마다 매일 받아먹어야 한다.

신 광야-만나: 하루치의 양식 출 16장

신 광야에서 이스라엘 백성은 먹을거리로 불평했다. 하나님은 만나를 내려 이스라엘을 먹이셨고 메추라기도 주셨다. 메추라기는 기류를 따라 움직이는 철새로서 광야에 제법 있다. 그러나 1m 정도로 메추라기가 쌓이는 건 기류를 바꾸셨기에 가능한 일이다. 만나는 '이것이 무엇이냐?'는 뜻으로 딱 하루만 먹을 수 있었다. 예수님이 말씀하신 '일용할 양식'이다. 일용할 양식을 위해 일하게 하시고 그 이상 욕심 부리면 썩게 하셨다. 매일 수고하라는 뜻이다. 공부도 마찬가지고 성경도 마찬가지다. 매일 봐야 한다. 그러나 안식일에는 두 배로 주셔서 안식하게 하셨다.

> 이스라엘 자손의 온 회중이 엘림에서 떠나 엘림과 시내산 사이에 있는 신 광야에 이르니 애굽에서 나온 후 둘째 달 십오일이라 출 16:1
>
> 이스라엘 자손이 사십 년 동안 만나를 먹었으니 곧 가나안 땅 접경에 이르기까지 그들이 만나를 먹었더라 출 16:35

여기서, 묵상

예수님은 자신이 생명의 양식이라고 말씀하신다. 너희 조상들은 광야에서 내리는 만나를 먹고도 죽었지만 나를 먹는 자는 영원히 살리라고 하신다. 만나는 생명 되시는 예수님을 상징한다. 처음에는 하나님만 바라보면서 살라. 두 번째는 말씀을 먹고 살라. 그것도 매일 먹고 살라. 이것이 만나의 교훈이다.

르비딤-맛사, 므리바 출 17장

르비딤은 시내산 가는 길목에 있기에 르비딤이 막히면 시내산에 갈 수 없다. 나무가 있으면 샘이 있다는 증거인데, 이스라엘이 갔을 때는 턱없이 부족했던 것 같다. 구원의 감격은 잊고 불평거리만 찾고 있던 이스라엘은 르비딤의 반석에서 터져 나오는 샘물을 마셨다.

> 그가 그곳 이름을 맛사 또는 므리바라 불렀으니 이는 이스라엘 자손이 다투었음이요 또는 그들이 여호와를 시험하여 이르기를 여호와께서 우리 중에 계신가 안 계신가 하였음이더라 출 17:7

고린도전서 10:4에서 예수님은 스스로를 반석이라고 말씀하셨다. '누구든지 나를 믿으면 그 배에서 생수의 강이 흐르리라'고 말씀하셨다(요 7:37-39). 생수는 성령을 상징한다. 광야에서 물을 마시는 것은 성령의 능력을 받는 걸 의미한다. 성령의 능력을 받아야 광야 같은 삶을 이겨낼 수 있다.

/ 르비딤의 산은 바위다. 바울은 반석이 그리스도라고 하였다.

// 성령의 생수를 마셔야 광야 같은 삶을 이길 수 있다.

르비딤-여호와 닛시 출 17장

르비딤에서 이스라엘은 에돔 족속의 후예 아말렉의 습격을 받고 전쟁을 치른다. 그런데 이스라엘은 모세가 손을 들면 전쟁에서 이기고, 손을

손을 드는 행위는 기도다. 아론과 훌은 손을 잡고 중보기도를 했다. 손을 들어 승리했던 르비딤 전투는 기도로 승리한 여호와 닛시의 전투였다.

내리면 지기를 반복한다. 손을 드는 것은 항복의 표현으로 하나님께 모두 맡긴다는 의미다. 또 손을 드는 행위는 기도를 뜻한다. 이스라엘 사람들은 기도할 때 손을 든다. 아론과 훌이 양쪽에서 모세의 손을 붙들어 올리고 협력하여 기도하니 이스라엘은 아말렉과의 전쟁에서 승리했다. 아론과 훌은 중보기도를 한 것이다. 모세의 손이 들릴 때, 즉 기도할 때 승리했다.

모세가 기도한 장소에 제단을 쌓고 '여호와의 깃발'이라는 뜻으로 '여호와 닛시'라 이름 붙였다. 하나님께서 아말렉과 대대로 싸우시겠다고 선언하셨다(출 17:8, 15-16). 이 모습을 지켜본 여호수아는 나중에 손을 들어 아이 성 전쟁에서 이기게 된다.

이렇게 해서 광야 생활의 네 가지 교훈이 완성된다. 첫 번째 마라에서는 눈을 변화시켜 하나님을 바라보게 되었다. 두 번째 신 광야에서는 만나를 내려 주심으로 하나님의 말씀으로 살라는 교훈을 받았다. 세 번째 르비딤의 생수를 통해서는 성령의 이끌림을 받아 살 소망이 생겼다. 네 번째 아말렉 전투를 통해서는 기도함으로 광야 생활을 승리한다는 것을 알았다.

시내산 후보지 중에
가장 지지를 많이 받는 예벨 무사
모든 후보지의 자연환경은 이와 같이 풀 한 포기 찾아보기 힘들다.

시내산: 십계명을 받다

시내산-율법 출 20:1-17, 신 5:1-21

이렇게 3개월가량 험난한 광야 길을 걸어 이스라엘은 호렙산(=시내산)에 이르렀다. 시내산의 위치를 두고 여러 가지 설이 있지만 여기서는 가장 지지를 많이 받는 곳으로 설정하여 설명하고자 한다. 전통적인 호렙산으로 알려진 곳은 현재의 '예벨 무사'로서 모세의 장인이 속한 겐 족속이 살던 곳이다. 겐 족속은 근처 엘 카딤 구리 광산이나 엘랏 북쪽 팀나 구리 광산에서 일했다. 이스라엘 백성이 10개월가량 호렙산에 머물 때 모세를 통해 주신 율법은 이스라엘뿐만 아니라 세계를 움직이는 기본법이 되었다. 이 율법은 유대인, 기독교인, 회교도 등 유일신을 믿는 신자 모두에게 중요하다. 모세가 시내산(호렙산과 혼용하여 쓰겠다)에서 받은 율법의 항목은 여기서 다룰 문제가 아니다. 다만 그 내용이 당시 상황과 지리적인 면(광야)을 고려하여 주어졌다는 것을 기억해야 한다.

몇 가지 예를 들면, ① 하나님은 이스라엘 민족에게 죽은 고기를 먹지 말라고 하셨다. 광야의 땡볕에서 음식은 쉽게 상한다. 사체는 몇 시간이 못 되어 부식하기에 언제 죽었는지도 모르는 사체를 먹는 행위는 극히 위험하다. 하나님은 이런 법을 주심으로 부패한 음식을 먹지 못하도록 배려하셨다. ② 극한 죄를 저지른 사람은 돌로 쳐 죽이라고 하셨다. 광야가 사막이라는 말로 혼용되어 번역되는 바람에 자칫 광야를 돌 하나 없는 곳으로 이해하는 사람들이 있다. 하지만 이스라엘 주변의 광야는 돌로 덮여 있다. 그래서 돌로 쳐 죽이는 사형법이 가장 쉬웠다. 이외에 해산물에 대한 언급이 전혀 없는 것 등은 율법을 받던 상황을 잘 말해 준다.

여기서, 묵상

광야의 삶은 성도의 삶이다. 하나님은 각 지역마다 히브리어로 교훈을 요약해 주셨다. 이 삶은 성막의 구조에도 잘 나타난다. 마라의 사건은 언약궤로, 만나는 떡상으로, 성령의 상징은 촛대로, 기도의 상징은 금 향단으로 상징화되었다. 광야 같은 삶에서 우리에게 필요한 것은 하나님 중심의 삶과 말씀과 성령충만한 기도임을 알려 주심이 아닐까.

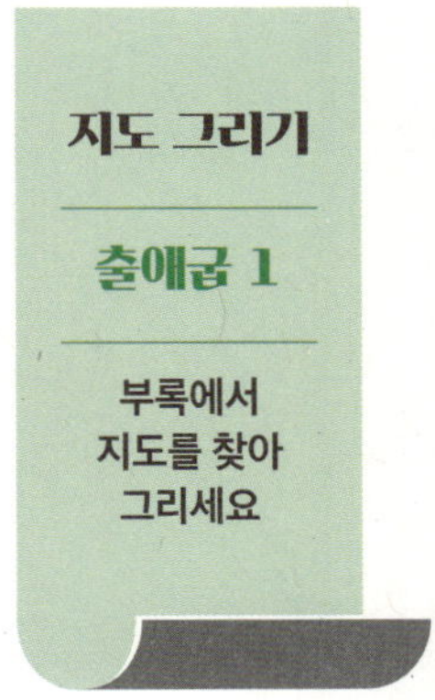

시내산의 일출 모습

시내산은 어디인가?

전통적인 시내산은 시내 반도에 있는 '예벨 무사'로 알려져 있지만 후보지는 12개가 넘는다. 어떤 사람들은 시내산이 아라비아 쪽에 있는 알 라우즈산이라고 주장한다. 그 근거는 당시 시내 반도는 애굽 땅이었으며 예벨 무사가 시내산이라는 걸 증명할 만한 흔적을 발견하지 못했기 때문이다. 그 외에도 지형적으로 적합하지 못한 몇 가지 이유를 들어 예벨 무사는 성지 순례객을 위해 급조된 성지라고 주장한다. 그리고 진짜 시내산이 아라비아 쪽에 있는 이유를 그곳이 미디안 땅이며, 사도 바울도 시내산이 아라비아에 있다고 하였기 때문이라고 한다(갈 4:25). 그들의 주장 중 일부는 인정하지만 대부분 문제가 있다. 이스라엘 학회에서는 이미 이 문제로 지리학자, 고고학자, 구약학자들이 토의를 거쳤다. 일부 학자들이 아라비아 쪽을 지지하나 대부분은 반대하고 있다. 그 이유는 다음과 같다.

지리적인 문제

가장 큰 문제는 홍해의 위치와 직결된다

1. 알 라우즈를 주장하는 이들의 주장대로라면 홍해가 370km 정도 떨어진 현재 누에바 근처가 된다. 그렇다면 출애굽한 이스라엘 백성이 3~4일 만에 이곳에 도착했다는 얘기가 된다. 광야는 군인이라도 하루에 20~30km 정도를 가는데 오합지졸과 같은 남녀노소를 데리고 하루 100km를 행군할 수 있을지가 의문이다.
2. 설령 홍해에 도착했더라도 그들이 주장하는 홍해를 건널 수 있었을까? 어디서 나온 문서인지는 몰라도 누에바 앞의 해저가 120m라고 주장하는데 이는 거짓 정보다. 구글어스라는 프로그램으로도 홍해의 수심을 알 수 있는데 가장 낮은 지점도 해저 840m가 넘는다. 그 넓이는 15km가 넘는다. 어떻게 그 많은 사람들이 이런 험한 곳을 건널 수 있었을까?
3. 바울 당시 신약시대에는 시내 반도도 아라비아라고 불렀다. BC 2세기에 헬라어로 성경을 번역한 70인경은 "고센 땅에 살게 되리이다"(창 46:34)의 '고센'을 '아라비아의 고센'이라고 번역했다. 그러므로 바울이 아라비아에 시내산이 있다고 한 말은 현재 사우디아라비아에 시내산이 있다는 말이 아니다.

고고학적 문제

1. 라우즈산 주변에서 발견된 타무딕 문자가 이스라엘의 출애굽 흔적이라고 주장한다. 그런데 타무딕 문자는 BC 4세기에서 AD 3-4세기까지 사용된 문자다(https://en.wikipedia.org/wiki/Thamudic의 Al-Jallad. The earliest stages of Arabic and its linguistic classification (Routledge Handbook of Arabic Linguistics, forthcoming)).
2. 이스라엘의 상징인 촛대(메노라)는 고고학적으로 신약시대 이전에는 발견된 적도, 형상화된 적도 없다.
3. 사진으로만 보여 주고 증거를 제시하지 않는 홍해에서 발견했다는 병거 모양은 고고학적 증거로 보면 분명히 앗수르 시대 이후의 것이다.
4. 솔로몬의 출애굽 기념 기둥이라 알려진 돌기둥은 이스라엘 고고학자들의 견해를 종합하면, 기독교가 공인된 비잔틴 시대의 것으로 보인다. 솔로몬 시대에는 돌기둥이 없었다.

이렇게 시내산의 위치로 아라비아 쪽을 주장하는 사람들은 고고학적인 면과 과학적인 면을 육안이 아닌 과학적으로 증명해야 한다. 라우즈산이 불에 탄 흔적인지, 그렇다면 그때가 언제인지를 증명해야 한다. 또한 주변 엘리야 동굴이라든지 르비딤 바위라든지 유목민의 말만 듣지 말고 정식 발굴하여 증명해야 한다. 모양만 보고 말하는 것은 어처구니없는 주장이다. 염해 지역에서 소금 기둥이 세워져 있으면 모두 롯의 아내라고 하는 것과 무엇이 다른가?

과학적 증명 없이 눈에 보이는 모양만 가지고 꿰맞추는 것은 억지다. 개인적인 신앙 경험을 객관적인 지식이라고 결정하면 안 된다. 이런 해석에서 현재 상황을 성경과 억지로 꿰맞춰 성경의 신뢰성을 떨어뜨리는 세대주의적인 성경 해석이 나오기에 주의해야 한다. 부디 시간이 걸리더라도 과학적인 증명과 발굴을 통해 주장의 진실성을 증명해 주기 바란다.

사우디아라비아의 알 라우즈산이나 시내 반도의 예벨 무사나 사실 주변 환경은 별로 다르지 않다. 모두 풀 한 포기 자라기 힘든 산이며 사람이 살기 힘들기에 은혜로 살아가야 하는 환경이다. 이런 배경을 가지고 출애굽 여정을 바라보라.

| 성막 제도와 제작 |

우리 죄를 간과하시다

성경 출애굽기 **연대** 15세기 혹은 13세기

역사적 배경 이집트 18왕조 혹은 19왕조

핵심 본문 십계명(19-24장), 성막제도(25-31장). 금송아지(32-33장), 두 번째 언약(34-35장), 성막 제작(36-40장)

지도 출애굽 1

시내산: 율법 출 19-24장

이스라엘은 1월 15일 무교절 첫날에 애굽에서 출발해 3월 1일 시내산 앞에 도착했다. 음력을 사용하는 이스라엘의 한 달은 30일이었으므로 46일 만에 시내산 앞에 도착한 것이다. 그곳에서 3일을 거룩하게 하는 예식을 행하니 49일 7주인 칠칠절이 되었다. 이후 시내산에 오른 후 모세가 율법을 받았으니 돌판을 받은 날은 출애굽 후 50일 정도 지난 때였다. 그러므로 이스라엘 전통은 출애굽 이후 오순절에 십계명을 받았다고 본다. 이때 이스라엘은 제사장 나라가 되고 거룩한 백성이 된다. 예레미야는 이 언약을 넘어 새 언약을 말한다.

> 내가 이스라엘 집과 맺을 언약은 이러하니 곧 내가 나의 법을 그들의 속에 두며 그들의 마음에 기록하여 나는 그들의 하나님이 되고 그들은 내 백성이 될 것이라 렘 31:33

이 언약의 특징은 돌판이 아닌 마음에 기록된 말씀이라는 것이다. 이

새 언약을 예수님이 성찬석상에서 언급하셨다. 그리고 예수님이 부활하신 후 50일째 되던 날 성령님은 마가의 다락방에 있던 제자들의 각 마음에 오셨다. 새 언약의 시대, 성도가 성령의 전이 되는 시대가 시작된 것이다(행 2:1).

하나님이 시내산에 임하실 때 불과 소리가 있었다. 성자 예수님이 오실 때도 영광의 빛과 천사들의 찬송이 있었다. 성령님이 오실 때도 바람 같은 소리와 각 사람 위에 임하는 불이 있었다. 하나님의 임재는 바로 이런 불과 소리로 표현되었다.

> 셋째 날 아침에 우레와 번개와 빽빽한 구름이 산 위에 있고 나팔 소리가 매우 크게 들리니 진중에 있는 모든 백성이 다 떨더라 **출 19:16**

십계명: 언약 백성에게 주신 말씀

십계명은 종에서 자유케 된 자들, 언약을 받은 백성에게 주신 말씀이다. 어떤 사람들은 돌판이 두 개인 이유는 하나님과 관계된 4가지 계명을 한 판에 쓰고, 사람들과 관계된 6가지 계명을 다른 한 판에 기록했기 때문이라고 주장한다. 그러나 고대 관습을 고려할 때 두 개의 돌판은 계약자 둘이 같은 돌판 하나씩을 가지고 서서 계약하는 장면을 연상케 한다. 현대에도 계약서를 두 개 써서 당사자들이 보관하듯 언약궤는 계약한 두 돌판을 보관하고 1년에 한 번씩 재계약하는 형식을 가진 궤라고 보는 것이 좋다.

하나님과 관계된 법에서 '안식일을 거룩하게 지키라'는 율법은 그 이유가 변화한다. 창세기 2장에서는 하나님이 창조를 마치고 쉬셨고 그날을 복 주고 거룩하게 하셨으므로 안식일을 거룩히 지키라고 한다(출 20:11). 그러나 신명기에서는 애굽 땅에서 구원한 그 일을 기억하고 안식일을 지키라고 한다(신 5:15). 안

/ 모세가 받은 돌판은 계약서와 같다. 그러므로 같은 글을 두 판에 받아 언약서가 되었다.

// **시내산 안내판**
시내산 돌로 돌판을 받았으면 이런 돌판을 사용하였을 것이다.

/

사아라임으로 추정되는 키르벳 케이야파에서 발견된 여호와를 섬기기 위해 세운 돌
두 장소는 그리 멀지 않은 18km 떨어진 장소에 위치한다.(발굴자 요시 교수 제공)

//

게셀에서 발견된 주상들
이스라엘은 1개의 주상을 세웠지만 가나안인들은 여러 개의 주상을 세웠다.

식일이 창조에서 구원으로 발전하였다. 그러므로 참된 안식일은 구원이 완성된 날이다. 그런 의미에서 사망 권세를 이기고 우리에게 영원한 안식을 주신 안식 후 첫날 초실절이자 부활절인 주일은 진정한 안식일이다(막 2:28; 눅 6:5). 오순절은 주일이다. 이날 성령님이 임하심으로 진정한 안식일은 주일로 옮겨지게 되었다.

십계명을 주신 하나님은 그에 따르는 구체적인 삶의 명령을 24장까지 말씀하신다. 이중 가나안이 섬기는 신들을 부수라고 하신다(출 23:24). 가나안 문화에서 많이 발견되는 주상들이 이스라엘 마을에서 주상으로 남아 있기는 하다. 복수에서 단수로 다듬지 않은 돌들이 이스라엘 초기 제의의 장소에서 발견되곤 한다. 이스라엘의 주상은 먼저 다듬지 않은 돌이고, 1개만을 세워 구별하였다. 물론 요단강에서 12개의 돌을 가져다 세운 적은 있다.

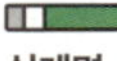

십계명
하나님이 이 모든 말씀으로 말씀하여 이르시되 나는 너를 애굽 땅, 종 되었던 집에서 인도하여 낸 네 하나님 여호와니라(출 20:1-2)

① 너는 나 외에는 다른 신들을 네게 두지 말라
② 너를 위하여 새긴 우상을 만들지 말라
③ 너는 네 하나님 여호와의 이름을 망령되게 부르지 말라
④ 안식일을 기억하여 거룩하게 지키라
⑤ 네 부모를 공경하라
⑥ 살인하지 말라
⑦ 간음하지 말라
⑧ 도둑질하지 말라
⑨ 네 이웃에 대하여 거짓 증거하지 말라
⑩ 네 이웃의 집을 탐내지 말라
(출 20:3-17)

시내산-성막 출 25-31장: 하늘 보좌를 보며 광야를 이기라 10일

출애굽기를 읽기 힘들게 만드는 부분이 성막 제도다. 11장에 걸쳐 기록된 성막 제도는 의미를 되새기기 힘들다. 이미 앞에서 보았듯이 이스라엘이 광야를 헤쳐 나오는 길에서 보여 준 교훈이 성소의 물건으로 형상화되어 있다. 뿐만 아니라 요한계시록에 보면 성막의 모습과 하나님의 보좌 주변의 모습이 흡사하다. 그러므로 성막은 광야 생활의 교훈이

자 하나님 보좌의 모습을 품고 있다. 그런 면에서 성막을 이렇게 길게 설명하는 것은 하늘 보좌를 바라보면서 광야의 삶을 이겨 내라는 하나님의 지대한 관심이 여러 물건의 자세한 묘사를 통해 나타났다고 할 수 있다. 광야 같은 세상에서는 성막 중심으로 살아야 한다. 하나님 중심으로 생각하고, 말씀과 기도 생활을 하며, 성령 충만한 삶을 사는 것이야말로 광야 생활에서는 필수라는 교훈을 준다.

성막 평면도

성막은 둘레 담장이 길이 100규빗(50m [1규빗=45.6cm]), 넓이 50규빗(25m), 높이 5규빗의 뜰이다. 입구는 동쪽이고 성막에 들어서면 번제단, 물두멍, 성소라는 장막이 차례로 위치한다. 장막에는 오른쪽으로 떡상, 왼쪽으로 촛대가 있고 다시 지성소 휘장이 보이고 그 앞에 금향로가 있다. 지성소 안에는 언약궤가 있다.

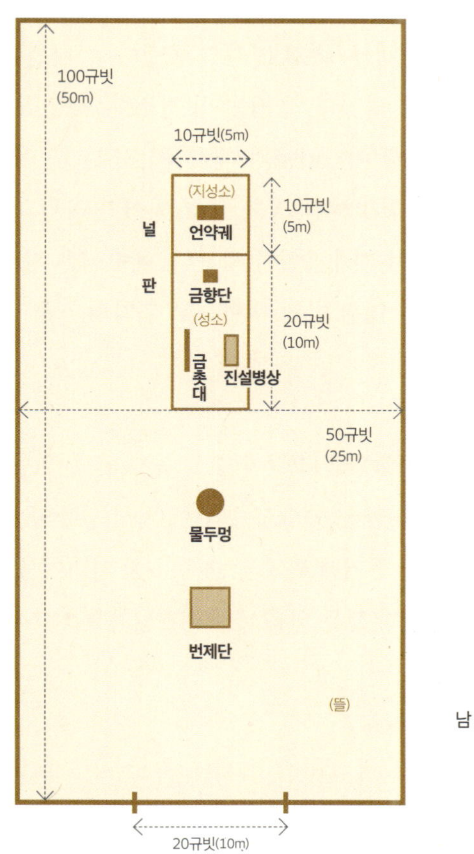

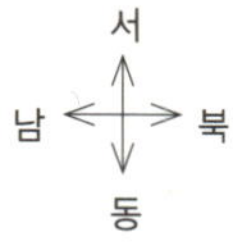

성막 평면도

: 10일

오늘 읽을 분량
성경 출 25-40
본서 144-152쪽

성경의 맥 잡기

1. 성막의 구성 요소들: 언약궤, 진설병, 촛대, 제단, 향단, 물두멍 등
2. 제사장 의복과 위임
3. 금송아지 사건과 두 번째 돌판을 받음
4. 성막 제작과 완성

신구약 연결 포인트

1. 진설병과 만나는 말씀을 의미하며 오병이어 기적과 연결(요 6:49)
2. 제사장의 기름 부음(출 29:29)과 예수님이 마리아에게 기름 부음 받음 비교
3. 성막의 요소(말씀, 기도, 성령 등)와 교회의 중요 요소 비교

묵상 가이드

1. 성막의 요소와 마라 샘(여호와 라파), 만나, 르비딤 반석(여호와 닛시), 르비딤 기도 등의 연결
2. 대제사장 되시는 예수님과 제사장의 직무를 비교

/
조각목으로도 번역된 싯딤 나무는 광야에서 건축 재료로 사용할 수 있는 유일한 나무다.

//
언약궤는 두 돌판을 보관할 뿐 아니라 덮개에서 속죄가 이루어진다.

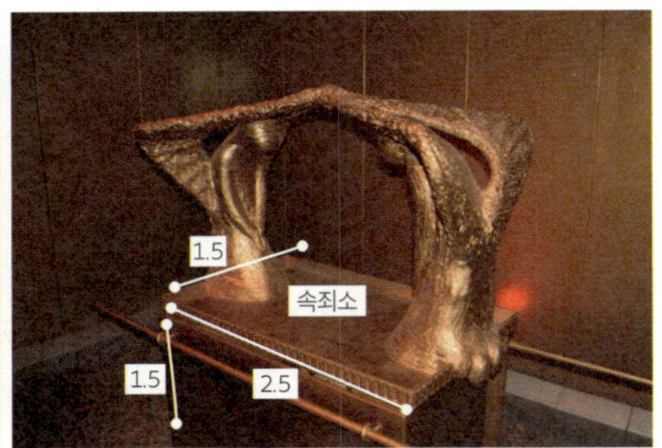

언약궤

언약궤는 조각목으로 짰다. 그 이유는 광야에는 싯딤나무라는 조각목밖에 없었기 때문이다. 하나님의 것은 거룩하지만 그렇다고 없는 것을 사용하지는 않았다. 성소 안에 있는 모든 물건은 금으로 만들었다. 이 금들은 출애굽할 때 이집트인들에게 받은 것이다. 언약궤를 만드는 이유는 증거의 두 돌판을 두기 위함이었다.

언약궤에서 중요한 곳은 언약궤의 덮개다. 그곳에 천사 둘이 날개를 펴 언약궤를 향하고 있는데 그 덮개를 '속죄소'라고 불렀다. 하나님은 그곳에서 이스라엘과 만나고 명령하리라고 하셨다. 우리는 이 장소를 '시은소', 즉 은혜의 보좌라고 부르곤 한다. 속죄일마다 이스라엘과 재계약하려 할 때 이 위에 피를 뿌린다. 그러면 천사가 출애굽 유월절처럼 피를 보고 넘어가 율법의 말씀을 지키지 못해도 우리를 간과하여 다시 재계약이 성사된다. 예수님은 자신의 피를 속죄소에 뿌림으로 단지 1년이 아닌 영원한 피 뿌림으로 우리의 죄를 간과하게 하셨다(히 9:12).

> **17** 순금으로 속죄소를 만들되 길이는 두 규빗 반, 너비는 한 규빗 반이 되게 하고 **18** 금으로 그룹 둘을 속죄소 두 끝에 쳐서 만들되 **22** 거기서 내가 너와 만나고 속죄소 위 곧 증거궤 위에 있는 두 그룹 사이에서 내가 이스라엘 자손을 위하여 네게 명령할 모든 일을 네게 이르리라 출 25:17-18, 22

떡상과 등잔대

높이 1.5규빗에 넓이 2×1규빗인 떡상에는 12개의 무교병이 진설된다(출

/
떡상은 신 광야의 만나를 형상화할 뿐 아니라 생명의 떡이 되시는 예수님을 상징한다.

//
촛대의 등불은 르비딤의 생수를 기억하게 할 뿐 아니라 성령님을 상징한다.

25:23-30). 안식일마다 이 떡은 바뀐다. 예수님은 생명의 떡으로 이 땅에 오셔서 양의 구유에 누우셨고 오병이어와 칠병이어 기적으로 자신이 생명의 떡 되심을 증명하셨다(요 6:48). 등잔은 살구꽃 형상으로 만들었다. 그러나 원어는 살구꽃이 아닌 '솨케드'라는 아몬드 꽃을 말한다(출 25:31-40). 솨케드의 어근은 '지켜보다'라는 뜻이다. 하나님께서 등불이 되어 이스라엘을 비추며 지켜보고 계심을 상징한다.

> **11** 여호와의 말씀이 또 내게 임하니라 이르시되 예레미야야 네가 무엇을 보느냐 하시매 내가 대답하되 내가 살구나무(솨케드) 가지를 보나이다 **12** 여호와께서 내게 이르시되 네가 잘 보았도다 이는 내가 내 말을 지켜(쇼케드) 그대로 이루려 함이라 하시니라 **렘 1:11-12**

요한계시록에서 일곱 촛대는 교회를 말하고 일곱 등불은 하나님의 일곱 영인 성령을 말한다(계 4:5).

성소 덮개와 셋째 하늘

성소는 하나님의 보좌를 의미한다. 그러므로 그 주변을 천사가 두르고 있다. 성소의 덮개는 총 4개다. 성막은 곱게 짠 열 폭의 휘장에 그룹(천사) 모양을 정교하게 수놓아 만드는데, 이 성막으로 성소를 덮는다(출 26:1). 이어서 염소털로 만든 휘장으로 덮고, 그 위에 붉게 물들인 숫양의 가죽으로 덮는다(출 26:7-14). 마지막으로 해달의 가죽으로 윗덮개를 삼았다. 좀 어두운 색깔인 해달의 가죽을 지나 붉은 숫양의 가죽과 염소털을 넘어야 그룹들이 있는 거룩한 장소로 들어갈

/
성소의 덮개는 총 4개이고 밖의 3개가 실질적인 덮개다. 이 안에서 하나님을 만난다는 개념이 셋째 하늘이라는 개념을 만들어 내지 않았을까.

//
성소 안에는 떡상, 촛대, 금향단과 함께 지성소에 언약궤가 있다.

수 있는 것이다. 사도 바울이 삼층천을 지나 하늘에 이르렀다(고후 12:2)고 한 것은 성막의 개념에서 유래했을 수 있다. 그렇다면 우리가 천국을 향할 때, 검은 세상의 하늘을 넘어 붉은 하늘, 예수 그리스도의 보혈을 넘어야 최종적인 하늘에 이를 것이다. 그곳에는 그룹들로 짠 천막처럼 천군천사가 우리를 맞고 그 가운데에서 하나님을 만나 뵙게 될 것이다.

성소

성소는 이동이 가능하다. 긴 널판을 가로로 이어서 만들었으며, 길이는 30규빗, 넓이는 10규빗, 높이는 10규빗이다. 성소 안에는 다시 10규빗의 정사각형 방을 만들었는데 이곳이 거룩하고 거룩한 지성소다. 지성소 안에는 언약궤를 두었으며, 대제사장만이 1년에 한 번 들어간다. 성막 제도에서 놓치지 말아야 할 것은 금향단이다. 이것은 이상하게도 물건 중 성소 밖의 놋제단을 만든 후에 만든다. 금으로 만드는데도 순서상은 놋으로 만든 제단에 뒤진다.

여기서,
묵상

기도는 위대하다

광야의 교훈을 통해 금향단은 성도의 기도라는 점을 언급했다. 언약궤와 떡상, 등잔불은 성부, 성자, 성령님을 의미한다고 할 수 있으나, 금향단은 존재가 아닌 성도의 기도가 드려지는 곳이다. 그러므로 성도의 예배와 기도가 드려지는 놋제단이 완성된 후에야 제작한다. 요한계시록 8:3에서는 천사가 제단에서 향을 받아 모든 성도의 기도와 합하여 보좌 앞 금제단에 드린다고 한다. 성부-성자-성령님이 삼각형 모양으로 배치되어 있는 가운데 금제단이 있다. 그곳에 우리의 기도가 드려진다. 이런 면에서 기도는 얼마나 위대한가!

장소	사건	요약어	의미	성막 표현
마라	쓴물이 단물로 바뀜	여호와 라파	가치관/성부	언약궤
신 광야	식량 부족으로 하늘에서 내려옴	만나	말씀/성자	떡상
르비딤 1	물 부족 시 바위에서 샘물이 남	맛사/ 르비딤	성령	촛대
르비딤 2	아말렉과 전쟁 중 모세가 손을 들면 이김	여호와 닛시	기도	향단

하나님은 이스라엘이 머물던 광야 지역마다 교훈을 주고 성막으로 형상화한 뒤 그 의미를 기억하게 하셨다.

놋제단과 물두멍

가로 세로 5규빗에 높이 3규빗인 번제단은 바비큐 틀과 흡사하다. 성도들의 예배의 주 무대인 이곳은 계단 없이 놋으로 만든다. 훗날 고라의 반역이 일어났을 때 이에 동참한 250명이 향로를 들고 대적하다 그 불에 죽자 그 향로로 이 놋제단을 덮기도 했다(민 16:39). 또 아론이 위임식을 행할 때 하나님의 불이 이곳에 떨어졌다. 그 후 이 거룩한 불씨를 금제단으로 가져가 향을 태워 드렸다. 이를 어기다가 아론의 두 아들이 죽었다.

물두멍은 제사장들이 성소에 들어가기 전 자신의 모습을 보고 씻기 위한 물품이다. 여인들이 바친 청동거울을 사용하여 만들어 거울 기능도 겸했다. 거룩한 자만이 하나님의 일을 수행할 수 있었다.

놋제단은 성도의 예배 처소이고, 물두멍은 제사장이 몸을 정결하게 하는 물품이다.

속전 반 세겔

하나님은 번제단과 금제단의 예배 의식을 말씀한 후 갑자기 인구 조사를 언급하신다. 인구 조사할 때 생명의 속전으로 각 사람이 반 세겔씩 드리라고 한다. 빈부귀천 구분 없이 모두 같은 값을 내라는 것이다. 이 명령을 어기면 질병이 생긴다고 경고하셨다. 반 세겔은 회막 봉사에 쓰

이는 재정으로 사용되었다(출 30:12-16). 이 계명을 어겨 큰 재앙을 당한 사람이 다윗이다. 다윗은 속전을 내지 않고 인구 조사를 했다가 7만 명이나 죽임을 당했다(삼하 24:15). 예수님이 호적할 때 오신 이유도 우리 생명을 대속하기 위함이었다.

/
팀나의 하토르 여신
미디안 사람들은 시내 광야 주변에 살면서 애굽의 미와 광산, 음악의 여신을 섬겼다. 이스라엘 백성이 금송아지 앞에서 노래를 부르는 모습은 아피스와 하토르의 혼합 신앙을 연상케 한다.

//
이집트 박물관의 아피스 신
양성을 가진 아피스는 나일강의 풍요를 가져오는 신이었다.

시내산 아래-금송아지 출 32장

모세가 40일간 시내산에 있을 때 출애굽한 사람들은 예전의 습관으로 돌아갔다. 금송아지를 만든 것이다. 근동에서는 금송아지가 신이 임하는 장소였으나 이집트에서는 신 자체였다. 아피스(Apis, Hapis)는 고대 이집트 멤피스 지역에서 숭배받던 소다. 황소 뿔을 한 하토르 여신은 태양신 라의 딸이며 사랑, 아름다움, 모성, 광업, 음악의 신이다. 이스라엘 백성이 금송아지를 만들고 여호와라 칭한 뒤 춤추고 노래한 것을 보면 아피스와 하토르 여신 그리고 여호와를 혼합해 신앙화한 것 같다(출 32:1-18). 이 일로 모세는 동족끼리 치는 징계를 내린다. 이 무리한 징계에 순종한 사람들이 레위인이다. 레위인은 창세기 49장에서 야곱에게 저주를 받은 지파인데 이런 헌신으로 저주에서 축복으로 향한다. 금송아지 범죄는 두 돌판을 파괴하게 만들었고, 다시 언약을 맺고 새 돌판을 받게 했다. 모세는 이 과정에서 중보자로서의 역할을 확실히 감당한다.

이스라엘 백성은 모세가 시내산에 올라간 40일을 견디지 못하고 아론에게 보이는 신을 요구했다. 이스라엘이 만든 소 형상은 애굽 문화라기보다 당시 널리 퍼져 있던 근동의 문화로 보는 것이 타당해 보인다. 당시에는 소를 신의 형상으로 생각했기 때문이다. 여로보암이 여호와를 믿으면서도 송아지 형상을 벧엘과 단에 두었던 것을 보면 짐작할 수 있다. 이스라엘의 죄를 용서해 달라고 기도하는 모세의 모습(출 32:30-32)은 로마서에 나타난 바울의 태도와 비슷하다(롬 9:3).

시내산 아래-성막 제작 봉헌 출 35-40장

성막 제작은 하나님이 보여 준 식양대로 진행되었다. 다만 이 과정에서 하나님이 주목한 사람은 브살렐과 오홀리압이다. 교회는 은사자들의 헌신을 통해 세워진다(출 36:1). 또한 39장에 기록된 제사장의 복장에 주목하라. 특이하게도 흉패를 만들어 에봇이라는 긴 조끼 모양의 옷에 붙였다. 흉패는 정사각형 천으로서 이스라엘 열두 지파의 이름을 새긴 열두 보석이 달려 있다. 흉배 안쪽에 주머니가 있어 그곳에 우림과 둠빔이라는 두 돌을 두었다. 이 돌들은 중대한 사건을 결정할 때 사용하여 판결의 흉배라고 부른다(출 28:30). 다윗은 하나님의 뜻을 물을 때 에봇을 가져와 '예, 아니오'를 물었다(삼상 23:9). 제사장의 복장에서 특별한 것 중 하나는 머리 관을 두르는 순금 패다. 순금 위에 '여호와께 성결'이라는 글을 새긴다. 제사장은 판결의 특권을 가진 사법권자다. 그러나 그들에게 가장 중요한 일 중 하나는 '여호와 앞에 성결'이었다. 우리는 왕 같은 제사장이다. 당신은 거룩한가?

> 그러나 너희는 택하신 족속이요 왕 같은 제사장들이요 거룩한 나라요 그의 소유가 된 백성이니 이는 너희를 어두운 데서 불러 내어 그의 기이한 빛에 들어가게 하신 이의 아름다운 덕을 선포하게 하려 하심이라 벧전 2:9

제사장의 청색 조끼는 에봇이고 가운데 흉배에는 우림과 둠빔을 두었다.

여기서, 묵상

모세에게 명령하신 대로

> 여호와께서 모세에게 명령하신 대로 되니라 출 16:34, 39:1, 5, 7, 21, 26, 29, 31, 32, 42, 40:19, 21, 23, 25, 27, 29, 32

'모세에게 명령하신 대로' 성막이 완성되자 여호와의 영광이 성막에 충만하였다. 그곳에 구름기둥과 불기둥이 있어 이스라엘이 행진하는 동안 그들의 눈으로 그 영광을 목도할 수 있었다(출 40:34-38). 성막이 완성되었으니 요한계시록에서 언급된 하늘 보좌의 모습과 성막을 비교해 보자.

성막은 성전으로, 성전은 교회로 변화하였다. 각 사람 가운데 머무시는 성령님과 그 성전이 모인 교회를 통해 하나님의 영광, 하늘 보좌와 천국을 바라보자.

1 이 일 후에 내가 보니 하늘에 열린 문이 있는데 내가 들은 바 처음에 내게 말하던 나팔 소리 같은 그 음성이 이르되 이리로 올라오라 이후에 마땅히 일어날 일들을 내가 네게 보이리라 하시더라
2 내가 곧 성령에 감동되었더니 보라 하늘에 보좌(언약궤)를 베풀었고 그 보좌 위에 앉으신 이가 있는데
3 앉으신 이의 모양이 벽옥과 홍보석 같고 또 무지개가 있어 보좌에 둘렸는데 그 모양이 녹보석 같더라
4 또 보좌에 둘려 이십사 보좌들이 있고 그 보좌들 위에 이십사 장로들이 흰 옷을 입고 머리에 금관을 쓰고 앉았더라
5 보좌로부터 번개와 음성과 우렛소리가 나고 보좌 앞에 켠 등불 일곱(등잔)이 있으니 이는 하나님의 일곱 영이라
6 보좌 앞에 수정과 같은 유리 바다(물두멍)가 있고 보좌 가운데와 보좌 주위에 네 생물이 있는데 앞뒤에 눈들이 가득하더라 계 4:1-6

내가 또 보니 보좌와 네 생물과 장로들 사이에 한 어린 양(떡상)이 서 있는데 일찍이 죽임을 당한 것 같더라 그에게 일곱 뿔과 일곱 눈이 있으니 이 눈들은 온 땅에 보내심을 받은 하나님의 일곱 영이더라 계 5:6

또 다른 천사가 와서 제단(놋제단) 곁에 서서 금 향로를 가지고 많은 향을 받았으니 이는 모든 성도의 기도와 합하여 보좌 앞 금 제단(분향단)에 드리고자 함이라 계 8:3

성막은 하나님의 영광이 머무는 곳이자 하늘 보좌가 땅에 펼쳐진 형태다. 요한계시록에서 성막의 모습을 볼 수 있다.

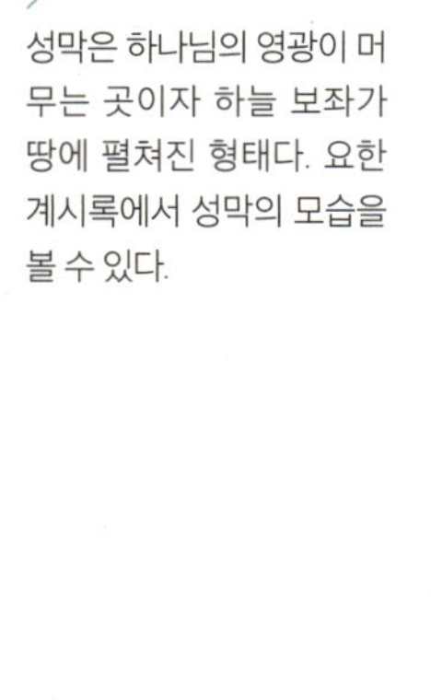

역사와 묵상

01 애굽의 10재앙 순서는 지리와 농업을 이해하면 쉽게 이해할 수 있다. 나일강이 범람하여 물이 넘친 상태에서 피 재앙이 일어났다. 이후 물에서 개구리들이 올라온다. 개구리 사체에서 이와 파리가 생긴다. 이와 파리로 동물들이 병들고 이어서 사람들이 병든다. 사람들이 병들었으나 들판은 푸르러 땅의 소망을 가지자 먼저 우박으로 그 소망을 친다. 남은 식물에 미련을 두자 메뚜기를 보낸다. 애굽의 신인 태양신을 바라보자 흑암 재앙으로 하늘을 가린다. 마지막으로 자식에게 소망을 두자 장자를 친다. 열 재앙을 이야기식으로 암기해 보라. 이 재앙은 나일강의 신들에 대한 심판이자 완악한 자들에게 주는 재앙의 예다.

02 성도의 삶이란 광야의 삶이라 할 수 있다. 광야 생활에서 필요한 생활 수칙은 무엇인가? 하나님은 이스라엘이 머물던 광야 지역마다 교훈을 주고 성막으로 형상화한 뒤 그 의미를 기억하게 하셨다. 광야 생활 중 당신이 강화해야 할 부분은 무엇인가?

장소	사건	요약어	의미	성막 표현
마라	쓴물이 단물로 바뀜	여호와 라파	가치관/성부	언약궤
신 광야	식량 부족으로 하늘에서 양식이 내려옴	만나	말씀/성자	떡상
르비딤 1	물 부족 시 바위에서 샘물이 남	맛사/르비딤	성령	촛대
르비딤 2	아말렉과 전쟁 중 모세가 손을 들면 이김	여호와 닛시	기도	향단

03 모세의 첫 이적, 광야의 첫 이적, 엘리사의 첫 이적 그리고 예수님의 첫 이적도 샘물을 변화시키는 것이었다. 샘은 히브리어로 '아인'이다. 아인은 샘 혹은 '눈'으로 번역된다. 이 단어가 왜 마라의 기적이 첫 번째로 일어났는가에 대한 영적인 의미를 부여한다. 하나님은 이스라엘이 노예근성의 쓴(마라) 눈에서 하나님을 바라보는 단 눈으로 바뀌기를 원하셨다. 예수님을 믿은 뒤 제일 먼저 바뀌어야 할 것은 우리의 눈이다. 애굽의 가치관을 버리라. 세상에 사는 우리는 지속적으로 쓴물을 만난다. 그때마다 모세가 그러했듯이 나무를 던져야 한다. 십자가 나무만이 세상의 쓴 눈을 단 눈으로 바꿀 수 있다. 십자가 나무로 세상의 쓴 물을 막고 성경의 가치관으로 새롭게 하라.

---

04 성막에서 가장 중요한 성물은 언약궤다. 이 안의 언약의 말씀과 덮개에서 이스라엘의 속죄가 이루어진다. 속죄소에 피를 뿌림으로 우리의 죄를 천사가 간과한다. 예수님은 십자가 보혈을 흘려 우리의 죄를 영원히 간과하게 하셨다. 이제 언약의 말씀은 구원의 조건이 아니라 하나님 백성으로서 마땅히 지켜야 할 자녀의 본분이 되었다. 당신은 감사함으로 하나님의 계명을 지키고 있는가? 십계명 중 마음에 가장 와 닿는 말씀은 무엇인가?

---

05 하늘의 영광 빛이 계속되고 있을 때, 모세가 하나님을 만나고 있을 때 이스라엘은 애굽 신을 섬기던 습관을 버리지 못해 금송아지를 만들어 여호와 신앙을 혼탁하게 만들었다. 현대 교회가 금송아지를 만들어 하나님을 진노하게 하는 일은 없을까? 아직도 버리지 못한 세상의 습관으로 말씀이 왜곡된 부분은 없는가?

레위기

: 11일

오늘 읽을 분량

성경 레 1-10, 시 4, 27, 40, 50, 66, 133, 141

본서 156-164쪽

성경의 맥 잡기

1. 5대 제사: 번제, 소제, 화목제, 속죄제, 속건제(배상제사)의 의미와 방법
2. 아론의 위임식과 두 아들의 죽음

신구약 연결 포인트

1. 예수님의 죽음은 속죄제, 화목제다.
2. 속건제는 배상제사로 삭개오가 약탈한 것을 4배로 갚겠다는 결단이 이에 해당한다.
3. 아론의 위임식과 시 133편의 아론의 기름과 헐몬산인 변화산에서 예수님의 별세 예언 대화 비교

묵상 가이드

1. 속죄제와 속건제의 차이는 정화제사인가 배상제사인가에 있다.
2. 동물 제사에는 콩팥(마음), 피(생명), 기름(힘)이 드려진다. 예배는 마음과 목숨과 힘을 드려야 한다.
3. 향단은 성도의 기도가 드려지는 곳이다.

개관 11일

레위기의 배경은 시내산이다. 시내 반도에 있는 시내산은 척박한 땅이다. 화강암으로 이루어진 벌거숭이산으로 광산에서 보석을 채굴했다. 시내산 근처 세라빗 엘 카딤에서 하토르 신전 등 이집트 유적이 발견되었다. 모세는 왕자 시절 이곳으로 도피했고 익숙한 이 길로 하나님은 이스라엘을 이끄셨다. 호렙산이라고도 불리는 시내산의 위치는 엘리야 이후 확실하게 전해지지 않는다. 가장 유력한 예벨 무사라 알려진 모세산은 화강암이 드러난 산지로 흙 한 줌 발견하기 힘든 돌산이다. 2285m의 모세산을 비롯해 해발 2637m의 세르발산 등 2000m가 넘는 산들이 많다.

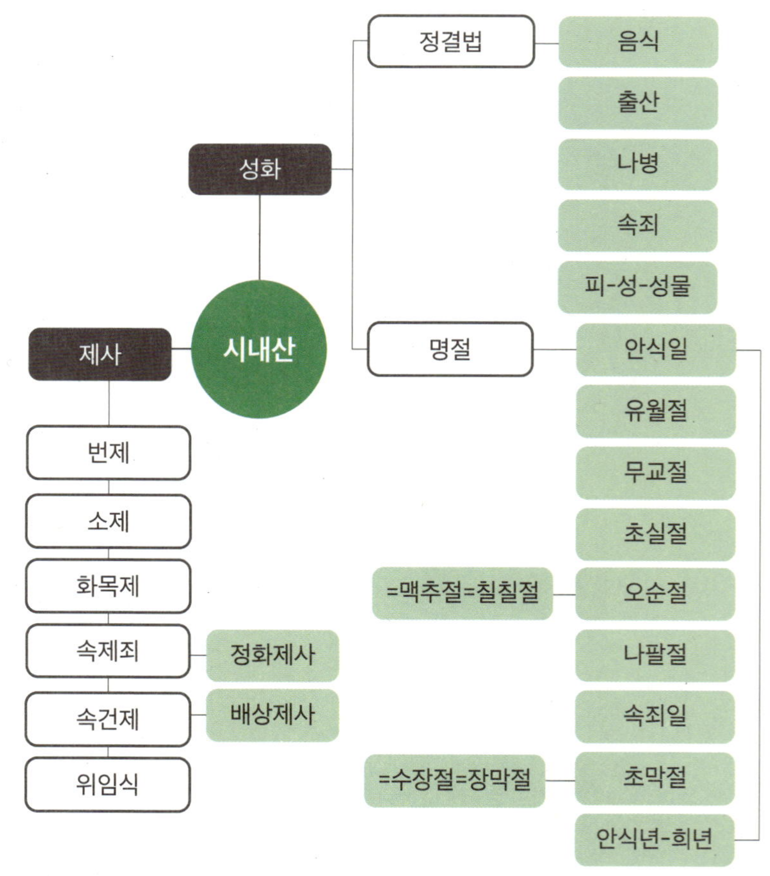

모세산(예벨 무사)에는 550년경 캐서린수도원이 세워져 모세의 떨기나무 사건을 기념한다. 산과 산 사이에는 넓은 평지가 있어 이스라엘이 머물 수 있었다. 이 산들 북쪽으로 르비딤으로 알려진 파이란(오아시스 마을) 관문이 있어 북쪽 길을 통제한다. 북동쪽으로 향하면 아카바 만이 나오며 항구로 디사합(다합)-누에바-타바(욧바다?)가 위치한다.

이스라엘이 르비딤을 거쳐 시내산에 도착한 날은 1년 3월 1일(출 19:1)이었고, 출발일은 2년 2월 20일(민 10:11)이다. 이스라엘이 시내산 아래에서 1년가량 머무는 동안 모세가 십계명과 성막제도를 받고 성막을 만들었다. 시내산 아래에서 출애굽기는 성막에 대하여, 레위기는 제사와 정결법, 도덕법, 명절, 안식년과 희년 등에 대하여 교훈하고 있다.

이스라엘은 시내산에서 외형을 완성해 가면서 내실을 채워 나갔다. 레위기에서 하나님이 주신 말씀의 큰 주제는 제사와 성화다. 즉 예배에 대한 규례와 예배자로서 어떻게 살아갈 것인가를 말씀하고 있다. 거룩한 하나님의 백성으로서 지켜야 할 법과 명절 등을 다루고 있는 것이다. 레위기는 한마디로 하나님의 백성으로서 사는 법을 말하고 있다.

하나님께 나아가는 방법 제사 / 레 1:1-10:20

하나님과의 동행 성화 / 레 11:1-27:34

/

레위기 개요

<table>
<tr><td rowspan="2">역사</td><td>연대</td><td colspan="10">**애굽 신왕조 시대**
BC 15세기설-(투트모세 3세 1479-1425)
BC 13세기설-(람세스 2세 1279-1213, 메르넵타 1213-1203)</td></tr>
<tr><td>사건</td><td colspan="10">BC 15세기설-투트모세 3세의 므깃도 전투, 투트모세 4세(1401-1391)가 스핑크스 꿈의 비석 세움.
BC 13세기설-람세스 2세 헷과 평화조약(1258), 메르넵타 비문에 이스라엘 언급.</td></tr>
<tr><td colspan="2">지리</td><td colspan="10">시내산(=호렙산)에서 11개월 20일간</td></tr>
<tr><td rowspan="2">성경</td><td>장</td><td>1</td><td>8</td><td>11</td><td>16</td><td>17</td><td>21</td><td>22</td><td>23</td><td>24</td><td>26-27</td></tr>
<tr><td>주제</td><td>5대 제사</td><td>제사장 정결</td><td>정결 율법</td><td>대속죄일</td><td>백성 윤리</td><td>제사장 윤리</td><td>성물</td><td>절기</td><td>안식년 희년</td><td>순종 서원 십일조</td></tr>
</table>

//

레위기 말씀을 주신 시내산

시내산 아래 엘-라하(Plain of er-Raha) 평원은 이스라엘이 머물기 충분한 공간이다.

| 5대 제사와 정결 예식 |

믿는 자들의 생활 매뉴얼

성경 레위기 **연대** BC 15세기(1446년) 혹은 13세기

역사적 배경 이집트 18왕조. 15세기설에 의하면 투트모세 3세의 므깃도 전투, 투트모세 4세(BC 1401-1391)가 스핑크스 꿈의 비석 세움. 13세기설에 의하면 람세스 2세의 히타이트 조약(BC 1258), 메르넵타 비문에 이스라엘 언급

핵심 본문 번제, 소제 등의 5대 제사, 정결법

람세스 2세의 히타이트 조약(BC 1258)

시내산-제사 제도: 예배를 가르치다 레 1-7장

제사는 예배다. 레위기 1-5장은 백성이 제사 드리는 방법, 6-7장은 제사장에게 제사법을 설명하고 있다. 제물은 모두 번제단에서 드려진다. 제사의 다섯 가지 방법은 예배의 요소를 이야기한다. 강조점이 다를 수 있지만 5대 제사 원리를 모두 갖춘 예배가 이상적이다. 5대 제사를 통해 추상적으로 여겨지는 예배의 원리를 배워 보자. 5대 제사 중 번제와 소제, 화목제는 자원함으로 드리고, 속죄제와 속건제는 의무적으로 드리는 제사다.

'헷(히타이트) 왕국의 수도 하투사
헷과 람세스가 평화조약을 맺고 각자 자신들이 승리했다는 기록을 남긴 것이 발견되었다.

/
번제 중 매일 드리는 제사를 상번제라 고 한다.

//
번제는 불로 모든 제물을 태워 드리는 헌신의 제사다.

번제(자원제)

번제는 살과 뼈, 기름과 피를 남김없이 다 태우는 제사를 말한다(레 1:1-9, 13). 매일(항상) 드리므로 상번제라 한다. 개인보다는 공동체가 지속적으로 드리는 예배로서 현대로 말하면 새벽기도나 공예배 같은 것이라 할 수 있다. 공동체 제사이므로 소나 양을 제물로 드린다. 사무엘이 미스바에서 번제를 드리는 장면으로 보건대 나라에 문제나 전쟁이 있을 때도 번제를 드렸음을 알 수 있다. 번제는 하나님 앞에 모든 것을 드리는 헌신을 상징하며, 하나님과 정상적인 관계를 유지하고 헌신하기 위해 드린다.

소제(자원제)

피 없이 드리는 유일한 제사로서 하나님의 은혜에 대한 감사와 충성을 표시하며, 성별된 삶을 살고 하나님의 뜻을 따르려는 제사다. 소제는 곡식을 드리는 제사로서 유향을 뿌리고 소금을 친다(레 2:1-2, 13). 소금을 뿌리는 것은 '하나님의 변하지 않는 언약'을 상징한다. 가인의 제사가 소제였다. 가인이 곡식을 드린 것이 잘못이 아니라 믿음 없는 제사가 문제였다(히 11:4).

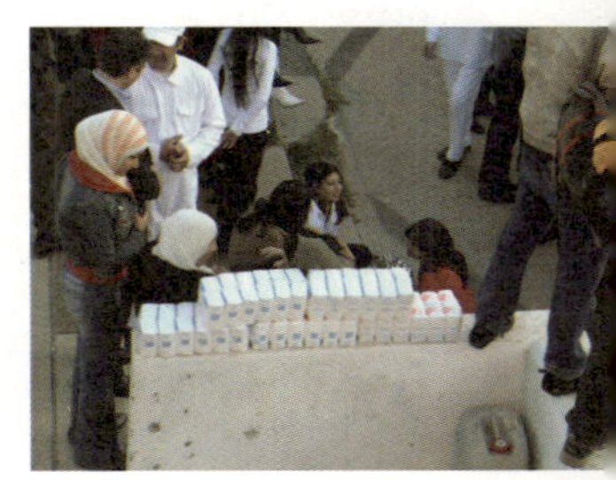

/
소제를 드릴 때는 반드시 하나님의 변하지 않는 언약을 상징하는 소금을 친다.

화목제(자원제)

하나님과 경배자 사이의 화목과 친교를 유지하기 위해 감사제로 드리며 서원제를 포함한다. 화목제는 주로 명절에 드린다. 예수님은 하나님과 우리 사이에 죄로 막혀 버린 담을 허시는 화목제물이 되셨다. 우리는 우리 죄를 위해 예수님이 죽으셨음을 강조하는데, 예수님은 하나님과

거제
'위로 올리다'라는 뜻으로 백성이 제물을 위로 올린 후에 제사장에게 주는 행위다.

요제
'흔들다'라는 뜻으로 제사장이 받은 물건을 앞뒤로 흔들어 하나님께 드린 후 제사장이 취하는 행위다.

우리의 화목을 위해서도 죽으셨다. 화목제의 하나인 유월절 의식을 보면 예수님의 십자가가 연상된다.

> 이 예수를 하나님이 그의 피로써 믿음으로 말미암는 화목제물로 세우셨으니 이는 하나님께서 길이 참으시는 중에 전에 지은 죄를 간과하심으로 자기의 의로우심을 나타내려 하심이니 롬 3:25

화목제-속죄제-속건제는 피와 함께 드리는 제사로 피, 기름, 콩팥은 반드시 하나님께 드리고 나머지는 자유롭게 요리해서 먹을 수 있다(레 3:17). 이때 오른쪽 뒷다리는 제사장에게 주어 거제로 삼아야 한다(레 7:32).

복음서에는 제사와 관련된 언급이 없는 대신 예수님의 식사 장면이 자주 나온다. 구약의 제사에서 제사드리는 시간보다 이후 함께 식사하는 시간이 더 오래 걸렸다. 쿰란 공동체는 식사를 제사와 동일시했다. 따라서 예수님의 식사는 예배였다. 이와 같은 의미에서 성찬예식을 제정하셨다. 예배의 가장 중요한 요소 중 하나는 성찬식 정신이다.

명절에 드리는 대부분의 제사는 화목제 성격을 띤다.

속죄제(의무)

속죄제와 속건제는 죄를 지은 후 드리는 제사다. 속죄제는 하나님 앞에 거짓말을 했거나 음란죄를 저지르는 등 물건을 배상할 필요가 없을 경우 드리는 정화제사다. 회중과 개인 모두 드릴 수 있으며, 부지중에 지은 모든 죄를 사함 받기 위한 제사로서 예수님의 죽으심과도 관계 있다. 속죄제는 죄를 범하면 반드시 드려야 할 제사로, 소와 양이 제물이고 가난하면 비둘기라도 잡아서 드려야 했다.

> **13** 만일 이스라엘 온 회중이 여호와의 계명 중 하나라도 부지중에 범하여 허물이 있으나 스스로 깨닫지 못하다가 **14** 그 범한 죄를 깨달으면 회중은 수송아지를 속죄제로 드릴지니 레 4:13-14

히브리서 9:12에는 예수님이 우리 죄를 속하기 위해 죽으셨다고 말한다. 죄는 원죄와 자범죄가 있다. 속죄제는 하나님과 죄인 사이를 정화시키는 제사다.

속건제(의무)

부지중에 성물이나 이웃에게 해를 가한 경우에 드리는 속건제는 큰 범주에서 속죄제에 속한다. 성경이 이처럼 물질을 강조한 것은 인간은 물질에 약해 죄를 범할 때가 많기 때문이다. 속건제는 하나님과의 관계뿐 아니라 사람과의 관계에서도 보상을 하는 제사다. 훔쳤거나 손해를 끼치는 죄를 범하면 소 한 마리에 5마리, 양 한 마리에 4마리를 보상해야 했다(출 22:1).

속건제는 배상 제사다. 소는 5배, 양은 4배로 배상해야 했다. 삭개오가 이런 제사를 드렸다.

> 누구든지 여호와의 성물에 대하여 부지중에 범죄하였으면 여호와께 속건제를 드리되 네가 지정한 가치를 따라 성소의 세겔로 몇 세겔 은에 상당한 흠 없는 숫양을 양 떼 중에서 끌어다가 속건제로 드려서 레 5:15 .

기독교인은 죄를 범한 뒤 회개하면 그것이 유괴 살인이든 뭐든 상관없다고 생각하는 경향이 있다. 맞다. 회개하면 용서받는다. 그러나 다윗이 밧세바를 범한 후 그 집안과 나라가 쑥대밭이 되었다. 엄청난 대가를 치러야 했다. 참된 예배는 하나님과의 회복뿐 아니라 사람들과의 회복을 동반한다(마 5:23-24). 죄는 회개로 끝나지만 그 대가는 철저히 치러야 하는 것이다. 말로만 끝나는 값싼 회개는 없다. 손해를 끼치면 빚진 자의 마음으로 4배를 갚아야 한다. 4배를 갚으라는 말은 그 문제를 완전히 해결하라는 의미다. 주님도 속건제는 배상의 제사가 수반되어야 함을 천명했다. 삭개오는 예수님을 만난 후 속건제 예배를 드렸다고 할 수 있다.

> 삭개오가 서서 주께 여짜오되 주여 보시옵소서 내 소유의 절반을 가난한 자들에게 주겠사오며 만일 누구의 것을 속여 빼앗은 일이 있으면 네 갑절이나 갚겠나이다 눅 19:8

제사 때 드릴 것: 피, 기름, 콩팥

구약의 제사제도가 어떠했는지는 사마리아인들이 지키는 유월절 제사를 통해서 추정해 볼 수 있다. 예루살렘 성전이 파괴된 후 유대인의 제사가 사라졌기 때문이다. 사마리아인은 유월절 제사를 지낼 때 하나님께 드려야 할 것을 구분하는데 그 세 가지는 피와 기름과 콩팥이다(레 3:10-11, 14-17, 7:27).

이스라엘 5대 제사

자원제

1. 번제
하나님과 정상적인 관계 유지 / 하나님께 자신을 헌신하기 위해 드림.

2. 소제
하나님께 충성과 감사 표시 / 성별된 삶을 살고 하나님 뜻을 따르려 드림.

3. 화목제
하나님과 경배자 사이의 화목과 친교를 유지하기 위해 드림. 감사제, 서원제.

의무제

4. 속죄제=정화제사
부지중에 지은 모든 죄를 사함 받기 위해 드림.

5. 속건제=배상제사
부지중에 성물이나 이웃에게 해를 가한 경우 드림(출 20:3-17).

콩팥은 왜 드리는 걸까? 피를 걸러 내는 신장은 태아가 잉태되어 심장만큼이나 일찍 형성되는 내장 기관이다. 유대인들은 마음이 내장에 있다고 생각했는데, 그 내장의 중심에 있는 콩팥이 '마음'을 의미한다고 보았다. 하박국서 3:16을 보면 "내가 들었으므로 내 창자가 흔들렸고 그 목소리로 말미암아 내 입술이 떨렸도다"라고 하였다. 이는 마음의 떨리는 상황을 창자라는 말로 표현한 것이다.

제단 앞에 부어 하나님께 드리는 피는 생명을 상징한다(레 17:11). 예수님의 보혈의 피로 우리가 죄 사함을 얻고 생명을 얻었다(엡 1:7).

기름은 힘을 상징한다. 기름 부음 받은 자(=메시아, 그리스도)가 제사장-선지자-왕권을 가지는 것도 같은 맥락이다.

이렇게 세 가지를 하나님께 드리고 나면 나머지 살코기 등은 제사장과 백성이 나누어 먹었다. 번제 외의 제사에서는 제단에 콩팥과 피가 타오르고 기름을 붓는다.

여기서,
묵상

피, 기름, 콩팥

이 세 가지를 신명기와 연관해서 생각하면 의미가 깊다. 이 구절에 제사의 3대 중요 요소가 들어 있다.

> 너는 마음을 다하고 뜻(=생명, 네페쉬)을 다하고 힘을 다하여 네 하나님 여호와를 사랑하라 신 6:5

마음은 콩팥이고, 뜻(네페쉬)은 생명, 즉 피에 해당하며, 힘은 기름과 관련 있다. 마음을 다하고 뜻을 다하고 힘을 다하라는 말씀은 콩팥-피-기름을 바치면서 전심으로 하나님을 사랑하는 예배를 드리라는 뜻이다. 예배에 목숨을 걸라는 구호보다 더 강력한 말씀이다. 에베소 교회가 잃어버린 첫사랑은 이런 마음으로 행동하고 수고하며 인내하는 첫 마음을 잃었음을 경고한 것이 아닐까?

성막-위임식: 제사장으로 세워지다 레 9-10장

기름 부음 받은 아론
그는 최초의 메시아다.

아론과 그 아들들은 제사장 위임식을 하기 전에 복장 착용과 함께 기름 부음을 받았다. 출애굽기에서 제사장 복장을 언급했으므로 여기서는 기름 부음에 초점을 맞추자.

> 10 모세가 관유를 가져다가 성막과 그 안에 있는 모든 것에 발라 거룩하게 하
> 고 11 제단에 일곱 번 뿌리고 또 그 제단과 그 모든 기구와 물두멍과 그 받침
> 에 발라 거룩하게 하고 12 또 관유를 아론의 머리에 붓고 그에게 발라 거룩하
> 게 하고 레 8:10-12

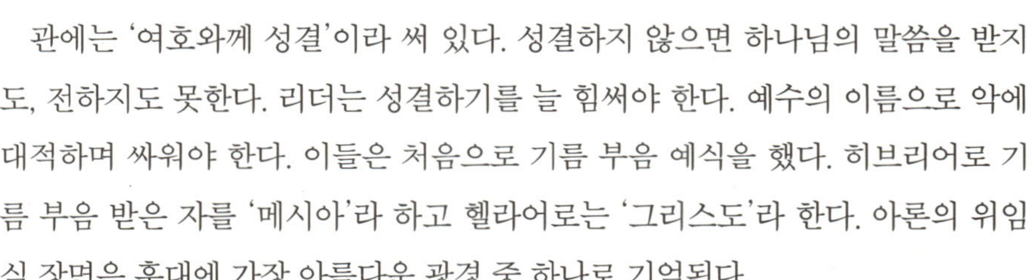

관에는 '여호와께 성결'이라 써 있다. 성결하지 않으면 하나님의 말씀을 받지도, 전하지도 못한다. 리더는 성결하기를 늘 힘써야 한다. 예수의 이름으로 악에 대적하며 싸워야 한다. 이들은 처음으로 기름 부음 예식을 했다. 히브리어로 기름 부음 받은 자를 '메시아'라 하고 헬라어로는 '그리스도'라 한다. 아론의 위임식 장면은 후대에 가장 아름다운 광경 중 하나로 기억된다.

> 1 보라 형제가 연합하여 동거함이 어찌 그리 선하고 아름다운고 2 머리에 있
> 는 보배로운 기름이 수염 곧 아론의 수염에 흘러서 그의 옷깃까지 내림 같고
> 3 헐몬의 이슬이 시온의 산들에 내림 같도다 거기서 여호와께서 복을 명령하
> 셨나니 곧 영생이로다 시 133:1-3

이 위임식은 여호와의 축복이며, 영생이다. 예수님은 변화산으로 추정되는 헐몬에서 영광의 모습으로 변화되신 후 모세와 엘리야와 함께 별세에 대한 일을 말씀하시고 십자가의 길, 즉 헐몬에서 시온에 이르는 길에 오르신다. 그리고 예루살렘에 이르렀을 때 베다니의 마리아에게 기름 부음을 받는다.

제사장 위임식에도 피, 즉 생명으로 속죄하는 제사가 필요하다. 위임식 때 하나님은 아론이 예배하려는 번제단에 불을 내리시고 그 불씨를 영원히 보존하라 하셨다. 매일 상번제를 드려 이 거룩한 불씨를 유지해야 한다. 성소 안 분향단에서 피우는 향도 번제단에서 받았던 불로 태워 드려야 했다.

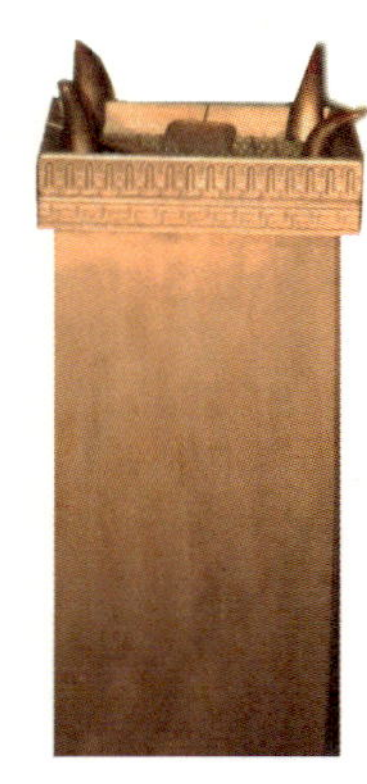

거룩한 불을 담아 금향단에 드려야 한다. 이를 범하여 아론의 장남과 차남이 죽었다.

> 14 모세가 또 속죄제의 수송아지를 끌어오니 아론과 그의 아들들이 그 속죄
> 제의 수송아지 머리에 안수하매 15 모세가 잡고 그 피를 가져다가 손가락으
> 로 그 피를 제단의 네 귀퉁이 뿔에 발라 제단을 깨끗하게 하고 그 피는 제단
> 밑에 쏟아 제단을 속하여 거룩하게 하고 레 8:14-15
> 23 모세와 아론이 회막에 들어갔다가 나와서 백성에게 축복하매 여호와의 영
> 광이 온 백성에게 나타나며 24 불이 여호와 앞에서 나와 제단 위의 번제물과
> 기름을 사른지라 온 백성이 이를 보고 소리 지르며 엎드렸더라 레 9:23-24

요한계시록 8장에서 '번제단에서 드린 성도의 기도와 향내를 성소 안에 있는 금 제단 위에 붓더라'는 내용이 있는 것으로 보아 번제단에서 드리는 기도, 즉 예배의 기도가 하나님의 보좌 앞 금으로 된 분향단 위에 부어진다. 번제단은 성도의 예배와 같다. 제사장이 성도의 기도를 금 제단에 붓는다. 나답과 아비후가 다른 불을 가지고 나갔다가 죽는 장면은 하나님의 불, 성령으로만 예배해야 함을 말씀하는 것 같다.

> 1 아론의 아들 나답과 아비후가 각기 향로를 가져다가 여호와께서 명령하시
> 지 아니하신 다른 불을 담아 여호와 앞에 분향하였더니 2 불이 여호와 앞에서
> 나와 그들을 삼키매 그들이 여호와 앞에서 죽은지라 레 10:1-2

대제사장 후보였던 나답과 아비후의 죽음은 어떻게 보면 허무하다. 그러나 이어서 주시는 말씀에 제사장이 독주를 마시지 말라는 말씀이 기록된 걸 참고하면 두 명은 술을 마시고 취하여 거룩한 불씨를 사용하지 않다가 화를 당한 듯하다. 주님은 제사장들이 회막에 들어갈 때 포도주나 독주를 마시지 말라고 하셨다(레 10:8-10).

분향단 자리는 하나님과 직접 대면하는 극도로 거룩한 자리다. 여기서 웃시야 왕이 월권을 하려다 나병이 들었고, 세례 요한의 아버지 사가랴는 천사의 말을 의심하다가 벙어리가 되었다.

시내산 아래-정결법 레 11-25장 12일

음식-코셔(음식 규례)

유대인을 유대인이 되게 하는 두 가지 요소가 있다면 안식일과 음식 규례다. '코셔'라 알려진 음식 규례는 지금도 종교인이 철저히 지키는 의식이다. 이스라엘의 호텔과 음식점에선 코셔 마크가 찍힌 음식만 팔 수 있다. 이는 레위기 말씀에 근거한다. 먹을 수 있는 정결한 동물은 되새김질하는 반추 동물로 발굽이 갈라져야 한다. 돼지는 발굽이 갈라졌으나 되새김질하지 않기 때문에 부정한 동물이다. 잡식 동물을 먹지 말라는 것이다.

> 모든 짐승 중 굽이 갈라져 쪽발이 되고 새김질하는 것은 너희가 먹되 레 11:3

낙타는 되새김질하지만 굽이 갈라지지 않았다. 엘리야와 세례 요한은 낙타 털옷을 입었는데 이는 부정한 짐승의 털옷을 입은 것으로 이로써 그들의 의복이 매우 조악한 것이었음을 알 수 있다. 새는 초식성만 먹을 수 있고, 곤충은 뒷다리로 뛸 수 있는 것을 먹을 수 있으며, 물고기는 비늘과 지느러미가 있어야 먹을 수 있다(레 11:9).

출산-여인의 정결 기간

성경은 해산한 여인에 대한 규례도 말씀하고 있다. 해산한 여인은 정결예식 기간에 산후조리를 할 수 있었다. 마리아의 예루살렘 방문을 이해하기 위해서라도 해산 후 정결 기간을 계산할 수 있어야 한다(눅 2장).

> 2 이스라엘 자손에게 말하여 이르라 여인이 임신하여 남자를 낳으면
> 그는 이레 동안 부정하리니 곧 월경할 때와 같이 부정할 것이며 3 여
> 덟째 날에는 그 아이의 포피를 벨 것이요 4 그 여인은 아직도 삼십삼
> 일을 지내야 산혈이 깨끗하리니 정결하게 되는 기한이 차기 전에는
> 성물을 만지지도 말며 성소에 들어가지도 말 것이며 5 여자를 낳으

: 12일

오늘 읽을 분량

성경 레 11-22, 시 30, 71, 89, 96

본서 165-167쪽

성경의 맥 잡기

1. 정결한 동물(짐승, 새, 물고기, 곤충 등)과 부정한 동물
2. 산모의 정결 기간과 나병환자, 유출병 처리
3. 대속죄일과 제사장의 정결법

신구약 연결 포인트

1. 예수님의 어머니 마리아의 정결 기간(눅 2:22)
2. 대속죄일에 두 염소 드리는 예식과 예수님의 죽음 방법인 영문 밖, 성소 휘장 찢어짐 관계

묵상 가이드

1. 나병은 죄와 닮았다. 죄를 어떻게 처리하는지 눈여겨보라.
2. 아사셀 염소와 지성소에 들어가는 염소 피 사건을 예수님의 이중 죽음과 연관시키며 읽으라.

좋은 물고기는?
좋은 것(비늘-지느러미 있는 것)은 그릇에 담고 못된 것(비늘-지느러미 없는 것)은 내버리느니라(마 13:48, 참고 레 11:9-12)

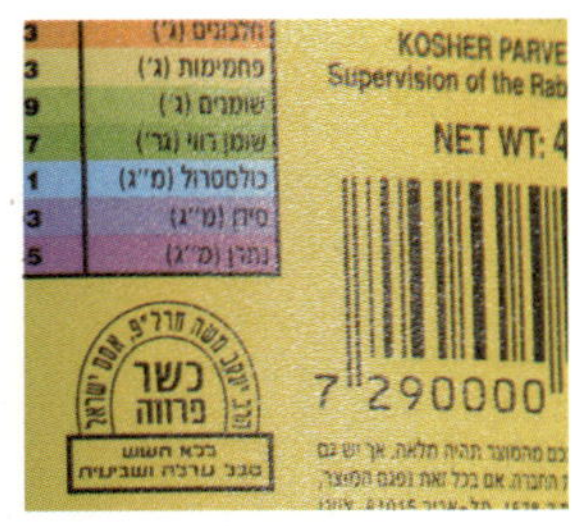

코셔 마크로 정결 음식을 구분하여 음식법을 지키고 있다.

해산한 여인은 남자는 40일, 여자는 80일이 지나서야 정결해졌다.

> 면 그는 두 이레 동안 부정하리니 월경할 때와 같을 것이며 산혈이 깨끗하게 됨은 육십육 일을 지내야 하리라 레 12:2-5

남자아이는 산후 조리 기간이 40일이다. 따라서 마리아가 정결 기간 동안 베들레헴에 머물렀다는 것은, 그가 40일 이상 베들레헴에 있었다는 말이다. 그러므로 동방박사의 예방은 최소한 40일 이후가 된다.

> 모세의 법대로 정결예식의 날이 차매 아기를 데리고 예루살렘에 올라가니 눅 2:22

여자아이는 남아의 두 배인 80일이 지나야 정결해졌다. "두 이레 동안"에서 '두'는 숫자 2를 말한다. 남존여비 사상이 강한 이스라엘에서 딸 낳은 여인의 스트레스를 고려한 풍습일까? 현대 이스라엘은 남녀를 안 가리고 40일간 산후 조리한다.

부정한 병들-나병, 유출병

성경에는 나병이 많이 언급된다. 이스라엘인은 속이 습한 사람이 많다. 속이 습하면 피부병이 많이 난다. 대신 더위에 강하다. 이런 사람들이 많이 걸리는 게 나병이다. 나병이란 문둥병 외에도 모든 피부병을 포함한다. 나병의 특징은 죄의 속성과 비슷하다. 사람에게 조용히 들어와서 지체를 잘라 내며 몸을 천천히 망가뜨리는 것이다.

> **2** 만일 사람이 그의 피부에 무엇이 돋거나 뾰루지가 나거나 색점이 생겨서 그의 피부에 나병 같은 것이 생기거든 그를 곧 제사장 아론에게나 그의 아들 중 한 제사장에게로 데리고 갈 것이요 **3** 제사장은 그 피부의 병을 진찰할지니 환부의 털이 희어졌고 환부가 피부보다 우묵하여졌으면 이는 나병의 환부라 제사장이 그를 진찰하여 그를 부정하다 할 것이요 **45** 나병 환자는 옷을 찢고 머리를 풀며 윗입술을 가리고 외치기를 부정하다 부정하다 할 것이요 레 13:2-3, 45

나병 환자는 사람들과 격리되어 생활해야 했는데 이는 하나님의 백성은 죄와 철저히 격리되어 거룩함을 유지해야 했기 때문이다.

> 너는 이스라엘 자손의 온 회중에게 말하여 이르라 너희는 거룩하라 이는 나 여호와 너희 하나님이 거룩함이니라 레 19:2

신약시대에 혈루증을 앓은 여자 이야기가 나오는데, 혈루증은 곧 유출병을 의미하는 듯하다. 유출병은 환자가 눕는 침상과 앉은 자리, 그리고 환자와 접촉한 사람들을 부정하게 만든다(레 15:2-5). 구약에서는 부정한 자와 접촉한 사람도 부정하게 되었지만, 예수님의 십자가 사건 이후로 생명의 주가 되신 예수님께 접촉하는 자들은 부정에서 정결로 나아가게 된다. 열두 해 동안 혈루증을 앓던 여인은 예수님의 옷자락을 잡음으로 병이 나았다. 예수님의 옷자락은 여호와의 말씀을 상징하는 옷술로 이해할 수 있다. 여인이 예수님의 말씀을 붙들므로 부정에서 거룩으로 나아간 것이다(막 5:25-29). 이렇듯 예수님의 사랑은 사람을 정결하게 만든다.

> 원수를 갚지 말며 동포를 원망하지 말며 네 이웃 사랑하기를 네 자신과 같이 사랑하라 나는 여호와이니라 레 19:18

나병은 모든 피부병을 말하며 걸리면 나을 때까지 격리처분 받았다. 나병은 죄의 속성을 닮았다.

| 7대 명절 |

신앙을 새롭게, 삶을 새롭게

성경 레위기 **연대** BC 15세기(1446년) 혹은 13세기

역사적 배경 이집트 18왕조 혹은 19왕조

핵심 본문 시내산 율법 수여, 성막 제작, 아론의 위임식과 두 아들 죽음

: 13일

오늘 읽을 분량

성경 레 23-27, 민 1-9, 시 104, 118

본서 168-194쪽

성경의 맥 잡기

1. 성경의 7대 절기: 유월절-무교절-초실절, 오순절, 나팔절-속죄일-초막절
2. 출애굽 인원 계수와 지파별 진영, 맡은 일

신구약 연결 포인트

1. 예수님은 유월절에 죽으시고 무교절에 무덤에 계시다 초실절에 부활하셨다.
2. 예수님이 오신 목적은 희년(은혜의 해)를 위하여 오심(눅 4:19)
3. 세례 요한은 나실인으로 옴

묵상 가이드

1. 성경의 명절은 신앙인의 1년 사이클이며, 안식년과 희년의 해방은 예수님의 사역과 연관된다.
2. 날 때부터 나실인인 삼손과 세례 요한을 비교하면서 나실인법을 읽으라.

성경의 명절 개관 13일

성경을 읽을 때 신구약 사건의 배경인 이스라엘의 명절을 이해하는 것이 도움이 된다. 이스라엘의 남자들은 매년 세 번 이상 예루살렘을 방문했는데, 3대 명절인 유월절과 오순절, 초막절에 방문했다. 명절은 농업, 종교와 관련이 깊다. 명절은 환절기와 농산물 수확기에 집중되어 있으며, 수전절과 부림절 외에는 모세오경에서 하나님이 직접 명령한 절기다.

1. 유대의 명절은 음력을 사용한다.

이스라엘의 음력은 우리보다 1개월 빠르다. 예를 들면, 초막절은 추석에 해당하는데 유대력 7월 15일이다. 다만 윤달이 있을 때 우리는 앞에 있는 달을, 이스라엘은 뒤에 있는 달을 사용한다.[1]

2. 유월절과 오순절, 초막절이 3대 명절이다.

■

1 엄밀하게 따지자면 매우 복잡하고 우리와 맞지 않는 점도 많지만 여기서는 일반적인 것을 다루었다.

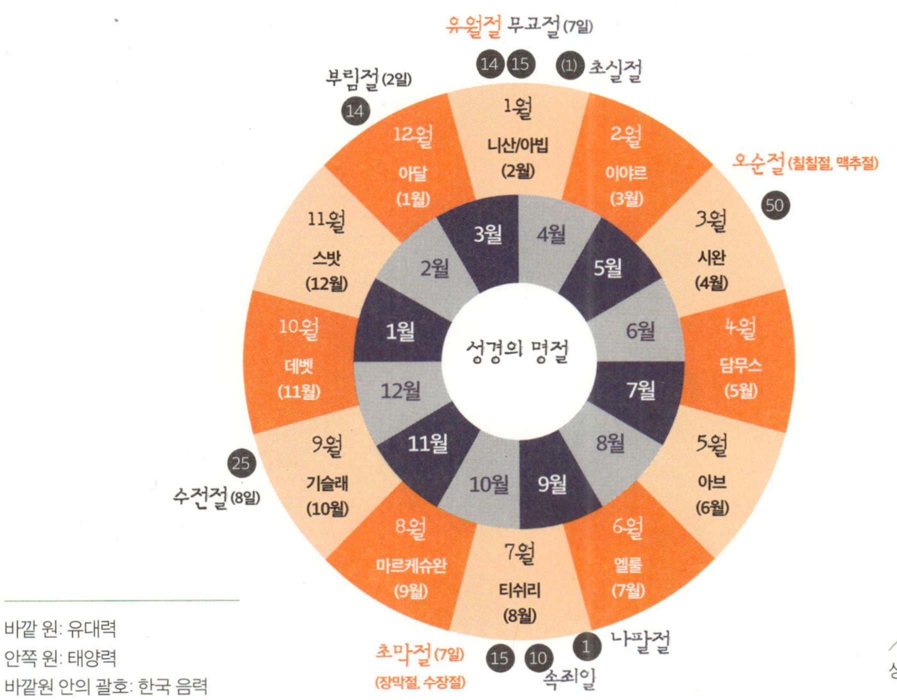

바깥 원: 유대력
안쪽 원: 태양력
바깥원 안의 괄호: 한국 음력

성경의 명절과 신약의 명절 관계

유월절은 무교절과 초실절, 오순절로 이어지고, 초막절은 나팔절과 속죄일로 연결된다. 이 모든 명절을 합치면 7대 명절이 된다. 부림절과 수전절은 이스라엘의 역사 중에 만들어진 명절로 모두 겨울에 있다.

3. 이스라엘의 명절, 유월절-오순절-초막절은 우리나라의 설-단오-추석과 비슷하다. 특히 초막절과 추석은 음력으로 동일한 날이다.

4. 각 명절은 구원 사역에서 중요하다. 예수님은 유월절에 죽으신 뒤 무교절에 무덤에 계시고 초실절에 부활하셨다. 그리고 모세가 율법을 받은 오순절에 성령님이 임하셨다. 나팔은 새해를 알린다. 초막절은 최후 심판과 관련이 있다. 유대인이 초막에서 결혼하는 것은 마지막 혼인 잔치, 즉 천국 잔치를 상징한다.

5. 기독교에서는 성취된 명절을 지킨다. 유월절 기간은 예수님의 고난 주간과 부활 주일로, 오순절은 성령 강림절과 맥추절로, 초막절은 추수감사절로

지킨다.

6. 명절에 대한 자세한 설명은 출애굽기 23장과 레위기 23장에 언급되어 있다.

14 너는 매년 세 번 내게 절기를 지킬지니라
15 너는 무교병의 절기(유월절, 초실절)를 지키라 내가 네게 명령한 대로 아빕월의
정한 때에 이레 동안 무교병을 먹을지니 이는 그 달에 네가 애굽에서 나왔
음이라 빈 손으로 내 앞에 나오지 말지니라
16 맥추절(칠칠절, 오순절)을 지키라 이는 네가 수고하여 밭에 뿌린 것의 첫 열매
를 거둠이니라
수장절(초막절)을 지키라 이는 네가 수고하여 이룬 것을 연말에 밭에서부터
거두어 저장함이니라 출 23:14-16

시내산 아래-명절: 하나님이 직접 명령하신 절기 레 23장

유월절-1월 14일: 예수의 피로 죄를 씻다

첫째 달 열나흗날 저녁은 여호와의 유월절이요 레 23:5

의미

이집트에서 해방되어 나온 날을 기념하여 하나님이 처음으로 제정하신 절기로 구원의 날이다. 농업적으로는 첫 수확이 시작되는 시기이기도 하다. 한국 날짜로 음력 2월 14일이다. '넘어간다'(pass over)는 뜻을 가진 유월절에 어린 양의 피가 문설주에 발린 집은 구원받았듯이 어린양 예수님의 피로 죄 씻음 받은 사람은 하나님이 죄를 간과하여 구원하신다. 사마리아인은 현재도 유월절 제사를 지키고 있다.

절차

유월절 시작 알림 - 순례길 준비(부정한 접촉을 피하기 위해 무덤을 표시하는 회칠

하기) - 정결하게 하는 물을 몸에 뿌림 - 실로암 물로 정결한 예물과 그릇 마련 - 정결한 빵 준비 - 성전세로 반 세겔 드림 - 예루살렘 입성 - 예루살렘에서의 환영 - 순례자를 위한 빈방 표시 - 무교병 먹기 시작 - 유월절 양 잡기와 제사 - 유월절 식사(세데르라고 부름)

사마리아인의 유월절 제물로 온 양

언급하였듯이 유월절 제사는 오늘날 사마리아인들이 그리심산에서 드리는 제사를 통해 유추해 볼 수 있다. 사마리아인들의 유월절 예식은 다음과 같은 순서로 이루어진다. 이 순서에서 양을 잡아 나무에 꿰는 모습과 그 양을 불구덩이에 넣는 장면은 예수님의 십자가와 죽음을 연상시킨다.

① 기도 ② 도살 ③ 해방의 함성 ④ 피칠 ⑤ 화해 ⑥ 피 흘림 ⑦ 박피 ⑧ 소금치기 ⑨ 기름 제거 ⑩ 내장 씻기 ⑪ 우측 다리 제사장에게 주기 ⑫ 양을 나무에 담 ⑬ 불구덩이에 양을 넣음 ⑭ 불구덩이에서 고기를 익힘 ⑮ 해뜨기 전까지 유월절 식사를 함.

① 기도 ② 도살 ③ 함성
⑦ 박피 ⑧ 소금치기 ⑨ 기름 제거
⑪ 우측 다리 주기 ⑫ 나무에 달기 ⑬ 불에 넣고 굽기

성취

이스라엘이 유월절 양의 피로 구원받았듯이 신자는 예수님의 피로 구원받는다. 예수님은 어린 양으로 이 땅에 오셔서 유월절에 고난받고 죽으셨다. 이를 기념해 오늘날 기독교인은 고난 주간을 지킨다. 유월절 제사가 화목제인 것처럼 주님은 우리의 화목제물로 죽으셨다. 유월절 식사는 예수님 안에서 성취되어 성찬식으로 이어진다. 세데르라 불리는 유월절 식사에 대한 자세한 이해는 예수님의 최후의 만찬 과정을 이해하는 데 도움이 된다.

> 우리의 유월절 양 곧 그리스도께서 희생되셨느니라 고전 5:7
>
> 이 예수를 하나님이 그의 피로써 믿음으로 말미암는 화목제물로 세우셨으니 이는 하나님께서 길이 참으시는 중에 전에 지은 죄를 간과하심으로 자기의 의로우심을 나타내려 하심이니 롬 3:25

무교절-1월 15일: 하나님 백성으로 나오다

의미

유대력 니산월(음력 1월) 14일 유월절 이후 한 주간 내내 누룩이 없는 빵인 무교병을 먹는다. 이스라엘이 유월절 어린 양의 공로로 거룩하게 되어 하나님의 백성으로 나옴을 기념하는 날이다.

> 이 달 열닷새날은 여호와의 무교절이니 이레 동안 너희는 무교병을 먹을 것이요 레 23:6

무교절에 먹는 마짜라 부르는 '무교병'은 누룩이 없다.

성취

예수님이 무덤에 계신 날이다. 누룩 없는 떡을 먹던 무교절에 예수님은 죄의 누룩을 지옥에 던져 버리셨다.

> 그가 또한 영으로 가서 옥에 있는 영들에게 선포하시니라 벧전 3:19
>
> 너희는 누룩 없는 자인데 새 덩어리가 되기 위하여 묵은 누룩을 내버리라 우리의 유월절 양 곧 그리스도께서 희생되셨느니라 고전 5:7

초실절-1월 15~21일 중 안식일 다음 날: 예수 부활하신 날

의미

출애굽기에서는 초실절을 칠칠절인 오순절과 동일시한다(출 34:22). 그러나 레위기에서는 초실절을 무교절 기간 안식일 후 첫날이라고 분명히 하였다. 이후 7번의 안식일 뒤에 오순절(칠칠절)을 지키라고 한다. 초실절은 무교절 기간 안식일 다음 날 요일로 지킨다.

> 10 이스라엘 자손에게 말하여 이르라 너희는 내가 너희에게 주는 땅
> 에 들어가서 너희의 곡물을 거둘 때에 너희의 곡물의 첫 이삭 한 단
> 을 제사장에게로 가져갈 것이요 11 제사장은 너희를 위하여 그 단을
> 여호와 앞에 기쁘게 받으심이 되도록 흔들되 안식일 이튿날에 흔들
> 것이며 15 안식일 이튿날 곧 너희가 요제로 곡식단을 가져온 날부터
> 세어서 일곱 안식일의 수효를 채우고 16 일곱 안식일 이튿날까지 합
> 하여 오십 일을 계수하여 새 소제를 여호와께 드리되 레 23:10-11, 15-16

초실절에는 곡식을 첫 번째 수확하여 한 단을 드리고 50일 동안 이 예식을 계속한다.

그런데 한 가지 문제는 '안식일 이튿날'의 안식일이 무교절 첫날인지 7일 절기 가운데 들어 있는 안식일인지 분명하지가 않다는 것이다. 현대 이스라엘은 무교절 첫날을 안식일로 해석하고 그다음 날을 초실절로 지킨다. 기독교인은 무교절 내에 들어 있는 안식 후 첫날을 초실절로 기준하여 주일과 부활절을 지킨다. 안식일 다음 날은 주일이다. 그러므로 초실절도 주일이고 오순절도 주일이다. 초실절을 요일로 지키기 때문에 오순절도 요일 기준이 된다.

성취

초실절이 중요한 이유는 예수님이 부활한 날이기 때문이다. 기독교인은 안식 후 첫날, 즉 '주일'을 부활절로 지킨다. 주일에 부활절을 지키는 것은 곧 레위기에 따른 것이라고 할 수 있다. 초실절, 즉 첫 열매를 거두는 절기에 예수님이 부활하셔서 잠자는 자들의 첫 열매가 되셨다.

> 그러나 이제 그리스도께서 죽은 자 가운데서 다시 살아나사 잠자는 자들의

첫 열매가 되셨도다 고전 15:20

맥추절(칠칠절, 오순절)-초실절 후 50일째 되는 날: 성령님이 임하신 날

의미

오순절은 초실절과 연결되어 있다. 초실절부터 밭에서 매일 곡식 한 단씩 베어 하나님께 드리다가 7주 후 50일째 되는 날 이 예식을 마무리한다. 초실절을 고정된 안식일로 계산하면 오순절이 유대력 시반월(3월) 6일이다. 그러나 초실절을 레위기처럼 해석하면 오순절은 고정되지 않는다. 여하튼 무교절 기간 안식 후 첫날부터 7주를 세어 49일 뒤 50일째에 지키는 절기이므로 칠칠절 또는 오순절이다. 우기인 겨울 동안 농사지은 보리를 수확하는 시기여서 맥추절이라고도 한다. 이날 모세가 율법을 받았을 것이라 추정된다(참고 출 19:1-19).

절차

첫 열매를 거둠 - 순례길에 오름 - 노숙하며 순례 - 은뿔과 금뿔을 제물의 뿔에 씌워 가져감 - 예루살렘 입성 찬양 - 초실절 예배 - 두 떡을 요제로 드림

성취

초실절부터 계속되어 온 곡식 드림은 예수님의 부활이 오순절 성령 강림과 연관 있음을 암시한다. 첫 열매로 오신 예수님 이후 사도들의 지속적인 기도는 큰 열매를 거두는 오순절로 절정을 이루며 마무리된다. 유월절의 완성이 오순절이고, 예수님 사역의 완성은 약속하신 성령의 강림이라고 할 수 있다. 모세가 말씀을 받은 날에 예루살렘에서 기도하던 120문도에게 성령이 내렸다. 예레미야의 예언이 성취되는 순간이다. 두 떡을 흔들어 드림이 모세의 두 언약의 돌판을 연상케 한다.

오순절의 곡식들
이때가 되면 모든 곡식이 익어 수확을 마치게 된다.

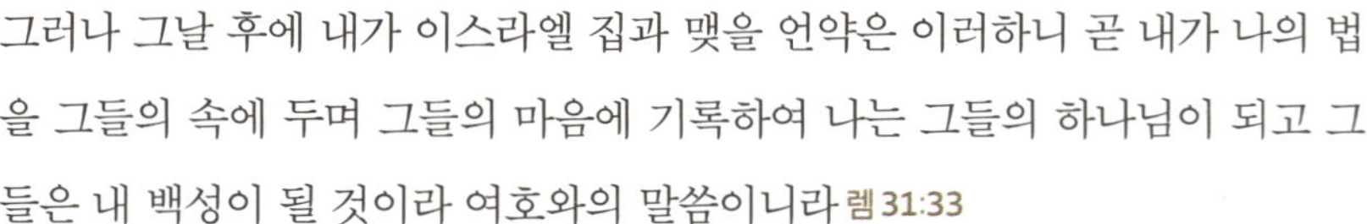

그러나 그날 후에 내가 이스라엘 집과 맺을 언약은 이러하니 곧 내가 나의 법을 그들의 속에 두며 그들의 마음에 기록하여 나는 그들의 하나님이 되고 그들은 내 백성이 될 것이라 여호와의 말씀이니라 렘 31:33

나팔절-7월 1일: 예수 재림을 예표

의미와 절차

유대력 티쉬리월(음력 7월) 1일이다. 유대인의 새해 첫날로 나팔을 불어 알린다. 출애굽 당시 유월절이 있는 달이 1월로 정월에 해당하나 바벨론 포로기 이후 7월을 새해의 시작으로 여겼다. 이날 창조 사건을 기억하면서 말씀을 읽는 기억의 날로 지킨다. 왕과 지도자가 정기적으로 하나님 말씀을 낭독하는 절기이기도 하다. 느헤미야서에서 이날에 대한 행사를 이렇게 기록하고 있다.

나팔절은 기억의 날로, 새해를 시작하는 나팔을 분다.

> 일곱째 달에 이르러는 그 달 초하루에 성회로 모이고 아무 노동도 하지 말라 이는 너희가 나팔을 불 날이니라 민 29:1
>
> 일곱째 달 초하루에 제사장 에스라가 율법책을 가지고 회중 앞 곧 남자나 여자나 알아들을 만한 모든 사람 앞에 이르러 느 8:2

관련 풍습

새해이므로 단 것과 기름진 것을 먹고 석류 등을 나누며 석류 알같이 많은 복을 받기를 기원한다.

> 느헤미야가 또 그들에게 이르기를 너희는 가서 살진 것을 먹고 단 것을 마시되 준비하지 못한 자에게는 나누어 주라 이 날은 우리 주의 성일이니 근심하지 말라 여호와로 인하여 기뻐하는 것이 너희의 힘이니라 하고 느 8:10

성취

요한계시록을 참고하여 어떤 이들은 나팔절이 예수님의 재림을 예표하는 절기라고 한다.

> 보라 내가 너희에게 비밀을 말하노니 우리가 다 잠 잘 것이 아니요 마지막 나팔에 순식간에 홀연히 다 변화되리니 고전 15:51
>
> 주께서 호령과 천사장의 소리와 하나님의 나팔 소리로 친히 하늘로부터 강림

/
대속죄일은 흑염소 두 마리를 택해 하나는 광야로 보내고 하나는 제물로 드려 그 피를 언약궤 덮개 위 속죄소에 뿌린다.

//
아사셀산
광야로 보내진 염소는 가파른 곳에서 놓아 떨어져 죽어 이스라엘의 죄를 대신하게 한다.

하시리니 그리스도 안에서 죽은 자들이 먼저 일어나고 살전 4:16

속죄일(욤 키푸르)-7월 10일: 예수 죽으심의 의미 레 16:1-34

의미

레위기에는 '속죄'라는 단어를 가진 구절이 84절이나 나올 정도로 하나님의 백성이 거룩하게 살기 위한 속죄에 중점을 둔 성경이다. 레위기는 23장에서 속죄일을 언급하기에 앞서 16장에서 속죄에 대해 자세히 설명한다. 아론의 두 아들이 속죄소 앞에 나오다 죽은 사건을 상기하면서 속죄의 엄위함을 강조하는 것이다. 속죄일에 앞서 7월 1일 새해를 맞이하면서 매일 회개의 기도를 드린다. 유대인은 유대력 7월 10일을 가장 경건한 날로 지킨다. 한 해의 잘못을 모두 회개하면서 정리하는 것이다. 이때 아사셀 염소가 백성의 죄 값을 대신한다. 매년 이날에 하나님은 이스라엘 백성과 피로써 계약을 갱신하신다.

27 일곱째 달 열흘날은 속죄일이니 너희는 성회를 열고 스스로 괴롭게 하며 여호와께 화제를 드리고 28 이 날에는 어떤 일도 하지 말 것은 너희를 위하여 너희 하나님 여호와 앞에 속죄할 속죄일이 됨이니라 31 너희는 아무 일도 하지 말라 이는 너희가 거주하는 각처에서 대대로 지킬 영원한 규례니라 32 이는 너희가 쉴 안식일이라 너희는 스스로 괴롭게 하고 이 달 아흐렛날 저녁 곧 그 저녁부터 이튿날 저녁까지 안식을 지킬지니라 레 23:27-28, 31-32

/
예수님은 성전에서 유대인에게 사형 선고를 받았다. 그분의 죽음은 성전의 휘장을 찢고 우리가 은혜의 보좌로 나아가도록 권한을 주는 것이었다.

//
일부 유대인은 피의 제사를 대신하여 닭의 피를 뿌려 자신의 죄를 대신한다.

절차

- 예식 하루 전 대제사장은 따로 마련된 미크베(정결탕)에서 몸을 씻는다.
- 이스라엘의 모든 죄를 상징하는 까만 염소 두 마리를 준비한다(레 16:5-7).
- 성전에 들어가기 위한 여호와(라도나이) 염소와 백성의 죄를 짊어지고 광야에서 죽을 아사셀 염소를 택한다.
- 한 마리는 성전에서 잡아 피를 가지고 1년에 딱 한 번 지성소에 들어가 사용한다.
- 한 마리는 광야에 버린다. 우리 죄를 던져 버리는 것이다.
- 아사셀 염소를 던져 버리는 이유는 우리 죄가 하나님의 은혜로 말미암아 이렇게 던져진다는 뜻이다.
- 먼저 소를 잡아 그 피로써 나가기 전에 향을 아주 진하게 피워서 성소 주변을 뿌옇게 만든다. 왜냐하면 하나님 앞에 죄가 보이면 안 되기 때문이다. 소의 피를 가지고 들어가 지성소 휘장 위 아래로 일곱 번씩 뿌린다.
- 그리고 다시 염소의 피를 가지고 지성소로 들어가서 이전처럼 위 아래로 일곱 번씩 뿌린다.
- 사진이나 그림에 언약궤가 멋지게 나와 있지만 실제로는 피범벅일 것이다. 언약궤 안에 똑같은 계명이 쓰인 두 계약서가 있는데, 하나님과 이스라엘을 위해 각각 하나씩 있는 것이다. 1년에 한 번 생명을 걸고 언약을 갱신한다.
- 이제 나머지 언약의 피를 가지고 분향단의 뿔과 성전을 둘러 칠하면서 하나님의 언약으로 모든 것이 깨끗해지고 새롭게 언약했음을 보여 준다.
- 마지막으로 남은 염소를 가파른 광야로 끌고 나가 자기를 향하게 한 다음 죄를 전가시켜 낭떠러지에서 놓아 죽게 한다.

예수님은 영문 밖에서 아사셀 염소처럼 우리 죄를 위해 죽으셨다.

- 지금도 일부 유대인은 대속죄일이 다가오면 머리에 닭의 피를 뿌리며 기도한다.

성취

예수님의 죽음은 속죄일의 두 염소의 죽음과 의미상 연결된다. 예수님은 성전 옆 부속 건물에서 유대인에게 사형선고를 받으셨다. 유대인의 언어는 과거-현재-미래라는 시제보다 완료-미완료라는 시상을 중요시 한다. 그러므로 예수님은 사형선고를 내린 그날 죽으셨다고 생각할 수 있다. 유대인의 사형선고는 '여호와 이레'라는 모리아산 성전에서 일어났고, 염소로 치자면 '라도나이'라는 속죄소로 들어가기 위한 염소처럼 죽으셨다.

그러나 헬라인이나 로마인에게 중요한 것은 시상보다 시제다. 시간상 예수님의 죽음은 영문 밖 골고다에서 일어났다. 빌라도는 예수님께 사형선고를 내리고, 예수님은 아사셀 염소와 같이 영문 밖에 나가 죽으셨다. 예수님이 영문 밖에서 죽으심으로 아사셀 염소처럼 우리의 죄를 대신하셨다. 이 죽으심 이후 지진이 일어나고 성전의 휘장이 안쪽부터 찢겨져 속죄소가 보였다. 이는 예수님의 보혈의 피가 아사셀 염소처럼 우리 죄를 대신했을 뿐 아니라 우리가 예수님의 보혈로 하나님 은혜의 보좌인 속죄소로 나갈 자격을 얻었음을 선언하는 일이라고 할 수 있다.

> 염소와 송아지의 피로 하지 아니하고 오직 자기의 피로 영원한 속죄를 이루사 단번에 성소에 들어가셨느니라 히 9:12
>
> 12 그러므로 예수도 자기 피로써 백성을 거룩하게 하려고 성문 밖에서 고난을 받으셨느니라 13 그런즉 우리도 그의 치욕을 짊어지고 영문 밖으로 그에게 나아가자 히 13:12-13

여기서, 묵상

죄를 짊어지신 예수님

레위기에서 가장 중요한 단어 중 하나는 '거룩'이다. 하나님과 교제하려면 거룩하고 깨끗해야 한다. 거룩을 이루기 위해서는 '속죄'가 필요하다. 이를 위해 속죄일에 두 마리의 속죄 염소를 드렸다. 예수님은 두 번 죽으셨다. 유대인에게 한 번, 로마인에게 한 번. 유대인에게는 '여호와 이레'라고 불리는 모리아산 성전에서 사형선고를 받아 죽으셨고(여호와는 아브라함을 통해 이날을 준비하셨다), 이방인에게는 영문 밖 골고다에서 죽으셨다. 아사셀 염소처럼 우리의 모든 죄를 짊어지셨다. 성전 앞 기드론 골짜기에 위치한 겟세마네 동산에서 예수님은 우리의 모든 죄를 짊어지시느라 땀방울이 핏방울처럼 되었다. 겟세마네는 광야로 나가는 길목에 있다. 예수님이 두 죽음을 완성했음은 그가 죽으실 때 성전의 휘장이 위에서부터 아래로 갈라지는 사건을 통해 알 수 있다. 예수님의 죽으심으로 하나님의 긍휼함과 돕는 은혜를 받을 은혜의 보좌가 열렸다.

> 그러므로 우리는 긍휼하심을 받고 때를 따라 돕는 은혜를 얻기 위하여 은혜의 보좌 앞에 담대히 나아갈 것이니라 히 4:16

/
대속죄일에는 모든 차량의 운행이 중지되어 도로가 텅텅 비어 있다.

//
대속죄일에는 유대인 마을로 차량이 진입하지 못한다.

초막절(장막절, 수장절)-7월 15일: 최후 심판 때 혼인잔치를 예표

의미

초막절은 우리나라 추석과 같은 날짜로 이스라엘에서도 "더도 말고 덜도 말고 이날만 같아라"고 할 수 있는 날이다. 7월 1일부터 시작된 회개는 10일 대속죄일에 마무리되고, 속죄일 다음부터는 축제를 준비한다. 출애굽 후 광야 생활을

/
초막절에 성전 서쪽 통곡의 벽 마당에 지어진 초막

//
심핫 토라의 날에 율법을 들고 행진하는 사람들

기념하는 절기로 유대력 티쉬리월(음력 7월) 15-21일에 지킨다. 이스라엘 사람들은 집 주변에 초막(숙곳)을 만든다. 남자들은 별이 7개 이상 보이는 허술한 초막 지붕 안에서 한 주간 생활한다. 이 시기는 겨울 우기가 시작되는 기간으로 이른 비를 준비하는 동시에 여름 농사(포도, 무화과, 올리브, 대추야자, 석류 등)를 수확하고 식량을 저장하므로 수장절이라고 부르기도 한다(출 23:16; 참고 요 7:37-39). 느헤미야 8장에서 이 절기를 지키는 장면이 잘 묘사되어 있다.

> 이스라엘 자손에게 말하여 이르라 일곱째 달 열닷샛날은 초막절이니 여호와를 위하여 이레 동안 지킬 것이라 레 23:34

절차

대속죄일 이후 초막 만들기 – 초막절에 흔들 식물과 실과 준비하기 – 헌수할 물과 축제 준비 – 명절 마지막 날에 불 축제와 물 축제 – 말씀 선포(심핫 토라)

특히 물을 길어 부을 때 뿔나팔과 은나팔을 불면서 이렇게 찬양한다.

> 그러므로 너희가 기쁨으로 구원의 우물들에서 물을 길으리로다 사 12:3

일곱째 날을 호산나 라바라고 하는데 종려나무, 버드나무, 은매화나무로 팔찌 등을 만든다. 밤 12시에 하늘 문이 열린다 하여 기원하는 기도를 드린다. 초막절 기간 동안 백성들은 제단 주위를 하루 한 바퀴씩 돌다가 이날에는 호산나 노래하면서 일곱 바퀴 돈다. 그런 다음 줄기가 다 떨어지도록 가지고 있던 식물들을 의자나 바닥에 때린다. 자신의 마지막 죄까지 이렇게 으깨어지기를 바라는 것이다.

이어서 헌수(Water Libation) 축제가 이어진다. 헌수 축제가 열리는 여인의 뜰에는 사방으로 4개의 등잔에 120되 기름이 부어져서 밤새도록 타오른다. 하나님 앞에서 기뻐하는 올나이트 댄스 파티다.

이렇게 해서 8일째를 맞는데 이날이 쉐미닛 에제렛이라 불리는 '심핫 토라'(=율법의 기쁨)다.

이날 토라를 들고 함께 행진한다. 이때 신명기 마지막 절을 읽고 창세기 1장을 읽는다. 새로운 창조 이야기와 함께 새해를 시작한다.

초막절에는 네 가지 식물을 들고 기도한다.

관련 풍습

절기를 지키기 위해서는 모든 남자들이 다음과 같이 하나님께 흔들 식물을 준비한다.

> 첫날에는 너희가 아름다운 나무 실과와 종려나무 가지와 무성한 나무 가지와 시내 버들을 취하여 너희의 하나님 여호와 앞에서 이레 동안 즐거워할 것이라 레 23:40

이 식물들의 의미는 여러 가지나 가장 기본적인 해석은 이스라엘 공동체를 대표하는 식물이라고 본다. 온 이스라엘이 각자의 은사대로 하나님 나라를 이루었음을 감사하는 요제라고 할 수 있다. 남자들은 식물들을 가지고 성전에 가서 매일 흔들며 기도한다. 흠 없는 제물이어야 하므로 아무 흠도 없는 예물을 선택하기에 힘쓴다. 마지막 날은 성전에 큰 횃불을 켜 놓고 밤새도록 춤을 춘다. 이날 서로 용서를 비는 기도로 노래한다.

초막절 이후는 겨울로 들어서므로 겨울 농사인 밀과 보리를 경작해야 한다. 뿐만 아니라 이 시기 비가 와서 땅 아래의 샘을 채워 여름 먹을 물을 준비한다. 그러므로 명절 마지막에는 비를 비는 기도로 마무리한다.

초막절에 광야로 나가 초막의 삶을 재현해 보았다.

성취

예수님도 초막절에 예루살렘에 오셔서 명절 끝 날에 비가 오기를 바라는 기도를 하셨다. 이 기도는 에스겔 47장의 성전에서 물이 흘러나오는 환상과 관련이 있으며, 성령이 강림함으로 초막절 기도가 완성되어 감을 볼 수 있다.

2 유대인의 명절인 초막절이 가까운지라 37 명절 끝날 곧 큰 날에 예수께서 서서 외쳐 이르시되 누구든지 목마르거든 내게로 와서 마시라 38 나를 믿는 자는 성경에 이름과 같이 그 배에서 생수의 강이 흘러나오리라 하시니 39 이는 그를 믿는 자들이 받을 성령을 가리켜 말씀하신 것이라(예수께서 아직 영광을 받지 않으셨으므로 성령이 아직 그들에게 계시지 아니하시더라) 요 7:2, 37-39

불 축제 때 다음과 같이 노래한다.

- 노인들: 오 기쁨, 우리 젊은이들, 헌신자들, 지혜자여! 우리 노인들에게 수치를 돌리지 마소서.
- 참회자: 오 기쁘다. 우리 노인들과 함께 젊은이들의 죄를 씻을 수 있습니다.
- 다함께: 젊을 때 죄 사함을 받는 자는 복되도다. 죄를 지었지만 죄 사함을 받는 자는 복이 있을지어다.

초막절 마지막 날 저녁 용서의 노래를 불렀던 유대인들은 간음한 여인을 데려와 정죄하려 하였다.

이 축제 후에 예수님 앞에 간음한 여인을 데려온 사람들은 예수님이 땅에 쓴 글씨를 보고 나이 많은 사람부터 한 사람씩 자리를 피했다(요 8:6-9). 그 이유는 그들이 전날 부른 노래 가사와 관련이 있지 않을까 한다. 유대인들이 결혼식 때 초막을 만드는 이유는 하나님이 계시는 성막과 함께 초막이 최후 심판 때 하나님의 백성이 거하는 혼인잔치를 예표하기 때문이라고 할 수 있다.

어린 양의 혼인 잔치에 청함을 받은 자들은 복이 있도다 계 19:9
내가 들으니 보좌에서 큰 음성이 나서 이르되 보라 하나님의 장막이 사람들과 함께 있으매 하나님이 그들과 함께 계시리니 그들은 하나님의 백성이 되고 하나님은 친히 그들과 함께 계셔서 계 21:3

/
라기스 편지
라기스 군인이 아세가의 봉화가 올라오지 않는다고 예루살렘에 보내려 했던 편지로 예레미야 34:7의 상황을 알려 준다. 안식년을 지키지 않은 이스라엘에게 추방과 땅의 강제 휴식이 징계로 내려졌다.

//
예수님이 희년을 주기 위해 왔다고 선포한 나사렛 회당

안식년과 희년 레 25:1-12

하나님은 6년 동안 파종하고 돌보던 밭과 작물을 7년째 쉬어 땅이 안식을 누리는 안식년 법을 주셨다. 안식년이 일곱 번 반복되고 오십 년이 되는 해를 희년으로 지키게 하셨는데, 이때는 모든 백성에게 자유가 공포되었다. 또한 각자가 원래 받았던 소유지를 돌려받을 수 있었다. 여러 이유로 팔거나 빼앗긴 토지와 신분을 회복할 수 있었던 것이다. 탐욕에 이끌려 쉼 없이 일하다 자신의 몸과 땅을 모두 해칠 것을 아신 하나님은 하나님의 백성들에게 내려놓는 기간을 주셨다. 탐욕은 우상 숭배다(골 3:5). 유다가 멸망한 최종적인 이유도 탐욕을 내려놓지 못한 까닭이었다.

> 4 일곱째 해에는 그 땅이 쉬어 안식하게 할지니 여호와께 대한 안식이라 너는
> 그 밭에 파종하거나 포도원을 가꾸지 말며 5 네가 거둔 후에 자라난 것을 거
> 두지 말고 가꾸지 아니한 포도나무가 맺은 열매를 거두지 말라 이는 땅의 안
> 식년임이니라 10 너희는 오십 년째 해를 거룩하게 하여 그 땅에 있는 모든 주
> 민을 위하여 자유(데롤)를 공포하라 이 해는 너희에게 희년(요벨)이니 너희는 각
> 각 자기의 소유지로 돌아가며 각각 자기의 가족에게로 돌아갈지며 레 25:4-5, 10

이 법은 이스라엘 역사상 거의 지켜지지 않았던 것 같다. 왜냐하면 하나님이 유다의 멸망 원인 중 하나로 안식년을 언급하고 있기 때문이다. 유다는 바벨론에게 포위되어 함락 직전이었다. 예레미야는 라기스, 아세가, 예루살렘 등 세 도

시만 남았다고 말한다. 급박한 위기 상황에서 시드기야왕은 희년을 지키기로 계약을 맺고 히브리 남녀 노비를 놓아 자유롭게 해 줬다. 그러나 얼마 후 마음이 변해 풀어 준 노비들을 다시 잡아들였다. 예루살렘이 포위되고 먹을 것이 없으니 놓아 주었다가 잠시 평안해지니 다시 잡아들여 희년의 언약을 파기한 것이다(렘 34:7-11).

순종하지 않은 자들에게 닥친 심판은 칼과 전염병과 기근이었다. 토지가 황폐해져 마침내 땅은 안식년을 누리게 되었다(대하 36:21).

예수님은 유다가 멸망하기까지 지키지 않았던 안식년과 희년을 성취하기 위해 오셨다. 유대인은 70년 바벨론 포로 생활을 마치고 돌아와서는 안식일을 엄격히 지켰지만 시간이 흐르면서 그 본질을 잃어버리고 말았다. 예수님은 자신이 은혜의 해인 참된 안식을 주고자 왔다고 하셨다.

> **18** 주의 성령이 내게 임하셨으니 이는 가난한 자에게 복음을 전하게 하시려고 내게 기름을 부으시고 나를 보내사 포로 된 자에게 자유를, 눈 먼 자에게 다시 보게 함을 전파하며 눌린 자를 자유(데롤)롭게 하고 **19** 주의 은혜의 해를 전파하게 하려 하심이라 하였더라 **눅 4:18-19, 사 61:1 인용**

예수님은 이땅에 포로된 자에게 자유를 주시기 위하여 오셨다.

역사와 묵상

01 시내산에서 주신 율법은 믿는 사람들의 생활 매뉴얼이다. 하나님은 우리가 당신과 거룩한 관계를 유지할 수 있도록 하기 위해 마음과 성품과 힘을 다하는 예배를 요구하셨다. 그리고 삶 속에서 거룩한 삶을 유지하도록 부정을 제거하는 방법을 알려 주셨다. 죄로 인한 더러움과 부정으로 인한 더러움은 약간 구분된다. 십계명과 같은 율법을 범하는 것이 하나님을 대적하는 것이라면, 부정은 거룩한 백성을 구별케 하는 지표인 듯하다. 레위기를 읽으며 '거룩한 백성'으로 살기를 바라시는 하나님의 마음을 느낄 수 있는가? 구체적으로 어디서 느꼈는가?

02 11개월 이상 머문 시내산은 풀 한 포기 자라기 힘든 척박한 땅이었다. 그러나 우슬초와 싯딤나무 등이 자라서 성막과 이스라엘의 정결의식을 준비할 수 있었다. 메마르고 척박한 땅에 오직 하나님의 은혜로만 살았음에도 사람들은 애굽의 신 중 하나인 금송아지를 만들어 예배하다 벌을 받았다. 하나님과 언약을 체결하는 중에도 죄를 짓는 완악한 민족에게 하나님은 거룩을 위한 세부적인 말씀을 주셨다. 먼저 예배하는 법을 알려 주셨다. 5대 제사 중 화목제, 속죄제, 속건제가 주는 중요한 교훈은 무엇인가?

03 제사 때 소제에는 소금을 뿌린다. 그리고 화목제, 속죄제, 속건제에는 제물 모두를 드리기보다 콩팥-피-기름을 드린다. 이 부분들이 의미하는 것은 무엇인가? 특히 신명기 6:5과 콩팥-피-기름을 짝을 지어 보고 우리의 예배 모

습과 하나님이 요구하는 예배를 비교해 보자.

> 너는 마음(콩팥)을 다하고 뜻(=생명: 피)을 다하고 힘(기름)을 다하여 네 하나님 여호와를 사랑하라 신 6:5

---

04 제사제도를 말씀하신 뒤 그 예배에 임할 성도의 삶을 점검하게 하셨다. 먹지 못하는 음식과 먹을 수 있는 음식은 어떻게 구분하는가? 짐승, 새, 물고기, 곤충에 이르기까지 각각 다른 기준이 있다. 다음 그림 중에 먹을 수 있는 것을 체크해 보라. 하나님께서 왜 이런 기준을 주셨을까 나눠 보자.

05 명절은 성경의 중요한 배경이 된다. 유월절-오순절-초막절의 3대 명절과 유월절과 함께하는 무교절과 초실절, 초막절과 함께한 나팔절과 속죄일을 합쳐 7대 명절이라고 한다. 농사적인 의미와 종교적인 의미를 포함하는 것으로 이스라엘 백성은 이 절기들을 지킴으로써 신앙을 새롭게 했다. 우리는 1년씩 나선형으로 돌아가며 천국을 향해 가는 순례자다. 성도는 예수님이 성취한 명절을 지키면서 구원과 성령, 그리고 재림을 구하며 매년 발전하는 삶을 살아간다. 신약에서 이 절기들이 어떻게 이루어졌는지 도표를 보면서 마음에 새겨 보라.

날짜(유대 음력)	절기명	농사	종교(구약)	종교(신약)
1월 14일	유월절		출애굽한 날을 기념	예수 죽음
1월 15-21일	무교절	겨울 농사 첫 열매 추수 시작		예수 무덤
1월 첫 안식일	초실절			예수 부활
초실절 50일 후	오순절 (칠칠, 맥추)	밀 보리 추수 완료	율법을 받음	성령 강림
7월 1일	나팔절(신년)		기억의 날	(심판 알림)
7월 10일	속죄일		속죄받는 날	(흰 보좌 심판)
7월 15-21일	초막절 (수장, 장막)	여름 농사 추수 겨울비 기원	광야생활 기념 비를 비는 기도	(어린양 혼인잔치 자리)

성경의 명절은 농사와 종교와 밀접한 관련이 있다. 예수님은 절기를 모두 성취하셨고 성취하실 것이다.

민수기

개관

유대인 성경은 기록된 맨 앞 글자에 따라 성경 이름이 결정된다. 민수기는 히브리어로 '베미드바르'인데 '광야에서'라는 뜻이다. 제목대로 민수기는 광야의 기록이다. 옆 지도에서 보듯 민수기의 배경이 되는 지역이 가장 넓고 클 뿐 아니라 광야 생활 40년 중 36년 이상이 민수기의 기록이다. 민수기라는 이름이 붙은 것은 70인경에서 헬라어로 성경을 번역하는 과정에서 일반인에게 이해하기 쉽게 책 제목을 붙이다 보니 1장과 26장의 인구 조사 내용을 특징으로 보아

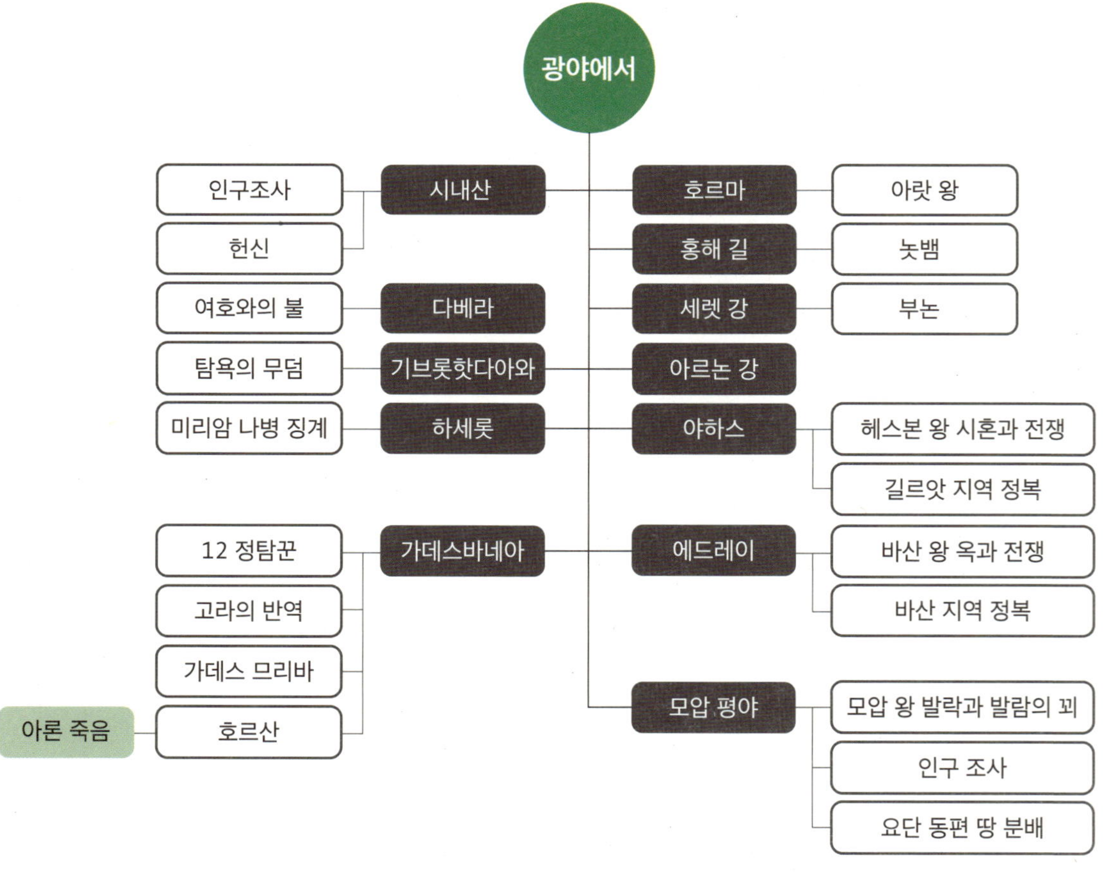

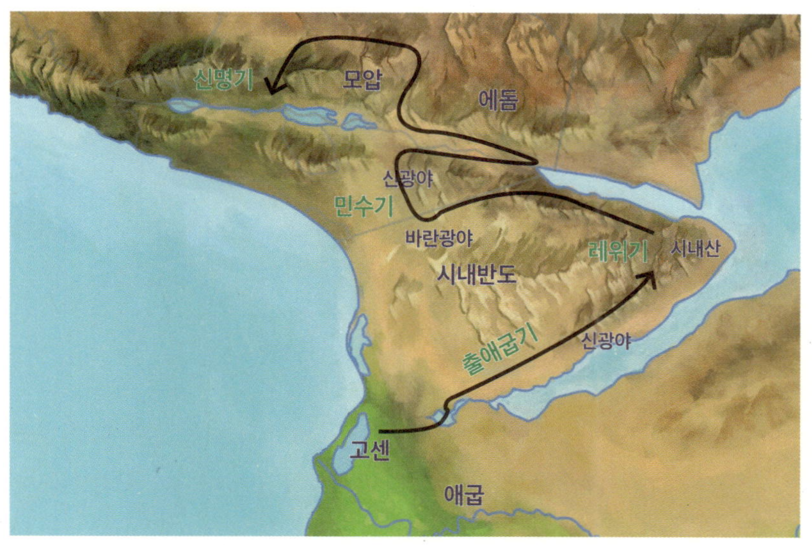

모세오경의 지리적인 위치
출애굽기는 고센에서 시내산까지, 레위기는 시내산에서, 민수기는 시내산에서 모압 평지, 신명기는 모압 평지에서 기록되었다.

'Numbers' 즉 민수기라고 부르게 되었다.

역사	연대	**애굽 신왕조 시대:** BC 15세기(애굽 바로 투트모세 3세, 1479-1425) 혹은 BC 13세기(람세스 2세, 1279-1213, 메르넵타 1213-1203)										
	사건	BC 15세기설-투트모세 4세(1401-1391)가 스핑크스 꿈의 비석 세움, 아마르나 문서(1353-1336)에 가나안 갈등 기록. BC 13세기설-람세스 2세 헷과 평화조약(1258), 메르넵타 비문에 이스라엘 언급.										
지리		시내산		다베라	하세롯	가데스			홍해길 모압 평지			
성경	장	1	5	10	12	13	15	20	21	22	26	33
	주제	인구조사 행진위치	성결	출발 불평과 불	미리암 나병	정탐꾼	옷술 고라 반역	므리바물 아론 죽음	놋뱀 정복	발람	인구 조사	복습 분할

민수기 개요

민수기는 5단계로 기록되어 있다. 첫째는 시내산에서 출발할 때 주신 말씀, 둘째는 가데스바네아로 가는 중에 생긴 몇 가지 사건, 셋째는 정탐꾼을 보낸 일, 넷째는 모압 평지로의 여정, 다섯째는 여리고 앞 모압 평지에서의 일을 기록하고 있다. 그러므로 주요 배경은 시내산, 가데스바네아, 모압 평지다.

민수기는 광야 같은 성도의 삶을 표현한 책이라 할 수 있다. 이스라엘 백성의 광야 삶을 통하여 구원받은 백성이 어떻게 살아야 할지를 배울 수 있다.

그들에게 일어난 이런 일은 본보기가 되고 또한 말세를 만난 우리를 깨우치기 위하여 기록되었느니라 고전 10:11

민수기의 큰 배경이 되는 시내산은 레위기에서 알아보았기에 '크고 두려운 광야'로 불리기도 했던(신 1:19) 바란 광야와 신(Zin) 광야를 소개하고 이어 접근할 에돔 족속의 세일 산지와 모압 산지 개관을 알아보자.

바란-신-아라바 광야

바란 광야는 시내 반도와 접해 있으며, 대부분은 500m가 넘는 산지로 이루어져 있다. 강수량은 연간 50mm이지만 와디라 불리는 건천의 너비가 최고 1km에 이르기도 한다. 바란 광야의 북쪽은 신(Zin) 광야로 개역개정판에는 시내 반도의 신(Shin) 광야와 발음이 같지만 서로 다른 곳이다. 신 광야 북쪽으로는 네게브가 위치하고 남쪽으로는 바란 광야, 서쪽으로는 지중해, 동쪽으로는 아라바 광야가 위치한다. 아라바 광야는 염해 남쪽부터 홍해에 이르는 긴 분지 모양의 낮은 광야다. 요단 계곡과 이어지는 지구대에 위치한 아라바 광야 북쪽은 염해처럼 바다보다 400m가 낮다가 홍해까지 점점 높아져 부논 부근에서 해발 0을 벗어나 페트라가 위치한 부분에 이르면 해발 200m가량 오르다가 다시 홍해 쪽으로 내려간다. 가데스바네아가 해발 400m인 데 반해 낮은 지역에 위치한 아라바 광야는 상대적으로 덥고 힘들다.

왼쪽이 바란 광야 가는 길이고, 거대한 바란 광야는 산지로 되어 있어 통과하기 어렵고, 아라바 광야는 넓은 계곡이 있지만 고도가 낮아 더위를 이겨야 한다.

세일산

세일산은 에돔 자손이 주로 거하던 곳이다. 요단 동편에 위치하며 북쪽은 세렛강(Wadi el-Hasa), 동쪽은 아라비아 사막, 남쪽은 에시온게벨(엘랏), 서쪽은 아라바 광야가 경계다. 때때로 이스라엘의 성쇠에 따라 에돔 족속의 북쪽과 서쪽 경계가 달라졌다(민 34:3, 20:16).

세일산은 남북으로 길게 늘어진 해발 1300~1700m의 산지다. 성경에서는 '세일'(Seir, 창 36:8; 신 2:1-5; 대하 20:23), '에돔' 또는 '에서의 산지'라고 일컫는다. 이 산지는 남쪽으로 가면서 더 높아지다가 엘랏에서 홍해를 만난다. 세일산은 요새 같은 지역성 때문에 도피처로 이용되었다. 험한 산지를 벗어난 일부 고원은 넓은 초지로서 목축에 적당하다. 고대로부터 '왕의 대로'(the King's Highway)라 불리는 무역로가 지나 미디안(사우디아라비아 쪽)과 동아프리카를 연결하는 국제 무역을 가능케 하여 에돔의 중요한 수입원이 되었다.

암석은 주로 석회암(limestone)과 붉은 누비아 사암(Nubian sandstone)이고 화산암도 종종 눈에 띈다. 산지는 깎아지른 절벽과 깊은 계곡으로 형성되었고, 골짜기에서 밀과 포도, 무화과, 석류, 올리브를 재배한다.

마크테쉬(신 광야)

'마크테쉬'란 수평 이동 단층의 영향으로 지구대 주변의 배사층이 잡아 늘인 듯하게 보이는 분지를 말한다. 주변은 고원의 광야다. 이스라엘에 세 곳이 있다.

가. 마크테쉬 라몬(거대한 분지) 10x40km^2(900m)
나. 마크테쉬 가돌(큰 분지) 6x14km^2
다. 마크테쉬 카탄(작은 분지) 5x7km^2

가장 넓은 마크테쉬 라몬은 폭 8km, 길이 37.5km, 깊이 300m다. 이 분지에서 가장 높은 림몬베레스는 해발 1035m다(민 33:19-20). 동쪽이 내려앉은 모양의 마크테쉬 라몬은 침식되지 못한 천연색 광물질이 이곳저곳에 남아 있다. 오아시스의 물은 동쪽과 남동쪽으로 흘러가면서 넓은 와디와 광야를 만들었는데 신 광야(민 34:1-5, 20:1)와 바란 광야(민 13:3, 26)가 대표적이다.

마크테쉬의 강우량은 연 50mm이나 어떤 강은 너비가 1000m에 이른다. 마크테쉬는 거대한 협곡 때문에 거주하기엔 부적합하지만 국제 무역로가 통과하므

/
홍해 건너편 세일산
붉은색을 띠고 있을 뿐 아니라 붉은빛을 가진 에서의 자손인 에돔 족속이 살던 산지다.

//
마크테쉬 가돌
신 광야 안에는 '마크테쉬'라는 특별한 분지 지역이 존재한다. 사진에서 보는 이런 지형이 타원을 이루면서 거대한 분지를 만든다. 이 사진은 미쯔베 라몬에서 바라본 마크테쉬 중에서 크다는 뜻을 가진 '마크테쉬 가돌'이다.

로 여러 족속의 관심을 받았다.

아말렉과 같은 유목민이 살던 마크테쉬는 출애굽 직전에 에돔, 구약시대에는 이스라엘과 이집트의 지배를 받았다. 신약시대에는 세일산의 페트라에 중심을 둔 나바테아(사막의 무역상) 왕국이 다스렸다. 성경에는 방황의 지역으로 묘사되는 한편 하갈, 이삭, 엘리야 등이 고난을 통해 훈련받은 장소로 소개된다.

남쪽 에돔에서 바라본 모압 산지
에돔과 모압 사이에는 세렛 강이 있다.

모압 땅

롯의 후손인 모압 산지는 서쪽은 염해와 아라비아 사막, 남쪽은 세렛강(Wadi el-Hasa), 북쪽은 일반적으로 아르논강(Wadi Mujib)을 경계로 하는 지역이다(민 21:12-14). 성경은 자주 모압 북쪽의 여리고 맞은편을 '모압 평지'라고 부른다(민 21:20, 22:1; 수 13:32). 이곳은 모압의 영토라기보다는 모압 쪽으로 가는 평지라고 보는 것이 타당하겠다. 모압왕 에글론(Eglon)왕 때는 모압이 북쪽으로 진출하여 요단강 서편 여리고까지 침범하기도 했다(삿 3:12-14). 모압이 북쪽 아르논강을 넘어 영토를 확장하면 염해 북단에서 헤스본과 메드바 사이가 길르앗과의 자연 경계가 되기도 한다(Y. Aharoni). 대체로 모압의 영토 넓이는 남북 약 56km, 동서 40km 정도의 규모다.

모압 지형의 특징은 대체로 해발 900m 이상이지만 사해(염해)가 −400m임을 감안하면 실제 고도차가 1300m나 되는 고원 지대다. 겨울철의 풍부한 습기가 포도와 곡식 농사를 잘되게 하고 좋은 목초지를 만들어 목축에도 적당하다. 이런 환경으로 성경은 모압왕 메사(Mesha)를 '양을 치는 자'로 묘사하였다. 매년 아합 왕에게 바친 모압의 조공은 새끼 양의 털 10만과 수양의 털 10만이나 되었다(왕하 3:4). 나오미의 가족도 베들레헴이 흉년이 들었을 때 모압을 찾았다.

| 40년 광야 생활 |

하나님 중심의 삶을 배우다

성경 민수기

연대 BC 1400년대 (많은 학자가 주전 13세기를 선호한다)

역사적 배경 15세기설-투트모세 4세(1401-1391)가 스핑크스 꿈의 비석 세움. 13세기설-람세스 2세 헷과 평화조약(1258), 메르넵타 비문에 이스라엘 언급.

핵심 본문 인구 조사, 성막 배치, 정탐꾼 파송

지도 출애굽 1, 민수기 1

광야는 이스라엘 민족이 탄생한 곳이며, 광야 생활은 이스라엘 민족이 아픈 만큼 성숙해지는 시간이었다. 이스라엘은 광야에서 율법을 받았고 그들에게 필요한 규범과 약속이 주어졌다. 구약과 신약의 기초가 되는 헌법 같은 말씀이라고 할 수 있는 율법은 신약의 사복음서에 견줄 만큼 중요하다.

광야 생활이 중요하지만 광야는 광야다. 광야 이동 경로에서 많은 장소가 언급되지만 그곳이 어디인지 알 수 있는 곳은 몇 안 된다. 민수기와 신명기가 알려 주는 장소가 서로 다르며, 민족 간의 경계도 알기 어렵다. 한 예로 '에돔의 경계'에 대한 논란이 많다. 이제 성경과 역사, 고고학이 제공하는 정보를 총동원하여 광야 생활을 그려 보자.

꿈의 비석
스핑크스 발 앞에 놓인 꿈의 비석에는 자신이 장자가 아닌데 바로가 되었다고 기록되어 있다. 비석을 세운 바로가 장자 재앙 후 왕이 되었으리라 추정된다.

시내산-인구조사와 임무 **민 1-4장**

인구 조사

민수기 1장은 인구 조사로 시작된다. 애굽에서 나온 이스라엘 장정의

수를 지파별로 기록하고 있다. 또한 26장에서 광야 생활을 마친 후 새로운 세대에 관한 인구 조사가 언급된다. 이런 면에서 본서의 이름을 '민수기'(Numbers)라 한 것은 적합하다고 할 수 있다. 1차 인구 조사는 시내산에서, 2차는 모압 평지에서 실시되었다. 1차에서 2차 조사로 가는 동안 애굽에서 나온 20세 이상의 장정은 거의 모두 죽었다.

지파별로 보면, 인구가 증가하기도 하고 감소하기도 했다. 요셉 지파와 아셀 지파는 인구가 많이 늘었다. 시므온 지파는 출발할 때는 인구가 많은 굴지의 지파였는데 2차 인구 조사 때는 가장 많이 줄어들었다. 브올에서 있었던 우상숭배와 음란이 그 원인이다. 비느하스는 이 일에 앞장 선 시므온 지파 족장의 아들을 죽였고, 이 일로 인구가 급격히 줄었다(민 25장).

그런데도 총 인원이 거의 60만을 유지했다. 1820명밖에 차이 나지 않는다. 험한 광야 생활 중에도 인구 감소가 매우 적었다. 그렇게 열악한 상황에서도 하나님의 보호와 인도가 있었기에 가능한 일이었다.

지파명	1차(1장)	2차(26장)	증감
르우벤	46,500	43,730	-2,770
시므온	59,300	22,200	-37,100
갓	45,650	40,500	-5,150
유다	74,600	76,500	+1,900
잇사갈	54,400	64,300	+9,900
스블론	57,400	60,500	+3,100
에브라임	40,500	32,500	-8,000
므낫세	32,200	52,700	+20,500
베냐민	35,400	45,600	+10,200
단	62,700	64,400	+1,700
아셀	41,500	53,400	+11,900
납달리	53,400	45,400	-8,000
총계	603,550	601,730	- 1,820

성막 배치 14일

이스라엘은 성막을 중심으로 12지파가 네 그룹으로 나뉘어 포진했다. 광야 같은 세상에서는 하나님 중심으로 살아야 한다. 내 중심에서 하나님 중심으로, 세상 가치관에서 하나님의 가치관으로 바꾸는 것이 신앙생활이다. 하나님 중심으

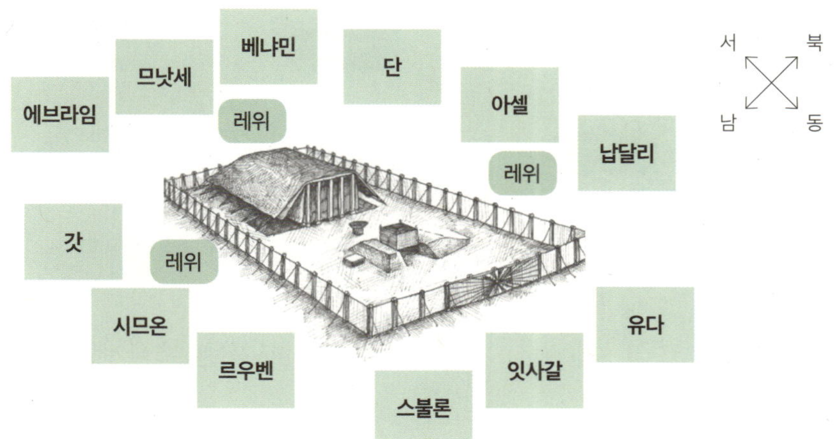

이스라엘 지파별 포진 위치

로 포진할 때 안전하다.

성막 주변을 레위 지파(므라리, 고핫)가 지켰고, 성막에서 2000규빗(약 915m) 떨어진 위치부터 열두 지파가 진을 쳤다. 유다, 잇사갈, 스불론 지파는 동쪽에 위치한 정문을 지켰다. 이스라엘은 집을 동향으로 짓는다. 성전과 집을 지을 때나 텐트를 칠 때도 정문은 동쪽으로 향한다. 지성소가 있는 서쪽은 요셉(에브라임과 므낫세 지파)과 베냐민 지파가 지켰다. 성막으로 나아가는 사람은 태양을 등지고 주를 경배하러 간다. 태양신 숭배자 애굽은 동쪽을 향하지만 이스라엘은 애굽, 즉 세상을 등지고 주님을 바라본다. 남쪽은 르우벤, 시므온, 갓 지파가 위치하고 북쪽은 단, 아셀, 납달리 지파가 진을 쳤다.

애굽에서 출발하여 오합지졸로 시내산에 들어왔던 이스라엘은 이제 성막을 중심으로 군대 진영처럼 배치를 마쳤다. 광야 같은 인생을 살지만 영적인 면에서는 주님이 우리를 십자가의 군병으로 삼으셨다. 그들은 여호와의 군대처럼 여호와의 언약궤가 앞서고 백성이 뒤따르는 원정 군대의 면모를 갖추었다.

진군 순서는 다음 그림과 같다.

시내산에서 출발할 때 법궤가 구름기둥과 맨 앞에 서고 성막과 성물이 지파와 함께 움직였다.

주 여호와께서 이 백성 중에 계심을 그들도 들었으니 곧 주 여호와

: 14일

오늘 읽을 분량

성경 민 10-17

본서 195-206쪽

성경의 맥 잡기

1. 광야 백성의 진군, 다베라, 기브롯핫다아와, 하세롯의 범죄
2. 가나안 정탐과 옷술 제정, 고라와 다단의 반역

신구약 연결 포인트

1. 사마리아 여인은 예수님의 옷술을 보고 유대인임을 알았고, 혈루병 여인은 옷술을 잡았다.
2. 이단의 대명사로 고라와 다단을 언급한다(유 1:11).

묵상 가이드

1. 광야의 백성이 군사 진영을 갖춤같이 그리스도인도 십자가의 군사다.
2. 원망과 탐욕의 광야생활에서 탐욕은 우상숭배다(골 3:5).

이스라엘의 기후는 매우 건조하다. 그래서 구름 아래 있으면 아무리 더워도 쾌적함을 느낄 수 있다. 그러나 저녁이 되면 기온이 급격히 떨어지기에 따스한 온기가 필요하다. 하나님은 낮 더위에는 구름을, 밤 추위에는 불을 준비하여 천국 갈 때까지 우리를 보호하며 인도하신다.

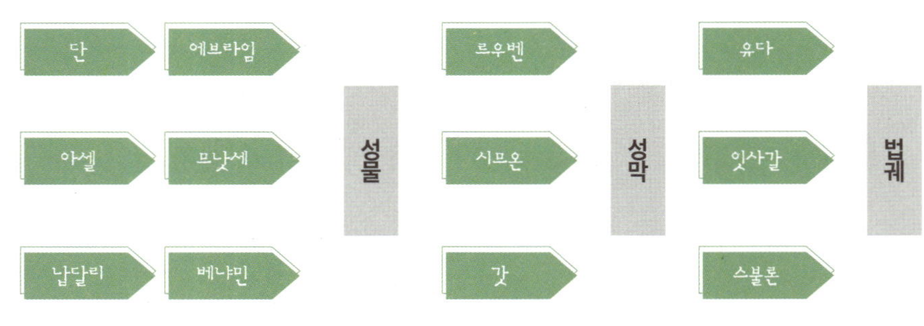

이스라엘의 진군 순서

께서 대면하여 보이시며 주의 구름이 그들 위에 섰으며 주께서 낮에는 구름 기둥 가운데에서, 밤에는 불 기둥 가운데에서 그들 앞에 행하시는 것이니이다 민 14:14

광야 같은 세상을 사는 비결

법궤는 말씀이다. 말씀이 나아가면 나아가고 멈추면 서는 것이 광야의 훈련이다. 육체의 욕심으로 괴로운가? 성령 충만함으로 육체의 욕심을 이길 수 있다(갈 5:16). 말씀과 기도에 힘쓰다 보면 자연스레 욕심을 이기면서 성령을 따라 행하는 삶을 살게 된다. 불기둥과 구름기둥은 성령님의 역할과 비슷하다. 낮에는 구름으로 이스라엘 백성을 시원하게 보호해 주시고 밤에는 불로 따뜻하게 품어 주신다. 새가 새끼를 양육할 때, 더울 때는 옆에서 날갯짓하여 시원하게 하고, 추울 때는 자신의 가슴 털을 뽑아 그들을 따뜻하게 한 후 품어 주는 모습과 같이 하나님은 이스라엘을 구름기둥과 불기둥으로 보호해 주셨다. 우리가 광야 같은 세상을 살 수 있는 비결은 성령의 그늘과 따스함으로 보호받는 것이다. 성령님이 인도하시는 대로 가는 것이다.

레위 자손의 임무와 나실인

레위 자손은 게르손과 고핫과 므라리다(3:17). 게르손 자손은 성막 밖의 휘장들과 부대시설을 책임졌다. 고핫 자손은 성소 안에 있는 성물을 맡았다. 므라리 자손은 성소의 널판과 기둥과 부대시설을 옮겼다. 모세와 아론 자손은 성막 동쪽에 회막을 치고 성소의 직무를 행했다(민 3:38). 이 일은 의무(복무)이자 봉사였다.

출발 전에 하나님은 이스라엘 백성 안의 부정이나 음행을 정리하는 법을 말씀하신다. 이스라엘은 거룩한 공동체이기에 하나님과 동행하기 위해서는 거룩이 최우선 과제였다.

6장에서는 나실인의 법을 말씀한다. 나실인은 몸을 구별하여 일정 기간 여호와께 드려진 자로 살겠다는 서원자를 말한다. 이 기간 동안 포도주나 독주를 마시지 못했고, 머리를 자르지 않았다. 또한 시체를 가까이해선 안 됐다. 그러나 실수로 그의 몸을 더럽히는 경우가 생기면 머리를 밀고 비둘기 두 마리를 드려 속죄 제물과 번제물로 드려야 했다. 그리고 양을 드려 새롭게 구별 기간을 정해야 했다. 삼손은 나실인으로 이런 모든 규정을 범하고도 비둘기나 양을 드리지 않다가 결국 비둘기 대신 비둘기의 가장 아름다운 부분인 눈을 뽑히고, 양 대신 자신의 몸을 드려야 하지 않았을까.

레위인과 나실인 모두에게 중요한 것은 성결이다. 나실인은 성결이 깨졌을 때 비둘기를 드려 다시 성결케 하였다.

출발에 앞선 헌신

출발에 앞서 하나님은 각 지파의 지휘관들에게 동일한 예물을 드리라고 명령한다. 성경에는 지루하고 길게 그들이 드리는 예물을 나열하지만 헌신은 예식의 지루함을 감수해야 한다.

출애굽한 지 1년이 되었다. 두 번째 유월절이다. 하나님은 다시 유월절 예식을 말씀함으로 구원의 날을 기억하도록 했다. 2년 2월 20일에 하나님의 진군 명령이 떨어졌다. 시내산에서 1년가량을 머물면서 십계명 돌판과 율법 그리고 성막 제도를 받았다. 그 말씀을 선포하는 동시에 성막을 만들었다. 이제 법이 있는 이스라엘이라는 나라가 되어 출발하게 되었다.

/
시내산에서 가데스바네아 까지

//
시내산 해돋이
다베라의 원망의 대가는 불이었다.

불평과 반역 그리고 강도 높은 훈련

다베라-불평 민 11장

시내산에서 출발한 이스라엘은 얼마 가지 않아 다베라에서 광야의 어려움을 토로하며 원망했다. 예전처럼 광야 생활에 대한 원망을 쏟아 놓았지만 교육 기간은 시내산에서 이미 끝났다. 이제는 말씀을 받았으니 실천해야 하는 것이다. 그동안 원망을 들어주시던 주님이 태도를 바꾸어 즉각적인 징계로 답하신다.

> 1 여호와께서 들으시기에 백성이 악한 말로 원망하매 여호와께서 들으시고
> 진노하사 여호와의 불을 그들 중에 붙여서 진영 끝을 사르게 하시매 2 백성이
> 모세에게 부르짖으므로 모세가 여호와께 기도하니 불이 꺼졌더라 3 그곳 이
> 름을 다베라라 불렀으니 이는 여호와의 불이 그들 중에 붙은 까닭이었더라 민
> 11:1-3

/
광야의 메추라기
기류를 따라 이동하는 메추라기가 기류 변화에 따라 광야에 떨어질 수 있다.

/
요단 계곡의 고대인들의 무덤군은 탐욕의 무덤 '기브롯핫다아와'를 연상하게 한다.

//
모세가 흑인인 구스 여인을 취했다. 그 영향일까. 골고다에는 에티오피아 기독교인들이 한 장소를 지킨다.

기브롯핫다아와-탐욕의 무덤

다베라 다음에 진을 친 곳이 기브롯핫다아와다. 기브롯은 '무덤들', 핫다아와는 '그 탐욕'이라는 뜻이다. 하나님은 기브롯핫다아와에서 고기가 없다고 투정하는 이스라엘에게 메추라기를 왕창 주셨으나 탐욕스럽게 먹던 자들이 죽었다. 탐욕은 곧 우상숭배다(골 3:5). 끝없는 탐욕은 우리를 죽음으로 인도한다. 육신의 생각은 사망이다(롬 8:6).

> 33 고기가 아직 이 사이에 있어 씹히기 전에 여호와께서 백성에게 대하여 진노하사 심히 큰 재앙으로 치셨으므로 34 그곳 이름을 기브롯핫다아와라 불렀으니 욕심을 낸 백성을 거기 장사함이었더라 민 11:33-34

하세롯- 미리암 나병 민 12장

기브롯핫다아와에서 하세롯에 이른 모세가 구스 여인을 취한 일로 가족의 비난을 받았다. 모세가 왜 구스 여자를 아내로 맞았는지는 확실한 정보가 없다. 추정하건대 아내가 도중에 죽어 돕는 자가 필요했고, 그 아내를 소수민족이요 소외된 허다한 잡족 중에서 택하여 그들을 공동체 안으로 끌어들이고자 하는 마음도 있었을 것이다. 초대교회에서 히브리파 사도들이 헬라파 집사들을 세우는 장면을 연상하면 좋을 것이다. 그러나 이 일에 비난이 있었다.

> 모세가 구스 여자를 취하였더니 그 구스 여자를 취하였으므로 미리암과 아론이 모세를 비방하니라 민 12:1

모세는 온유한 자였다. 온유는 영어로 'gentle'이고, 히브리어로는 '아니'인데 가난이 온유란 단어와 같다. 온유 혹은 가난한 자의 집이 '베다니'다. 예수님은 요단강 베다니에서 세례를 받으시고, 예루살렘 베다니에 자주 머무시며 나사로를 살리기도 하셨다. 하나님 앞에서 가난한 자, 겸손한 자, 부드러운 마음을 가진 자가 온유한 사람이다. 그런 사람은 하나님이 말씀하시면 그대로 흡수하여 받아들인다. 더 많이 겸손하고 낮아지는 게 하나님의 축복을 받는 비결이다. 모세가 바로 그런 사람이었다. 그는 형과 누나가 비방했을 때 침묵했다. 그러자 하나님께서 나서서 모세를 방어해 주셨다. 말씀과 교회가 세워질 때 전달자의 권위는 말씀의 권위와 신뢰성에 큰 영향을 끼친다.

여기서, 묵상

목회자와 지도자가 신뢰를 잃으면 그것처럼 난감할 때가 없다. 모세는 아론, 미리암과 동기간이다. 무시하기 쉬운 관계였다. 모세가 무시와 비방을 받으면 하나님께서 주신 말씀이 동시에 무시를 받게 된다. 하나님 말씀의 권위가 무시되는 건 심각한 문제다. 그래서 가족일지라도 지도자를 무시하는 언행을 용납하지 않으셨던 것이다.

다윗은 어떤 상황에서도 사울왕의 권위에 도전하지 않았고 무시하지도 않았다. 하나님이 주신 권위이기 때문이다. 그렇기에 그도 존중받았다.

고린도후서 등에서 사도 바울은 사도임을 민망할 정도로 강조한다. 사도권이 무시당하면 자신이 전한 모든 말씀이 무시를 당하기 때문이다.

/
바란 광야
바란 광야는 시내 광야와 신 광야 사이에 위치하는 크고 두려운 광야다.

//
가데스바네아 전망대
가데스는 국경 지대로 이집트에 위치한다.

가데스바네아-정탐꾼 민 13장

시내산은 시내 반도에 위치한다. 시내 반도의 시내 광야를 지나 가나안으로 향하면 먼저 만나는 광야가 바란 광야다. 그다음이 신(Zin) 광야다. 바란 광야와 신 광야의 경계에 위치한 곳이 가데스바네아다. 가데스바네아는 바란 광야의 한 부분으로 불리기도 한다.

> 그 후에 백성이 하세롯을 떠나 바란 광야에 진을 치니라 민 12:16

가나안을 향한 행군에는 많은 훈련이 요구되었다. 매일 내린 만나에도 불구하고 지루하고 힘든 여정으로 이스라엘은 감사함을 잃어버렸다.

이곳에서 모세는 가나안에 관한 더 자세한 정보를 얻기 위해 열두 정탐꾼을 보냈다. 지도 민수기 1을 펼치고 민수기 13:1-24을 읽으며 에브라임과 유다 지파의 대표자(여호수아와 갈렙)를 주목하라.

모세는 이스라엘의 대표를 뽑아 정탐꾼으로 보냈다. 일부는 빠르게 수백 km 떨어진 다메섹 위까지 갔고 일부는 헤브론 주변을 돌아보았다. 먼저 민수기 13-14, 20-21장과 신명기 1-2장을 읽고 비교해 보라.

앞서 살펴본 바와 같이 '남방'은 유다 산지와 쉐펠라의 남쪽이다. 강우량이 충분하며 좋은 농토다. 목초지로 이용되는 남방은 정탐꾼이 머물던 황량한 광야보다 사정이 훨씬 나았다. 네게브(남방) 북쪽 유다 산지는 광야에 비할 바가 아니었다. 네게브에서 유다 산지를 오를 때 처음 만나는 중심지가 헤브론이다. 헤브론은 해발 1000m에 위치하며 과실을 재배하기에 강우량이 충분했다. 헤브론으로

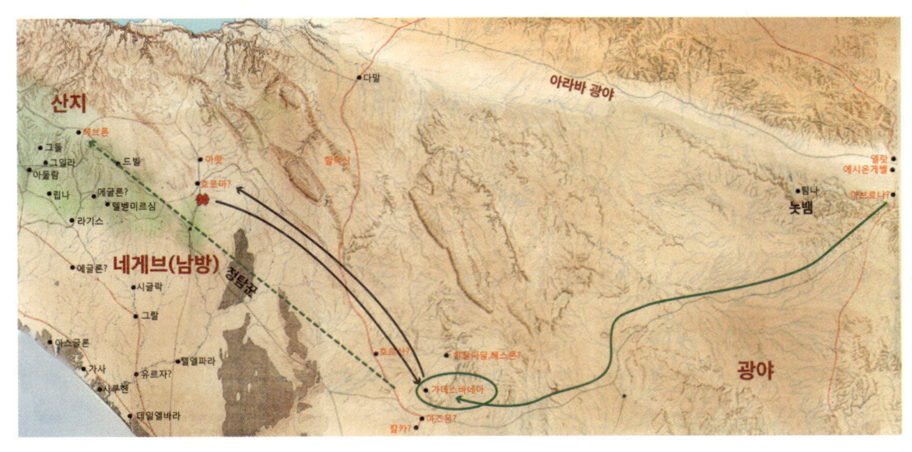

정탐꾼 파송과 이스라엘 일부 백성의 가나안 정복 시도
이들은 아랏에서 대패하고 호르마에서 거의 죽었다.

/
정탐꾼이 가져온 과일 중 하나인 석류

//
산지의 포도

///
정탐꾼들은 포도가 달린 가지를 나무에 꿰어 가져왔다.

////
무화과
석류와 무화과, 포도가 익어 가는 7월의 여름에 정탐을 마쳤다.

올라가는 동안 정탐꾼은 흥분되었을 것이다. 포도가 익어 가는 계절(7~8월)이었기 때문이다. 유다 지파의 갈렙은 그 감격을 잊지 못하고 45년 후 가나안에 입성하자마자 여호수아에게 헤브론 땅을 유업으로 줄 것을 요청했다.

정탐꾼은 40일간 정탐했다. 정탐하러 가는 길은 가데스바네아에서 네게브 길을 통과해 산지로 가면 된다(민 13:17). 이 기간 동안 일부는 빨리 달려 550km가 넘는 하맛 근처까지 갔고, 일부는 헤브론 주변을 정밀하게 정탐한 듯하다.

> 이에 그들이 올라가서 땅을 정탐하되 신 광야에서부터 하맛 어귀 르홉에 이르렀고 민 13:21
> 또 에스골 골짜기에 이르러 거기서 포도송이가 달린 가지를 베어 둘이 막대기에 꿰어 메고 또 석류와 무화과를 따니라 민 13:23

지파별로 선발된 열두 정탐꾼은 광야에서는 볼 수 없던 과일을 가져왔다. 과일의 종류를 보면 이때가 한여름이었음을 알 수 있다. 그들은 5월에서 7월에 이르는 기간 동안 정탐을 마치고 정탐 결과를 보고한다. 민수기 13:25-14:45이 정탐 결과 보고서다. 요약하면 '**땅은 좋지만 그 땅의 백성이 강하다**'이다. 열두 정탐꾼은 이 사실에 모두 동의했다. 하지만 그것을 해석하는 견해는 두 부류로 나뉘었다. 에브라임 지파의 여호수아와 유다 지파의 갈렙은 하나님 중심의 긍정적이고 적극적인 견해로 가나안 입성이 가능하다고 주장했고, 나머지 열 지파 대표는 인간적인 눈으로 해석해서 가나안 정복이 불가능하다고 보고했다.

메뚜기는 음식 중 가장 하찮은 음식이었다. 열 정탐꾼은 스스로를 메뚜기라 칭했다.

하나님은 이미 이 땅을 주겠다고 약속하셨기 때문에 정탐꾼은 어떻게 효과적으로 가나안을 정복할지 보고 오면 됐다. 겁먹을 필요가 없었다. 정탐꾼의 이 같은 판단이 앞으로 진행될 이스라엘의 역사에서 중대한 영향을 미쳤다. 여호수아와 갈렙이 속한 지파가 강했기에 가나안 입성은 흔들림 없이 진행되었다. 뿐만 아니라 여호수아가 속한 에브라임 지파와 갈렙이 속한 유다 지파가 땅을 분배받을 때 우선 선택권을 가지므로 가장 좋은 땅을 차지했다.

바란 광야-방황 민 14장

열두 정탐꾼은 같은 사실을 보았으나 '해석'이 달랐다. 갈렙과 여호수아는 '가나안을 이스라엘의 먹이'라고 선언했으나 나머지 열 명은 '이스라엘이 가나안의 먹이(메뚜기)'라고 매우 상반된 주장을 했다.

> 거기서 네피림 후손인 아낙 자손의 거인들을 보았나니 우리는 스스로 보기에도 메뚜기 같으니 그들이 보기에도 그와 같았을 것이니라 민 13:33
> 다만 여호와를 거역하지는 말라 또 그 땅 백성을 두려워하지 말라 그들은 우리의 먹이라 민 14:9

왜 이렇게 다른 해석이 나올까? 가치관의 차이다. 하나님은 이스라엘이 하나님의 눈으로 이 세상을 바라보길 바라셨지만, 열 명의 정탐꾼은 세상의 안경을 벗지 못했다. 마라의 샘에서 믿음의 눈을 가진 사람은 60만 명 중 단 두 명에 불과했다. 하나님은 선언하신다.

> 그들에게 이르기를 여호와의 말씀에 내 삶을 두고 맹세하노라 너희 말이 내 귀에 들린 대로 내가 너희에게 행하리니 민 14:28

메뚜기라 말한 사람들은 메뚜기처럼 광야에서 소멸되어 죽어 갔다. 하나님은

40일의 하루를 1년으로 계산하여 40년간 죄악을 담당하도록 하셨다. 그러자 일부 백성이 뒤늦게 후회하고 가나안 정복을 시도했으나 하나님이 허락하지 않으셨으므로 전쟁은 무참하게 패배했다. 반면에, 가나안을 자신의 먹이에 불과하다고 말한 여호수아와 갈렙에게는 그들이 선포한 대로 그들이 밟는 땅을 주겠다고 약속했고 그대로 되었다.

여기서, 묵상

나는 어떤 말을 하는가?

기도를 잘해야 한다. 울며불며 "죽겠어요" 하면 하나님도 "죽어라" 하신다. 그러나 예수 이름으로 "할 수 있다" 하면 귀에 들린 대로 이루어 주신다. 그리스도인의 언어생활은 긍정적이어야 한다. 사람들은 부정적인 말을 잘 듣고 따른다. 이스라엘 백성은 열 정탐꾼의 부정적인 말을 듣고 통곡하다 망했다. 동일한 사건을 목격하고도 해석은 다 다르다. 여호수아는 가나안 사람을 '우리의 밥이다' 한 반면에, 열 지파 사람들은 '우리는 그들에 비하면 메뚜기 같다'고 했다. 나는 어떤 잣대를 가지고 주어진 상황을 판단하며 살고 있는가? 나 중심인가, 아니면 하나님 중심인가(히 3:15-19)? 누구 중심의 관점을 갖느냐에 따라 사탄의 밥이 될 수도 있고 사탄이 나의 밥이 될 수도 있다. 믿음의 눈이 이것을 결정한다.

> 그들은 믿음으로 나라들을 이기기도 하며 의를 행하기도 하며 약속을 받기도 하며 사자들의 입을 막기도 하며 히 11:33

부정적인 생각은 전염병처럼 쉽게 퍼진다. 나는 여호수아와 갈렙같이 긍정적인 사고를 심어 주는가, 아니면 열 지파 정탐꾼처럼 부정적인 생각을 퍼뜨리는가? 그것도 아니면 부정적인 소리에 귀를 기울이는가?

옷술은 하나님의 말씀을 기억하는 장치다.

옷단 술: 말씀으로 실패를 이기라 민 15:37-41

하나님은 정탐꾼 사건이 있은 후 15장에서 갑자기 가나안에 들어가 드릴 제사에 대해 말씀하신다. 믿음으로 실상을 본 것처럼 예배자로 살라는 것이다. 하나님 중심이 아닌 나 중심의 생각으로 이스라엘 백성을 혼란에 빠뜨린 정탐꾼들을 반면교사 삼아 하나님만 바라보기 위해 예배를 드리라는 것이 아닐까?

하나님의 약속의 말씀을 잊고 불평하는 이스라엘에게 옷술이라는 문화를 제정하여 옷술을 볼 때마다 하나님의 말씀을 기억하라 하신다. 옷술 4개를 옷단 네 귀에 달도록 해서 찰랑이는 옷술을 볼 때마다 하나님의 말씀을 기억하여 열 정탐꾼의 실수를 다시 하지 않도록 하기 위함이었다. 유대인들은 이 옷술을 찌찌트(ZitZit)라 불렀고 글자를 숫자로 계산하고 옷술의 매듭과 줄 수를 사용해 613이라는 율법의 숫자를 만들었다. 그래서 옷술을 볼 때마다 하나님의 율법을 기억했다. 수가 성 여인이 예수님이 유대인인 것을 금방 알아볼 수 있었던 것도 이 옷술 때문이었을 것이다.

고라의 반역 민 16:1-35

가나안 입성이 지연되자 레위 자손의 고라와 르우벤 자손의 다단과 아비람, 온이 당을 짓고 모세와 아론에게 대항했다. 이는 리더십에 대한 도전이었다. 고라 자손은 성물을 담당하는 사람들이고, 르우벤 지파는 육신적인 장자 지파였다. 혈통적으로 장자가 될 수 있는 자들의 반란이었다.

권위에 대한 도전은 공동체의 질서뿐 아니라 하나님이 주신 율법의 신뢰성과 밀접한 관계가 있었다. 이런 문제는 하나님이 직접 관여하신다. 고라와 다단과 아비람의 가족은 그들이 서 있던 땅이 갈라져 모든 재물과 함께 스올에 빠져 버렸다. 향로 250개를 만들어 대적한 사람들은 여호와의 불로 불사름을 당해 죽었다. 그들이 만든 향로는 제단을 덧입히는 놋으로 사용되었다.

이스라엘 백성은 수백 명이 죽어 나가는 모습을 보며 모세를 원망했다. 그러자 염병이 돌았다. 아론이 급히 향로를 마련해 죽어 가는 사람들

언약궤 안에 있는 아론의 싹 난 지팡이는 하나님이 아론 자손에게 제사장권을 하사했음을 알려 주는 증거다.

/
가데스 근처의 아브닷 샘은 므리바의 물을 연상하기에 충분하다.

: 15일

오늘 읽을 분량
성경 민 18-32, 시 29
본서 206-225쪽

성경의 맥 잡기

1. 가데스 므리바 사건, 홍해길의 불뱀과 놋뱀
2. 헤스본왕 시혼, 바산왕 옥 전쟁
3. 모압왕과 발락과 선지자 발람의 꾀

신구약 연결 포인트

1. 놋뱀처럼 들리신 예수님
2. 발람의 꾀와 계시록의 두아디라교회

묵상 가이드

1. 마지막까지 말씀에 순종하지 않아 가나안에 들어가지 못한 모세와 아론의 책임을 보라.
2. 원망할 수밖에 없는 환경에서도 순종함이 광야 마지막 시험이었다.
3. 두 왕의 정복 전쟁은 모세가 보인 가나안 전쟁의 모델이었다.

사이에 서자 전염병이 그쳤다. 이때 1만 4700명이 죽었다. 여호와는 당신이 택하여 권위를 부여하였음을 보여 주기 위해 12지파의 12지팡이 중에 아론의 지팡이에서 움이 돋고 순이 나고 꽃이 필 뿐만 아니라 열매를 맺게 하셨다. 이 지팡이를 증거궤 앞에 두어 더 이상 권위에 대한 도전으로 희생되지 않도록 교훈했다.

가데스 므리바 민 20장 15일

므리바는 두 번 나온다. 하나는 시내산 가는 길에 르비딤 바위에서 물이 솟아난 곳을 지칭하는 말이고(출 17:7), 하나는 모세가 가나안에 들어가지 못하게 된 사건이 일어난 가데스의 물을 지칭한다(민 20:13). 한 번은 바위를 쳐서 물이 나오게 했고, 한 번은 가리켜야 하는데 쳐서 물이 나오게 한 곳으로 모두 '다툼'이라는 뜻을 가지고 있다. 하나님은 이스라엘을 끝까지 참으셨지만 모세는 혈기를 나타내어 "우리가 너희를 위하여 이 반석에서 물을 내랴?" 하면서 지팡이로 반석을 쳤다. 하나님의 영광이 아니라 자기 혈기와 자기 영광을 드러낸 것이다. 이 때문에 모세는 가나안을 앞에 두고 입성하지 못했다. 하나님의 거룩함을 나타내지 않은 지도자의 책임은 가혹했다. 광야에 무슨 물이 나겠냐고 생각할 수 있지만 가데스바네아에서 38km 북쪽에 위치한 아브닷 샘에 가면 이런 분위기를 약간이나마 엿볼 수 있다.

> 다 같은 신령한 음료를 마셨으니 이는 그들을 따르는 신령한 반석으로부터 마셨으매 그 반석은 곧 그리스도시라 고전 10:4

호르마-아랏왕

가나안에 들어가지 않기로 한 이스라엘의 결정은 심각한 결과를 초래했다. 먼저 20세 이상의 장정은 여호수아와 갈렙을 제외하고 가나안 땅에 들어가지 못했다(민 14:23). 둘째, 가데스바네아보다 더 험하고 더운 홍해길(아라바 광야)로 가며 37년 6개월 동안 유랑하게 되었다(민 14:25).

아론이 호르산에서 죽은 후 이스라엘은 호르마 쪽으로 올라간다. 일부 이스라엘 사람들이 무모하게 산지를 공략했다가 실패했던 그곳으로

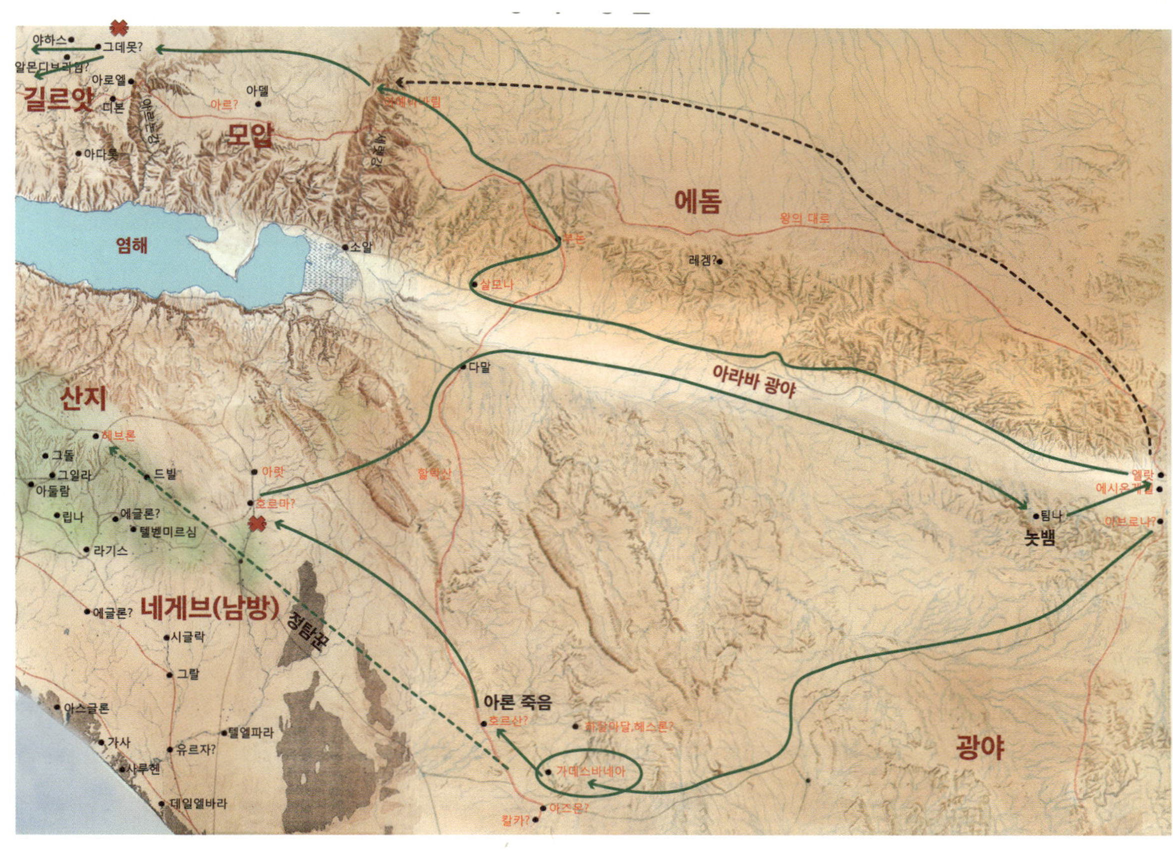

민수기 1
가데스바네아 도착과 출발

간 것이다(민 14:40-45; 신 1:40-45). 그때는 산지의 왕들이 이스라엘의 공격을 잘 막았다. 이 전쟁은 사울과 다윗이 유다의 남부를 아말렉의 공격에서 방어하기 위해 실시한 군사 활동과 패턴이 닮았다. 그러나 이번에는 모세와 전군이 진격한다. 아랏왕은 군대를 모아 이스라엘을 선제 공격했으나 그 대가는 처참했다. 하나님께 드려진 물건을 '헤렘'이라고 하는데 아랏의 군대는 그야말로 제물이 되었다. 이 장소를 헤렘과 어근이 같은 '호르마'라고 한다. 하나님께서 사울왕에게 이곳의 아말렉 사람들을 헤렘으로 드리라고 했지만, 사울왕은 욕심에 이끌려 헤렘의 일부를 가져옴으로 결국 하나님께 버림받았다. 헤렘으로 드려진 호르마가 있었는데도 역사에서 교훈을 얻지 못하면 그 최후가 참으로 비참하다.

> 여호와께서 이스라엘의 목소리를 들으시고 가나안 사람을 그들의 손에 넘기시매 그들과 그들의 성읍을 다 멸하니라 그러므로 그곳 이름을 호르마라 하

/
고대 아랏 성
아랏왕은 이스라엘과의 교전에서 1차 승리하고 2차 선제 공격했으나 모세의 주력 군대에 완전히 진멸(헤렘)되었다.

//
아랏 성 표지판

였더라 민 21:3

에시온게벨(지도 민수기 1의 남쪽 가장자리)과 요단 동편 가도(왕의 대로)를 경유해서 지구대의 동쪽 에돔 영토를 지나는 것 또한 거절되었다.

홍해길-놋뱀 민 21장

홍해길이 위치한 아라바 광야는 해발고도가 바다보다 낮아 바란 광야나 신 광야보다 더웠다. 낮에 구름기둥이 없었다면 노약자는 탈진되었을 것이다. 그러나 구름기둥과 불기둥, 만나와 메추라기도 열악한 환경에서 최소한의 편의일 뿐이었다. 50℃가 넘는 아라바 광야길에서 원망은 저절로 나왔다. 아랏왕을 이기고 반나절만 올라가면 헤브론에 이를 수 있는데 "뒤로 돌아가!" 하시므로 남쪽 광야를 돌게 되었으니 볼멘소리가 나올 만했다. 그러나 이스라엘에게 마지막 시험은 '원망할 수밖에 없는 환경에서도 감사'하는 것이었다. 하나님은 어려운 환경일지라도 하나님을 끝까지 신뢰하기 원하신다. 그러나 대부분은 이 시험에 실패한다. 이스라엘 백성이 또 원망하자 하나님은 사막의 불뱀을 보내셨다.

/
광야에서 유목민이 잡은 뱀

광야에서 한 유목민이 잡은 뱀은 불뱀의 크기를 추정하기에 충분했다. 홍해길에 있는 팀나의 구리광산에 위치한 미디안 사람들의 신전에서 놋뱀이 발견되었다. 12cm밖에 안 되는 크기는 시사하는 바가 크다. 백성은 불뱀을 몰아내기를 원했지만 하나님은 놋뱀을 만들어 바라보게 하셨다. 실물 크기로 뱀을 만들었다면 사진에서 보듯 작았을 것이다. 사람들은 화려함이 아닌 소박하고 저주스러운 뱀을 바라보며 구원을 얻었다. 그 모습이 당시 저주의 상징이던 예수님의 십자가와 닮았다. 예수님은 복음의 핵심과 관련지어 구리뱀 사건을 언급하신다.

/
팀나의 미디안 신전
이곳에서 놋뱀이 발견되었다.

//
에돔 산지를 따라 내려온 홍해

14 모세가 광야에서 (구리) 뱀을 든 것같이 인자도 들려야 하리니 15 이는 그를
믿는 자마다 영생을 얻게 하려 하심이니라 16 하나님이 세상을 이처럼 사랑
하사 독생자를 주셨으니 이는 그를 믿는 자마다 멸망하지 않고 영생을 얻게
하려 하심이라 요 3:14-16

불평할 수밖에 없는 환경에서 보여 줄 수 있는 최고의 믿음은 '그리 아니하실지라도'이다. 하나님은 우리가 최악의 상황에서 최고의 감사를 드리기까지 성장하기를 원하신다.

위를 종합하면 고센 지방에서 출발한 이스라엘 일행은 시내 광야에서 2년 6개월을 지냈다. 특히 시내산에서 11개월을 머물렀다. 그 후 가데스에서 정탐꾼을 보냈으나 가나안에 들어가기를 거부하여 37년 6개월 가까이 광야를 방황하게 되었다. 40년이 다 되어 이스라엘은 가데스에서 호르산으로 향하다 홍해길(다말

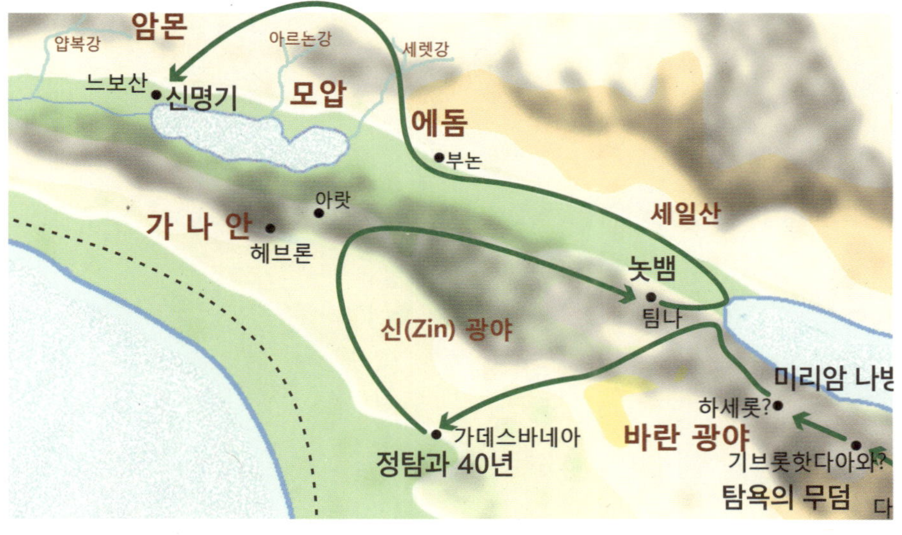

/
가데스바네아부터 모압 평지까지

에서 엘랏을 연결하는 도로)로 나아갔다(신 1:46-2:8; 민 21:4).

홍해길을 따라 엘랏과 에시온게벨에 이른 이스라엘은 왕의 대로를 지나는 것이 허락되지 않아 홍해길 바로 맞은편, 아라바 광야 동쪽 아라바 길을 따라 북쪽으로 올라갔다(신 2:8). 상식적으로 무리한 행군 같아 보인다. 홍해길을 따라 남쪽으로 수백 km를 내려갔다가 다시 몇 시간밖에 걸리지 않는 맞은편 길을 따라 북쪽으로 올라온다.

이제 이스라엘은 동쪽을 향하여 살모나와 부논을 거쳐서 오봇에 이르며 요단 동편으로 가파르게 올라 에돔 북쪽 세렛강가 이예아바림에 진을 쳤다(민 21:11-12). 세렛강은 에돔과 모압의 경계다.

출애굽하여 38년이 지났다(신 2:14). 통과를 허락하지 않자 이스라엘은 동쪽으로 모압 땅을 우회하여 아르논강변에 진을 쳤다. 아르논강과 디본의 북쪽 고원지대(미쇼르)는 헤스본왕(지도 신명기 1) 시혼과 싸운 전쟁터였다. 이때 벌어진 흥미로운 사건 일부가 민수기 20:1-21:15과 33:37-44에 잘 나타나 있다.

이상은 지리적으로 고찰한 출애굽 행로다. 그러나 학자마다 의견이 분분하다.

시편 90편은 모세의 기도다. 광야 생활을 배경으로 한 시이지만 어느 세대든 공감할 수 있다. 지도에 나타난 사건을 생각하며 시편 90편을 천천히 그리고 주의 깊게 읽어 보라.

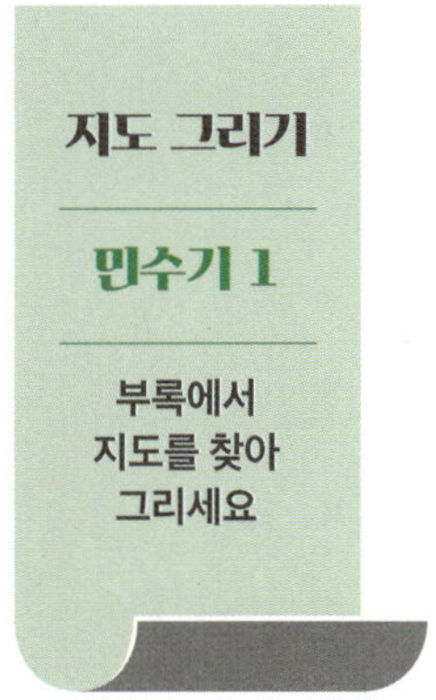

| 요단 동편과 가나안 입성 준비 |

요단 동편부터 점령하다

성경 민수기, 신명기 **연대** BC 1400년대 (많은 학자가 주전 13세기를 선호한다)

역사적 배경 이집트 아마르나의 아크나톤 유일신교 정책과 가나안의 아마르나를 향한 세겜 고발 문서들

핵심 본문 요단 동편 점령, 모압왕 발락과 발람의 꾀, 2차 인구 조사

지도 신명기 1

신명기 1
요단 동편 정복과 가나안 입성

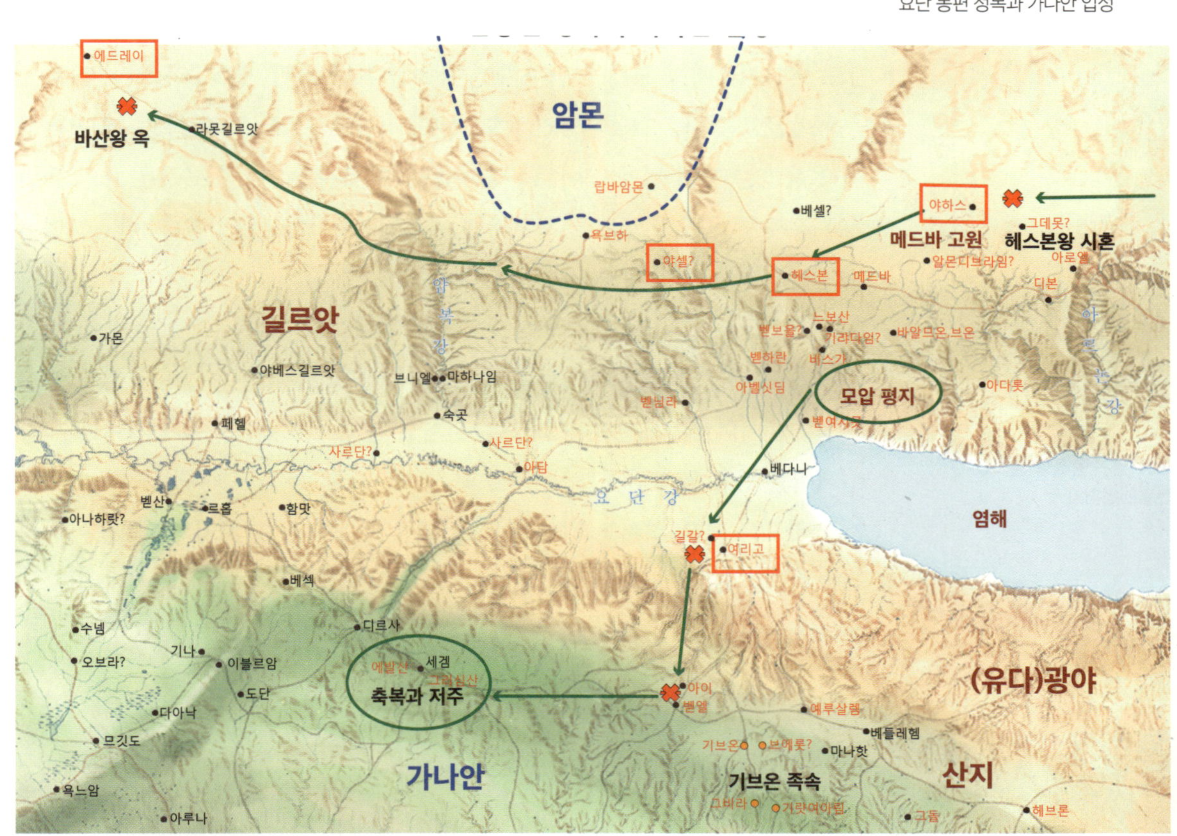

아르논강은 지도의 북동쪽 모서리에 있다. 요단 동편은 남북으로 녹지대가 길게 늘어서 있다. 우기에 서쪽 지중해에서 불어오는 비를 동반한 바람은 먼저 가나안 산지를 적시고 나머지는 그보다 높은 요단 동편 산지에 부딪쳐 비를 내린다. 그러나 서풍의 혜택을 받을 수 없는 가나안 산지 동편은 광야로 남는다. 요단 동편의 녹지대를 벗어난 동쪽은 아라비아 사막이다. 동쪽에서 불어오는 바람은 광활한 사막의 영향으로 건조하고 덥다.

요단 동편은 이스라엘이 가나안으로 이동할 때 일부 지파 사람들이 정착하기 시작한 땅이었다(민 32:1-5). 여러 방면에서 들어오는 힘으로 인해 요단 동편에 안정된 정부를 허락하지 않았고, 이에 따라 지배 세력이 자주 바뀌었다. 현대 요르단도 주변에 비해 약한 나라이고 대외 의존도가 높다.

가나안 동쪽 접근로

지도 민수기 1는 남방을 거쳐서 산지에 이르는 서쪽 접근로를, 지도 신명기 1은 산지로 접근하는 동쪽 접근로를 알려 준다. 어떤 이들은 이 접근로를 가나안의 후문(後門)이라 부른다(정문은 해변길에서 산지로 접근하는 서쪽 접근로다).

지도 민수기 1에서 모세는 이스라엘 자손을 요단 동편 세렛강을 지나 아르논강까지 이끌고 왔다. 지도 신명기 1에는 히브리어로 '미쇼르', 영어로 '메드바 고원'이라 불리는 자연 경계가 아르논강 북쪽에 펼쳐져 있다. 이 고원은 요단 동편 가도를 통해 가나안 중앙부로 침투하는 전통적인 무대로 알려졌다. 이스라엘이 상대의 허를 찌르는 작전을 시도했다.

가나안의 동쪽 접근을 방해하는 장애물은 염해로 내려가는 급경사와 염해 자체다. 염해를 건너면 바로 나타나는 최고 높이 400m에 이르는 절벽은 엄두가 안 나는 장애물이다. 염해 서쪽은 대부분 석회암 절벽으로, 직접 보기 전에는 실감하기 어려울 만큼 험하다.

요단 계곡은 넓은 평지로 강 양쪽으로 기름진 농토가 펼쳐져 있다. 굽이굽이 유유히 흐르는 요단강 외에는 장애물이 없다. 물론 홍수 때는 강 자체가 심각한

모압-암몬 왕들이 서로를 연결한 왕의 대로
이스라엘은 이 도로를 이용하기 원했으나 모든 왕이 거부했다.

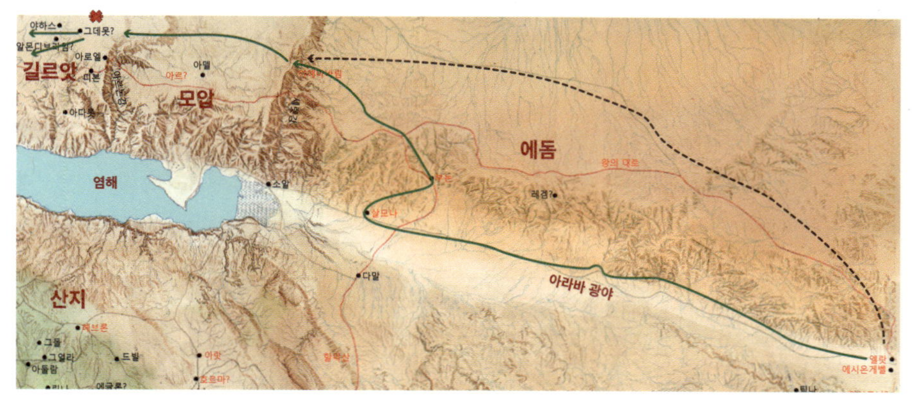

가나안 서쪽 접근로

장애가 된다. 요단 계곡을 지나 유다 산지까지 이르려면 광야의 가장자리이며 요단강 서쪽에 위치한 오아시스 여리고를 통과해야 한다. 메드바 고원에서 여리고를 경유해 유다 산지까지 이르는 경로를 연구해 보라. 염해 북서쪽은 연한 석회암인 백악층과 산등성이가 제공하는 완만한 경사가 오르막길을 제공한다.

다시 지도 신명기 1로 돌아가서 왕의 대로(특별히 메드바 고원의 가장자리 헤스본)에서 모압 평야로 내려와서 여리고를 향하여 요단강을 가로지르는 길을 보라. 하부 요단 계곡에 놓인 여리고의 전략적 중요성은 서쪽 산지까지 이어 주는 여러 도로를 보아도 알 수 있다. 이 도로들은 여리고와 예루살렘, 벧엘, 기브온을 연결한다. 기브온을 지나면 유다 산지 정문에 해당하는 아얄론 골짜기를 지나 해변길로 내려간다. 요단 동편 왕의 대로에서 해변길까지 가나안을 가로지르는 교차로는 성경에 빈번히 등장한다.

요단 동편에서 치른 이스라엘의 전쟁과 일부 지파가 그곳(특히 메드바 고원)에 정착한 일은 후에 벌어지는 사건의 배경이 된다. 이를 염두에 두고 민수기 21:13-22:1, 32:1-42과 신명기 34장을 읽으라.

요단 동편 정복: 가나안 정복에 다가서다 민 21:21-35, 신 2:26-3:11

요단 동편의 전쟁으로 당시 정치 상황과 지리를 추정해 볼 수 있다. 이스라엘이 통과하길 원한 요단 동편에는 이삭의 형 에서를 조상으로 하는 에돔 족속과 아브라함의 조카 롯의 두 아들이 이룬 모압과 암몬 족속이 거주하고 있었다. 하나님은 이스라엘이 이들의 땅을 침범하지 못하게 하셨다. 그러나 이 세 족속은 모두 혈연관계가 있는 이스라엘을 박대하고 '왕의 대로'(민 21:22) 통과를 허락하지 않았다.

이런 방해에도 불구하고 이스라엘은 당시 요단 동편의 맹주라 할 수 있는 헤스본의 아모리왕 시혼을 물리치고 길르앗 지역을 정복했다. 이어서 골란 고원의 지도자인 바산왕 옥(Ok)을 물리치고 요단 동편을 장악했다. 아르논강에서 헤르몬산에 이르는 요단 동편이 이스라엘 수중에 모두 들어갔다. 즉 헤르몬산 남쪽 바산과 야르묵강, 얍복강을 지나 아르논강에 이르는 길르앗 산지까지 차지한 것이다. 그러나 여전히 아르논강 남쪽은 모압 족속이, 세렛강 남쪽은 에돔 족속이, 얍복강과 아르논강 동쪽에는 암몬 족속이 랍바-암몬(현재 요르단의 수도 암만)을 중심으로 살고 있었다.

민수기 33장은 정복 경로를 요약하고 있다. 그런데 홍해길 경로는 생략했다. 호르산에서 살모나와 부논을 지나는 과정에서 신명기 2장의 아라바 광야와 엘랏과 에시온게벨을 생략했기 때문이다. 민수기에 근거하면 21장에 기록된 불뱀 사건이 일어난 곳은 고대 구리광산이 있던 팀나와 부논 중 부논이 더 유력하지 않을까 한다.

> **41** 그들이 호르산을 떠나 살모나에 진을 치고 **42** 살모나를 떠나 부논에 진을 치고 **43** 부논을 떠나 오봇에 진을 치고 **44** 오봇을 떠나 모압 변경 이예아바림에 진을 치고 **민 33:41-44**

> **3** 너희가 이 산을 두루 다닌 지 오래니 돌이켜 북으로 나아가라 **8** 우리가 세일산에 거주하는 우리 동족 에서의 자손을 떠나서 아라바를 지나며 엘랏과 에시온게벨 곁으로 지나 행진하고 돌이켜 모압 광야 길로 지날 때에 **신 2:3, 8**

에돔을 둘러 가기

요단 동편에 들어서기 위해서는 두 가지 선택이 있다. 하나는 에돔을 둘러 가는 것으로 홍해에서 아라비아 광야 쪽으로 동쪽 가장자리를 가는 방법이다. 그러나 에돔의 경계를 특별히 설명해야 할 필요가 있어 다음과 같이 따로 설명해 두었다. 이스라엘이 가데스를 떠나 살모나와 부논을 지난 것을 보면(민 33:42),

세렛강의 하류에서 강을 따라 올라간 것으로 보인다. 그러므로 지도 민수기 1의 점선보다 실선으로 기록된 경로가 더 성경적이라고 할 수 있다.

에돔의 경계

여기서 잠시 에돔의 경계를 자세히 알아보고 출애굽 경로를 이해해 보자. 가데스에서 세렛강 아예 아바림에 이르는 행로에 대해서는 여러 이견이 충돌하고 있기 때문이다.

먼저 모세는 가데스(가데스바네아)에서 이스라엘이 에돔을 통과하게 해 달라고 요청한다. 그러면 에돔은 어디인가?

> 14 모세가 가데스에서 에돔 왕에게 사신을 보내며 이르되 당신의 형제 이스라엘의 말에 우리가
> 당한 모든 고난을 당신도 아시거니와… 16 이제 우리가 당신(에돔)의 변방 모퉁이 한 성읍 가데스
> 에 있사오니 17 청하건대 우리에게 당신의 땅을 지나가게 하소서 우리가 밭으로나 포도원으로 지
> 나가지 아니하고 우물물도 마시지 아니하고 왕의 큰길로만 지나가고 당신의 지경에서 나가기까
> 지 왼쪽으로나 오른쪽으로나 치우치지 아니하리이다 한다고 하라 하였더니 민20:14-17

가데스가 에돔의 한 모퉁이라고 말하고 있다. 이는 에돔이 현대 이스라엘이 네게브라고 부르는 브엘세바 남쪽 마크테쉬까지 영향력을 미쳤음을 말해 준다. 신약시대에 세일산 페트라를 중심으로 활동한 나바테아도 세일산과 마크테쉬(신 광야)를 함께 통치했다. 세일산과 신 광야는 사막 무역에서 떼어 놓을 수 없는 관계에 있다. 이것은 지중해변 근처 호르산과 신 광야가 에돔의 변경이라는 점에서도 그러하다.

> 22 이스라엘 자손 곧 온 회중이 가데스를 떠나 호르산에 이르렀더니 23 여호와께서 에돔 땅 변경
> 호르산에서 모세와 아론에게 말씀하시니라 민20:22-23
>
> 너희 남쪽은 에돔 곁에 접근한 신 광야니 민34:3

이 점은 학자 간에 그리고 성경 권간(특히 민수기와 신명기)에 나타나는 출애굽 경로를 결정하는 데 매우 중요하다. 민수기 33:3-35에는 이스라엘이 2년 6개월간 시내 광야(현 시나이 반도)에서 머물던 장소를 자세히 기록하고 있으나, 많은 지명을 확인하기 어렵다. 한편, 민수기 33:36-49은 요단 동편의 행로를 기록하고 있으나 신명기와 많은 차이를 보이고 있다.

민수기는 이스라엘이 가데스바네아에서 호르산이 있는 북쪽으로 향하다 염해 남쪽 세렛강을 지났

다고 기록했다. 그러나 신명기는 이보다 자세하여 이스라엘이 가데스바네아에서 호르산 쪽으로 올라가 동쪽으로 향하다 남쪽으로 꺾어 홍해의 엘랏이 있는 방면으로 향했다고 기록하고 있다. 그리고 그곳에서 다시 북상하여 세렛강에 이르렀다고 전술한다.

어떤 성경 본문을 택하느냐에 따라 경로가 달라지지만 여기서는 좀 더 자세하게 기록한 신명기를 택하기로 한다.

어떤 학자는 에돔을 둘렀다는 표현을 중시하여 엘랏에 이른 이스라엘이 에돔의 세일산을 둘러 세렛강까지 이르렀다고 주장하나 이는 좀 무리인 것 같다. 왜냐하면 지도 민수기 1에서 보듯 살모나와 부논(Punon)이 에돔의 서쪽에 위치한다. 세일산을 둘러 에돔의 동쪽, 아라비아 사막 쪽으로 향하던 이스라엘이 다시 지나기를 거부당한 에돔 땅을 가로질러 서쪽으로 내려온다는 것(민 33:42)은 상식에서 벗어난 해석이다.

세일산

신명기 1-2장에서 언급되는 세일산은 에서의 자손이 살던 영토의 남북을 가로지르는 산악 지대로서 남서쪽으로는 아카바만에 이르며, 동서로는 아라바 동부 경사지에서 아라바 서쪽 산지에 이르는 고지대 전체를 가리키는 것으로 보아야 할 것이다. 신명기 2:1에서 언급된 세일산은 네게브 서쪽 산지로서 이 산지 주위를 맴돌았다는 말은 곧 '신 광야'를 방랑했다는 뜻이다. 따라서 신명기 1:46과 2:1, 3에서 언급되는 '여러 날'은 가데스바네아를 포함한 신 광야에서 방랑한 38년간을 의미한다.

민수기 15-19장은 이스라엘 백성이 구체적으로 어디에서 38년간 방랑했는지 언급하지 않는다. 그에 반해 신명기 1:46과 2:1은 이들이 보낸 '여러 날' 곧 38년의 방랑 기간과 방랑 지역을 언급하고 있다. 이렇게 볼 때, 가데스바네아에서 불거진 불신 사건에서 비롯된 방랑을 끝내고 에돔 땅을 우회하여 세렛 시내를 건너기까지의 이스라엘 백성의 여정을 묘사한 신명기 2:8-14:63의 그림이 분명해진다.

가데스바네아 → 신(찐 צִין) 광야에서 38년간 방랑 → 방랑이 끝난 후 아라바 광야를 지나 → 엘랏과 에시온게벨을 지나 → 세렛 시내

정연호,

(시내산은 어디인가? II: 제9차 학술세미나, 한국이스라엘연구소, 2015.9.21)

에돔의 대표적인 도시 페트라
에돔은 세일산에 살았으나 세일의 범위가 애매하다.

요단 동편 강들을 넘어

세렛강-부논

이스라엘은 부논을 거쳐 세렛강에 들어서면서 요단 동편 땅으로 올라선다. 요단 동편에는 가나안 땅에서는 볼 수 없는 깊은 계곡을 가진 강들이 4개 이상 있다. 남쪽부터 세렛강, 아르논강, 얍복강, 야르묵강이다. 이 강들은 모두 민족의 경계를 만들곤 했다. 세렛은 에돔과 모압, 아르논은 모압과 길르앗, 야르묵은 길르앗과 바산의 경계가 된다. 다만 얍복강만 길르앗 중간에 위치하여 '길르앗 반'이라고 불렀다. 신명기는 요단 동편으로 들어서는 세렛 시내를 건널 때가 애굽에서 나온 지 38년 된 해라고 한다(신 2:14). 즉 에돔과 모압 사이 경계를 지나는 것이다. 세렛강은 왕국 시대 여호사밧 연합군이 모압을 칠 때 배경이 되는 곳이기도 하다. 이 지역에서 물이 부족해 엘리사의 도움으로 물을 얻고 전쟁에서 승리했다. 엘리사가 거문고에 맞추어 기도할 때 물이 흘러나온 곳도 세렛강이라고 할 수 있다(왕하 3장).

아르논강

세렛강을 넘으면 모압이 있지만 모압이 자신의 땅 통과를 허락하지 않아 모압 동쪽을 둘러 갔다. 이곳은 아라비아 사막과 모압의 경계 지점이다. 지금은 사막도로가 놓여 있지만 당시엔 사람들이 가기에 너무 힘든 길이었다. 이들은 결국 아르논강까지 이르렀다. 그다음은 헤스본왕 시혼이 다스리는 길르앗을 지나야 했다. 길르앗 정복이 목적이 아니었던 이스라엘은 통과하도록 양해를 구하였으나 시혼은 무력으로 답하였다.

/
동쪽에서 본 세렛강
왼쪽은 에돔, 오른쪽은 모압 지역이다.

//
길르앗 쪽에서 바라본 아르논강
넘어가면 모압 지역이다.

시혼이 이스라엘이 자기 영토로 지나감을 용납하지 아니하고 그의 백성을 다 모아 이스라엘을 치러 광야로 나와서 야하스에 이르러 이스라엘을 치므로 민 21:23

이스라엘이 칼날로 그들을 쳐서 무찌르고 그 땅을 아르논에서부터 얍복까지 점령하여 암몬 자손에게까지 미치니 암몬 자손의 경계는 견고하더라 민 21:24

야하스-헤스본왕 길르앗 정복 민 21:21-32

모압과 암몬 사이를 지나 길르앗 지역에 도착했지만 그곳은 아모리 족속 시혼이 다스리는 땅이었다. 남쪽에서 만난 에돔, 모압에 이어 동쪽에 있는 암몬까지 아브라함과 친척이 되는 민족이었으므로 여호와께서 전쟁을 허락하지 않으셨다. 이스라엘은 애굽에서 나온 오합지졸에 불과했지만 시내산을 거치면서 조직화되어 거대한 군대 진영을 갖추게 되었다. 특히 가족과 함께 움직이는 출애굽 공동체는 가족을 위해서라면 목숨 걸고 진군하는 무서운 군대였다. 여기에 모세라는 걸출한 지도자가 하나님의 능력으로 인도하는 이스라엘 군대는 에돔이나 모압 등을 단번에 정복할 수 있었다.

고고학 발굴에 의하면, 요단 동편 지역은 인구 밀도가 낮았고 도시화도 거의 이루어지지 않았다. 이스라엘은 형제 국가인 에돔과 모압과는 분쟁하지 않았지만, 길르앗의 헤스본왕은 달랐다. 그들과는 싸울 수도 있고 평화롭게 지날 수도 있었다. 헤스본왕 시혼은 이스라엘 군대에 의해 단번에 전멸되어 그가 차지한 도시들이 멸망했다. 이스라엘은 이런 대세를 힘입어 아모리인이 살던 야셀을 정복하고 북쪽으로 진군할 수 있었다.

곧이어 도착한 얍복강 상류에는 암몬 자손이 자리 잡았지만 중류 이하는 아모리 족속이 거주하였기에 이스라엘이 차지하였다. 이스라엘은 얍복강을 넘어 야르묵강까지 점령해 나갔다.

/ **헤스본성에서 바라본 남동쪽 평야**
이 방향에서 이스라엘이 들어왔다.

// **동쪽에서 본 얍복강 상류**
이스라엘은 교통이 비교적 편한 상류를 지나 바산 쪽을 향했다.

이스라엘의 가나안 동쪽 접근로

에드레이-바산왕 옥과의 전쟁

길르앗의 맹주 헤스본의 시혼이 패하자 바산 지역을 다스리던 왕 옥이 길을 막았다. 그러나 당시 바산은 원시림 같은 곳이었다. 군사력 역시 이스라엘 군대를 막을 만큼 강력하지 못했다. 모세는 바산을 쉽게 정복했고 이로써 요단 동편 땅을 모두 차지할 수 있었다. 모세가 요단 동편을 차지하는 방식은 요단강을 건넌 이스라엘이 가나안을 차지할 때 모델이 되었다. 점령하고 모두 멸절하는 방식이다. 점령한 성의 백성을 쳐서 한 사람도 남기지 않는 방식은 잔인해 보일지 모르지만, 하나님의 심판자가 되어 죄악의 땅을 정결하게 하는 일은 제사장 나라 이스라엘의 임무이기도 했다.

바산의 암소
바산은 제주도처럼 현무암 지형이다.

> 33 그들이 돌이켜 바산 길로 올라가매 바산왕 옥이 그의 백성을 다
> 거느리고 나와서 그들을 맞아 에드레이에서 싸우려 하는지라 34 여
> 호와께서 모세에게 이르시되 그를 두려워하지 말라 내가 그와 그의
> 백성과 그의 땅을 네 손에 넘겼나니 너는 헤스본에 거주하던 아모리
> 인의 왕 시혼에게 행한 것같이 그에게도 행할지니라 35 이에 그와 그
> 의 아들들과 그의 백성을 다 쳐서 한 사람도 남기지 아니하고 그의
> 땅을 점령하였더라 민 21:33-35

바산의 골란 고원은 다른 곳보다 풀이 잘 자란다. 유다 광야는 풀이 짧게 자라므로 양을 키웠지만, 골란 고원은 풀이 길게 자라 혓바닥으로 풀을 먹는 소를 키우기에 적합했다.

모압 평지: 세상과 짝하지 말라

모압왕 발락과 발람의 꾀 민 22-24장

요단 길을 허락하지 않은 모압 사람들은 이스라엘과 인척 관계이면서도 발람이라는 선지자를 이용해 이스라엘을 저주하려고까지 했다(민 22-24장). 친척 국가 이스라엘을 질투한 모압왕 발락의 부름에 발람은 물질에 눈이 어두워 따라나선다. 이때 하나님이 나귀를 통해 이스라엘을 저주하지 말라고 경고했으나 발람은 그 길을 돌이키지 않았다.

> 27 나귀가 여호와의 사자를 보고 발람 밑에 엎드리니 발람이 노하여 자기 지팡이로 나귀를 때리는지라 28 여호와께서 나귀 입을 여시니 발람에게 이르되 내가 당신에게 무엇을 하였기에 나를 이같이 세 번을 때리느냐 36 발락은 발람이 온다 함을 듣고 모압 변경의 끝 아르논가에 있는 성읍까지 가서 그를 영접하고 민 22:27-28, 36

발락이 발람을 맞이한 장소가 모압 변경의 아르논강가다. 당시 모압은 헤스본왕 시혼에게 밀려 아르논강까지 밀려난 상태였다. 그러나 이스라엘은 그들이 두려워하던 헤스본왕 시혼을 단숨에 물리쳤다. 발락은 그럼에도 불구하고 이스라엘을 시기하고 질투하는 동시에 두려워하여 세 번이나 장소를 바꿔 가면서 발람을 통해 이스라엘을 저주하려 했다.

그러나 하나님의 축복에는 빈틈이 없었다. 어디를 보아도 아름답고 권세가 있으며 축복의 근원이 되는 이스라엘이 보였다. 하나님 나라는 한 발자국 물러서 바라보면 이처럼 아름답고 복되다. 타 민족을 통해 그 사실을 깨닫게 되는 셈이

/
발람과 나귀
발람이 물질에 눈이 어두워 나귀도 보는 천사를 보지 못했다.

//
느보산과 모압 평지
발락과 발람은 왼쪽 느보산 같은 곳에서 오른쪽 평지에 위치한 이스라엘을 저주하려 하였다. 건너편 희미한 산지가 유다 광야다.

다. 발람이 두 번째 예언을 광야를 바라보며 하는데, 이 광야가 마주 보이는 가나안 유다 광야를 포함한다면 후에 에스겔이 보았던 성전 생수 환상(겔 47장)과 배경이 겹친다.

> 1 발람이… 그의 낯을 광야로 향하여 5 야곱이여 네 장막들이, 이스라엘이여 네 거처들이 어찌 그리 아름다운고 6 그 벌어짐이 골짜기 같고 강가의 동산 같으며 여호와께서 심으신 침향목들 같고 물가의 백향목들 같도다 민 24:1, 5-6

> 8 그가 내게 이르시되 이 물이 동쪽으로 향하여 흘러 아라바로 내려가서 바다에 이르리니 이 흘러 내리는 물로 그 바다의 물이 되살아나리라 12 강 좌우 가에는 각종 먹을 과실나무가 자라서 그 잎이 시들지 아니하며 열매가 끊이지 아니하고 달마다 새 열매를 맺으리니 그 물이 성소를 통하여 나옴이라 그 열매는 먹을 만하고 그 잎사귀는 약 재료가 되리라 겔 47:8, 12

발람의 이야기가 세 장에 걸쳐 길게 나오는 이유를 묵상해 보라. 24장까지는 발람의 잘못이 보이지 않는다. 그러나 25장에서 발람이 돌아간 후 이스라엘은 모압 우상의 제물을 먹고 음행하다 하나님의 진노로 2만 4천 명이 죽임을 당한다(민 25:1-9). 발람이 불의의 삯을 사랑하였을 뿐 아니라(벧후 2:15; 유 1:11), 모압왕 발락에게 이스라엘을 타락시켜 저주를 받게 하는 꾀를 알려 준 것이다.

> 그러나 네게 두어 가지 책망할 것이 있나니 거기 네게 발람의 교훈을 지키는 자들이 있도다 발람이 발락을 가르쳐 이스라엘 자손 앞에 걸림돌을 놓아 우상의 제물을 먹게 하였고 또 행음하게 하였느니라 계 2:14

근동의 제사는 이스라엘이 하나님을 섬기는 건전한 방식과 전혀 달랐다. 제사를 드리기 전에 행한 음란한 의식은 사람을 오염시켰다. 광야 생활을 하던 이스라엘이 여기에 매료될 것을 알고 발람은 이스라엘을 여호와의 이름으로 저주하는 대신 그 취약점을 발락에게 알려 주었다. 뿐만 아니라 여호와의 제사장으로서 이방인과 어울려 다님으로써 이스라엘에게 이방인과 그 의식에 참여하도록 동기를 부여했다. 발람은 두 번째 브올산에서 저주하려 했는데 음행을 주도한 우상이 바알브올이었다. 여기에 동참한 이들이 미디안 사람들이었다. 여호와는 모압보다 미디안에게 복수할 것을 명하신다(민 31장).

여기서, 묵상

양다리의 결말

요한계시록은 버가모 교회에 발람(=니골라)의 교훈을 따르는 자들이 있다고 고발했다. 세상에 한쪽 다리를 걸치고 살아가려는 자들은 발람의 꾀를 좇는 자들이다. 한 사람의 잔꾀를 통해 2만 4천 명이 죽은 무시무시한 일이 일어났다. 돈을 사랑해서 일어난 일이다.

계시록에서 사탄이라는 붉은 용은 바다의 짐승과 땅의 짐승을 사용한다. 바다의 짐승은 권력자들이고, 땅의 짐승은 거짓 선지자다. 발락은 권력자요, 발람은 거짓 선지자로서 모두 사탄의 하수인 역할을 했다. 사탄은 욥기에서처럼 호시탐탐 하나님의 사람을 고발하려고 한다. 그것이 안 되면 타락시켜 하나님의 진노를 받아 버림받게 만든다.

사탄은 용으로, 발락 왕은 짐승으로, 발람은 거짓 선지자로 삼위일체 형식으로 이스라엘을 공격했다.

이때 레위 지파 비느하스처럼 하나님의 질투심을 가지고 거룩한 분노로 악을 제거하고 거룩으로 나가는 사람이 필요하다. 예수님도 예루살렘에서 거룩한 분노로 성전을 정결케 했다. 비느하스 가문은 이 일로 제사장 가문으로서 그 위치를 견고히 했다. 반면에 하나님의 저주인 음행과 우상숭배를 자신의 집까지 끌어들인 시므온 지파 지도자 시므리는 시므온 지파의 몰락을 가져왔다.

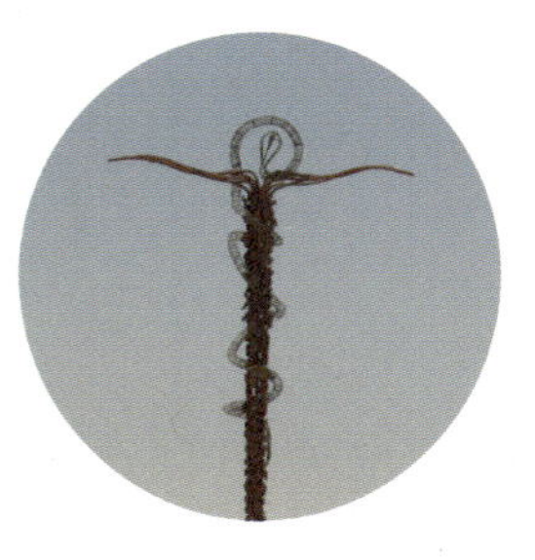

느보산에 있는 놋뱀 형상은 비느하스의 창을 생각나게 한다.

> 7 제사장 아론의 손자 엘르아살의 아들 비느하스가 보고 회중 가운데에서 일어나 손에 창을 들고 8 그 이스라엘 남자를 따라 그의 막사에 들어가 이스라엘 남자와 그 여인의 배를 꿰뚫어서 두 사람을 죽이니 염병이 이스라엘 자손에게서 그쳤더라 11 제사장 아론의 손자 엘르아살의 아들 비느하스가 내 질투심으로 질투하여 이스라엘 자손 중에서 내 노를 돌이켜서 내 질투심으로 그들을 소멸하지 않게 하였도다 민 25:7-8, 11

이어지는 인구 조사에서 시므온 지파는 시내산에서 5만 9300명(민 1:23)이었으나 모압 평지에서는 2만 2200명으로 3만 7100명이 감소되었다. 야곱은 유언으로 시므온과 레위를 저주했는데(창 49:5, 7), 그들이 분노를 이기지 못하고 세겜 사람들을 죽임으로써 야곱 가족 전체를 위험에 빠뜨린 일이 두고두고 한이 되었던 것 같다.

비느하스가 속한 레위 지파는 그 분기를 거룩한 분노로 표출하여 저주를 축복으로 바꾸었다. 그러나 시므리가 속한 시므온 지파는 저주를 극복하지 못했을 뿐만 아니라 더 큰 저주를 자초하고 말았다. 나는 불난 집에 기름을 붓는 자인가, 불을 끄는 자인가?

2차 인구 조사: 고이 싸서 보호하시다 민 26장

민수기를 시작할 때 이미 인구 증감을 언급했다. 전체 인구는 거의 변화가 없었다. 광야 생활에서 이런 결과를 얻은 것은 기적이다. 장정 60만 명과 함께 나온 가족들이 40년이 지난 후 60만 명이 거의 죽었는데도 다시 60만 명이 되었다. 이는 50℃가 넘는 기온과 먹을 것이 하나도 없는 광야에서 하나님이 얼마나 세심하게 보호하셨는지를 알려 준다.

다시 조사한 인구는 새로운 세대다. 광야에서 태어났거나 자란 세대로 이들이 가나안에 입성할 것이다. 그들은 광야에서 훈련 받았고 하나님의 은혜를 경험했다. 안타까운 것은, 시므온 지파는 발람 사건에서 보듯 인구가 거의 1/3로 줄었다. 반면에 므낫세 지파는 2만 명 이상이 늘어 부흥했다. 딸들만 있던 슬로브핫 가문도 부흥하여 땅을 분배받을 수준까지 되었다(민 27:1-11). 민수기 26장에서 여호와께서는 명수대로 땅을 나누어 기업을 삼게 하라고 하셨다. 광야 생활의 열매가 그 땅의 분배를 결정했다. 성도의 광야 생활은 천국의 영광을 결정한다.

바란 광야
넓은 계곡이 들판처럼 펼쳐진 바란 광야에서 이스라엘은 36년가량을 헤매며 대부분의 장정이 죽음을 맞았다.

요단 동편 땅 분배: 미래보다 현실을 택하다 민 32장, 신 3:12-22

요단 동편 땅은 에돔, 모압, 암몬 같은 친척 국가를 빼고 모세에 의해

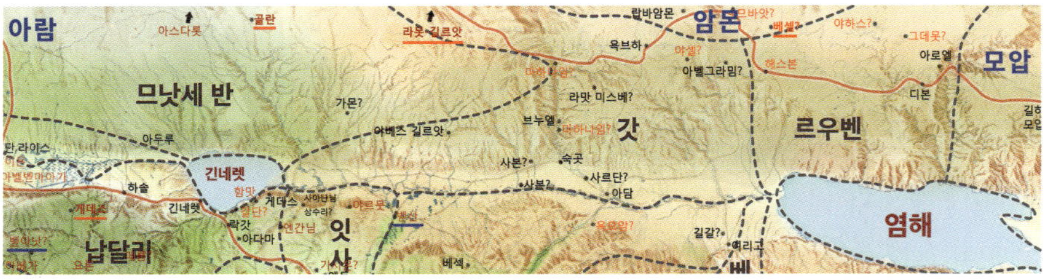

두 지파 반이 가나안이 아닌 요단 동편에서 땅을 분배받았다.

모두 정복되었다. 그러나 이곳은 가나안이 아니다. 야곱과 라반은 이곳에 돌무더기와 기둥을 세우고 '여갈사하두다'와 '갈르엣'이라 지칭한 뒤 서로 이 지역으로 쳐들어오지도 쳐들어가지도 말자고 계약했다(창 31:52). 요단 동편은 이처럼 서로 침략하지 말 것을 맹세한 완충지대이지 가나안이 아니었다. 초지가 많은 이 지역은 짐승을 키우기 적합했으나, 문제는 고원 지역이라 적이 쳐들어왔을 때 방어하기 힘들다는 사실이다. 그럼에도 갓, 르우벤 자손과 므낫세 일부 자손은 미래보다 현실을 중시해서 가나안을 포기하고 요단 동편을 분배해 달라고 요구했다. 그러나 그들의 이 같은 요구가 훗날 후손들에게 엄청난 어려움을 가져다 줄 줄은 당시는 전혀 알지 못했다.

> 모세가 갓 자손과 르우벤 자손과 요셉의 아들 므낫세 반 지파에게 아모리인의 왕 시혼의 나라와 바산왕 옥의 나라를 주되 곧 그 땅과 그 경내의 성읍들과 그 성읍들의 사방 땅을 그들에게 주매 민 32:33

여기서, 묵상

내 눈에 좋은 대로의 삶

갓과 르우벤 지파가 눈에 보기에 좋은 길르앗 지역을 선택했을 때 모세는 열 정탐꾼의 실수를 언급하면서 진노했다. 그러나 두 지파는 마음을 바꾸기보다 가나안 땅을 정복할 때 선봉에 서겠다고 말한다. 요단 동편 땅도 얻고 정복 전쟁에서 전리품도 얻겠다는 '꿩 먹고 알 먹고, 누이 좋고 매부 좋고' 같은 정책이다(수 22:8). 옳은 선택이었을까? 사사 시대에 동쪽에 위치해 있던 암몬은 길르앗을 침범해 입다가 어렵게 막아 냈다(삿 11:29-33). 왕국 시대에는 길르

/
이스라엘의 이상적인 경계는 북으로 유브라데 강, 남으로 애굽 시내(와디)까지다.

//
아그랍빔 언덕은 이스라엘의 남쪽 경계로 염해 옆에 위치하는 험한 길이다

앗 남쪽의 모압왕 메사가 느보산 쪽으로 침략했다(왕하 3:5). 북쪽에서는 아람왕이 길르앗을 타작기로 타작하듯 밀어 버렸다(암 1:3). 마지막으로 앗수르 디글랏빌레셀 3세는 길르앗 사람들을 포로로 잡아갔다(왕하 15:29). 방어가 취약한 고원지대이자 열 지파의 도움을 받기도 힘든 지역에 위치한 길르앗을 택한 조상들 때문에 후손들이 얼마나 힘든 삶을 살게 되었는지 역사가 증명한다.

하나님은 때로 우리가 간절히 원하는 것을 묵인하신다. 정치는 최선보다 차선을 택하기에 함께하는 길을 선택하지만, 차선을 선택한 사람들은 대가를 치르게 되어 있다. 아브라함, 이삭, 야곱의 거짓말을 묵인하시는 하나님이지만 그것이 옳은 것이 아님을 역사를 통해 알려주신다. 야곱은 형과 아버지를 속였지만 라반은 야곱의 품삯을 열 번 속였고, 야곱의 아들들은 요셉을 파는 등 끔찍한 속임수를 행했다. 묵인에 만족하지 말고 최선의 길을 선택하자.

이스라엘 경계: 유브라데에서 애굽 시내까지 민 34장 16일

민수기는 이스라엘의 가나안 정복 이야기를 요약한 후 하나님이 주신 땅의 경계를 언급하면서 마무리한다. 이스라엘의 남북 경계는 유브라데 강에서 애굽 시내까지다. 이 경계는 이스라엘 국기에 잘 표현되어 있다. 위아래 파랑 줄은 두 강을 의미하고 가운데 별은 이스라엘이 성경에 언급된 지역을 완전히 차지하던 다윗의 때를 상징한다. 그 경계를 보면 북

: 16일

오늘 읽을 분량

성경 민 33-36, 신 1-10, 시 1, 74

본서 225-244쪽

성경의 맥 잡기

1. 애굽에서 모압 평지까지 복습과 예습
2. 쉐마 이스라엘, 가장 큰 율법

신구약 연결 포인트

1. 도피성의 해방은 대제사장의 죽음과 관련이 있다. 예수님은 우리의 대제사장으로 죽으셨다.
2. 예수님은 가장 큰 계명을 신 6:4-5로 말씀하셨다.

묵상 가이드

1. 광야의 삶을 통해 60만 인구가 변동이 없음이 기적이다.
2. 신명기 6장을 읽으며 계명을 기억하는 법과 8장을 보며 광야 삶의 교훈을 살펴보라.

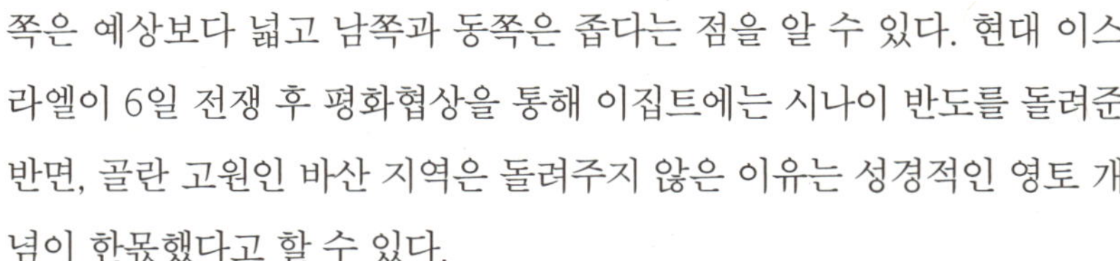
쪽은 예상보다 넓고 남쪽과 동쪽은 좁다는 점을 알 수 있다. 현대 이스라엘이 6일 전쟁 후 평화협상을 통해 이집트에는 시나이 반도를 돌려준 반면, 골란 고원인 바산 지역은 돌려주지 않은 이유는 성경적인 영토 개념이 한몫했다고 할 수 있다.

이스라엘 국기는 땅의 경계를 상징한다.

> 3 너희 남쪽은 에돔 곁에 접근한 신 광야니 너희의 남쪽 경계는 동쪽
> 으로 염해 끝에서 시작하여 4 돌아서 아그랍빔 언덕 남쪽에 이르고
> 신을 지나 가데스바네아 남쪽에 이르고 또 하살아달을 지나 아스몬
> 에 이르고 5 아스몬에서 돌아서 애굽 시내를 지나 바다까지 이르느
> 니라 6 서쪽 경계는 대해가 경계가 되나니 이는 너희의 서쪽 경계니
> 라 7 북쪽 경계는 이러하니 대해에서부터 호르산까지 그어라 8 호르
> 산에서 그어 하맛 어귀에 이르러 스닷에 이르고 9 그 경계가 또 시브
> 론을 지나 하살에난에 이르나니 이는 너희의 북쪽 경계니라 10 너희
> 의 동쪽 경계는 하살에난에서 그어 스밤에 이르고 11 그 경계가 또
> 스밤에서 리블라로 내려가서 아인 동쪽에 이르고 또 내려가서 긴네
> 렛 동쪽 해변에 이르고 12 그 경계가 또 요단으로 내려가서 염해에
> 이르나니 너희 땅의 사방 경계가 이러하니라 민 34:3-12

가나안 북쪽의 도피성 게데스
대제사장이 죽음으로 해방되는 이들의 기쁜 함성이 들리는가.

도피성: 과실치사자들의 피난처 민 35:9-34, 신 19:1-13, 수 20:1-9

도피성은 악의가 없이 실수로 사람을 죽인 과실치사자들의 도피처다. 기업 무름 제도로 가까운 친척이 타인에게 죽으면 보복을 하게 되어 있지만, 실수로 죽인 사람들은 고엘이라는 피의 보복에서 예외가 된다. 민수기는 가나안에 들어갔을 때 지킬 법으로서 도피성을 말씀하고 있다. 신명기는 요단 동편에도 도피성으로 베셀, 길르앗라못, 골란을 주었다고 말씀하고 있다(신 4:43). 여호수아는 가나안 정복을 마친 뒤 갈릴리의 게데스, 세겜, 헤브론을 도피성으로 구별했다(수 20:7). 우리에게 잘 알려지지 않은 베셀을 제외하고는 모두 대도시다. 부지중에 살인한 사람이 피의 보복자를 피해 무조건 큰길을 따라 도망하다가 만나는 마을이 도피성인 셈이다.

그러나 도피성으로 피한 사람은 평생 그곳에 있는 것이 아니라 대제

사장이 살아 있을 동안만 있게 된다.

> 피를 보복하는 자의 손에서 살인자를 건져내어 그가 피하였던 도피성으로 돌려보낼 것이요 그는 거룩한 기름 부음을 받은 대제사장이 죽기까지 거기 거주할 것이니라 민 35:25

재수(?)가 좋으면 도망한 사람이 들어간 다음 날 대제사장이 죽은 경우 그는 바로 해방된다. 반대로 도망자가 들어간 날이 하필 젊은 대제사장으로 바뀐 날이면 그는 평생 그곳에 머물러야 한다.

우리의 대제사장은 예수님이다(히 3:1). 우리는 우리도 모르게 죄를 지어 죄인으로 태어나고 죄인으로 사는 자들이다. 예수님이 우리를 위해 죽으심으로 우리는 죄와 사망에서 해방되었다. 이제 도피성에서 나올 수 있다. 그러나 사탄은 스스로 범죄하였으므로 도피성으로 피할 수도 없고 해방될 수도 없다.

> 그러므로 우리에게 큰 대제사장이 계시니 승천하신 이 곧 하나님의 아들 예수시라 우리가 믿는 도리를 굳게 잡을지어다 히 4:14

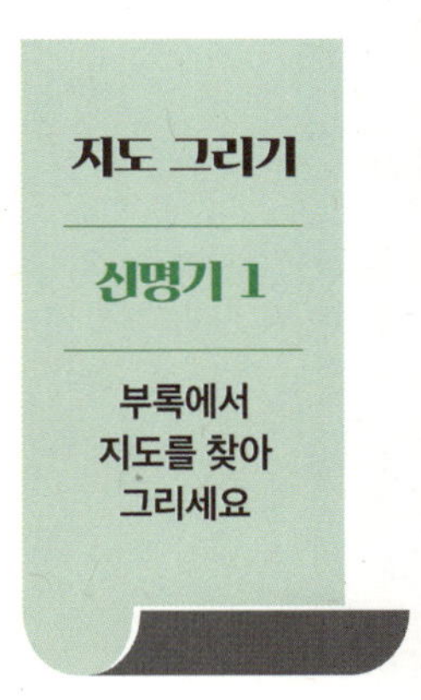

역사와 묵상

01 시내산에서 성막과 율법을 완성함으로써 이스라엘의 계도 기간은 끝났다. 이제 적용의 삶이 남아 있다. 이후 이스라엘은 예전처럼 하나님을 원망했다가 다베라에서 대가를 치러야 했다. '탐욕의 그 무덤들'이라는 기브롯핫다아와에서 탐욕의 결과가 무엇인지가 드러났다. 모세와 아론의 권위에 도전한 대가는 더 혹독했다. 가족이라고 봐 주지 않았고, 장남 집안이라도 예외가 없었다. 하나님이 세운 사람의 권위에 도전하는 것은 하나님의 권위와 말씀에 도전하는 행위이기 때문이다. 언약궤의 권위에 도전한 대가는 아론의 싹 난 지팡이를 넣을 정도로 두려움에 떨게 했다. 신약에서도 사도 바울의 권위에 도전하는 사건이 있었다. 오늘 당신은 하나님을 왕으로 인정하지 못하는 건 아닌지, 부모와 지도자의 권위를 무시하는 것은 아닌지 돌아보라.

---

02 가데스바네아에서 정탐꾼을 보냈을 때 같은 것을 보고도 열 명은 가나안에 비해 자신들은 메뚜기 같다고 했고, 여호수아와 갈렙은 오히려 그들이 이스라엘의 먹이라고 말했다. 하나님은 "너희 말이 내 귀에 들린 대로"(민 14:28) 해 주시겠다며 실제로 그렇게 하셨다. 나의 언어 습관은 어떤가? 선포한 대로 이루어진 일이 있는가? 특히 나사렛 예수 이름을 가진 우리가 베드로처럼 은과 금이 아닌 거룩한 이름으로 선포하며 승리해야 할 일이 무엇인가?

---

03 홍해길에서 사람들은 힘든 환경을 불평하다 불뱀에 물렸다. 불평할 수밖에 없는 환경에서 불평하지 않고 감사하는 것이 광야에서의 마지막 시험이었다. 주님은 불뱀에 물린 이들을 구하기 위해 놋뱀을 만들게 하셨다. 예수님은 광야에서 뱀이 들림같이 당신도 들려야 할 것이라고 말씀하셨다(요 3:14). 당신이 직면한 불평할 수밖에 없는 환경은 무엇이고, 바라보아야 할 놋뱀은 무엇인가?

---

04 모압왕 발락은 선지자 발람을 불러 이스라엘을 저주하려 했다. 발람은 불의의 삯을 사랑하여 모압으로 향하다 나귀의 경고를 받는 망신을 당했다(민 22:28; 벧후 2:15-16). 그리고 그는 아무리 기도해도 이스라엘에 대한 축복만 보였다. 당신은 교회가 아름답고 권세 있으며 축복된 공동체인 것을 알고 있는가? 안다면 언제 알게 되었는가? 사탄의 삼두체제 같은 발락과 발람은 이스라엘을 음행과 우상숭배에 빠지게 하여 2만 4천 명을 전염병으로 죽게 만들었다(민 25:9; 계 2:14). 니골라(히브리어로 발람)당은 그때나 지금이나 교회 공동체를 음행에 빠지게 한다. 우리가 주의할 발람의 꾀는 무엇인가?

숙곳에서 발견된 발람의 축복문

신명기

개관

이스라엘 백성은 출애굽 원년 40년 11월 1일에 신명기 말씀을 받았다(신 1:3). 다음 해 1월 14일 유월절을 가나안 땅에서 보냈으니(수 5:10) 신명기는 이스라엘이 가나안 입성 직전에 주신 말씀이다.

신명기는 크게 세 부분의 설교로 나눌 수 있다. 첫째, 이스라엘의 광야 여정을 요약하는 역사 부분과 둘째, 율법을 반복하여 알려 주는 부분, 셋째, 언약을 확증하고 '이렇게 살아라' 하는 미래 부분이다. 하나님의 구원과 속량, 광야에서 일하심 등의 '기억'을 기초로 미래 삶의 방향에 대하여 주신 성경의 헌법과 같은 말씀이다. 기억은 생명이요, 망각은 죽음이다. 출애굽을 기억하는 일은 이스라엘의

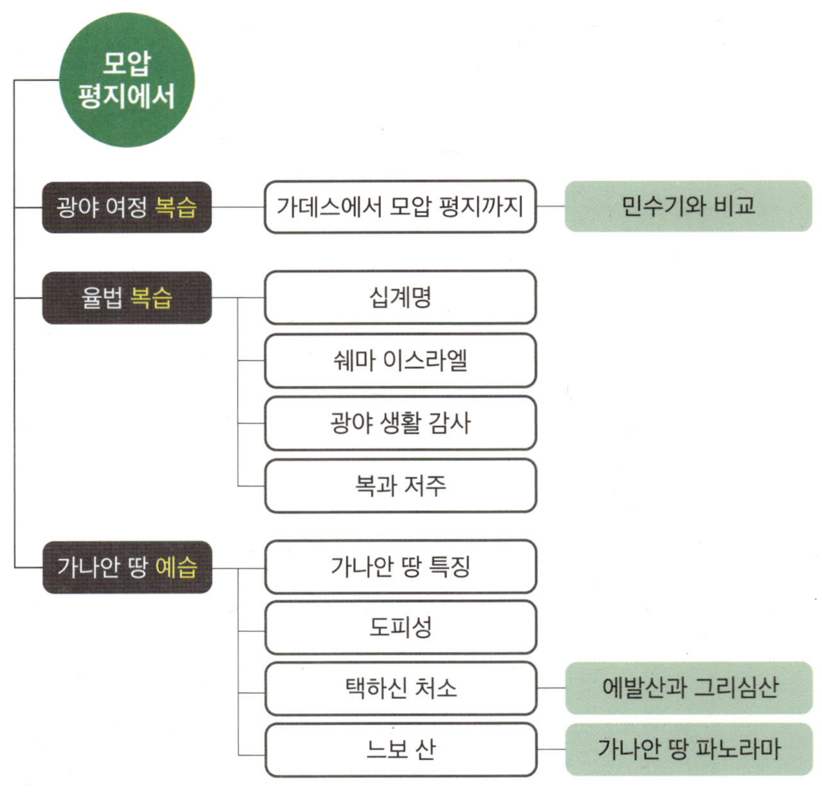

삶의 방향과 목적을 결정짓는 기초였다.

신명기 1~4장의 이스라엘 광야 여정은 시내산에서 모압 평지까지의 민수기를 또 한 번 요약했다고 볼 수 있지만 약간 다른 면이 있다. 신약의 사복음서처럼 민수기와 신명기가 광야 여정을 다른 시각으로 조명하고 있어서, 우리는 이스라엘의 광야 여정을 좀 더 입체적으로 구성해 볼 수 있다.

이후 출애굽기부터 민수기까지 주신 율법을 다시 반복하는 면이 있지만 11장이나 27장에서는 입성할 가나안의 구체적인 장소를 언급하면서 미래 지향적인 말씀도 주신다. 그러므로 신명기는 광야 생활의 복습과 가나안 입성의 예습을 하는 말씀이라고 할 수 있다. 이후 신명기를 볼 때 이 책의 의도대로 역사-지리 중심으로 보되 율법을 문화로 만들어 주신 말씀에도 귀를 기울여 보자.

예루살렘 통곡의 벽 앞에 있는 촛대에 '그가 기억하리라'라는 뜻의 '이쯔콜'이라는 단어가 있다. 신명기는 기억하는 성경이다.

<table>
<tr><td rowspan="2">역사</td><td>연대</td><td colspan="11">애굽 신왕조 시대: BC 15세기(애굽 바로 투트모세 3세, 1479-1425) 혹은 BC 13세기(람세스 2세, 1279-1213, 메르넵타 1213-1203)</td></tr>
<tr><td>사건</td><td colspan="11">BC 15세기설-투트모세4(1401-1391)가 스핑크스 꿈의 비석 세움, 아마르나 문서(1353-1336)에 가나안 갈등 기록.
BC 13세기설-람세스2세 헷과 평화조약(1258), 메르넵타 비문에 이스라엘 언급, 블레셋 침략과 가나안 유입(람세스3세, 1184-1153)</td></tr>
<tr><td colspan="2">지리</td><td colspan="11">가나안 앞 모압 평지(길르앗에 위치하는 모압으로 가는 평지)</td></tr>
<tr><td rowspan="2">성경</td><td>장</td><td>1</td><td>4</td><td>6</td><td>8</td><td>11</td><td>14</td><td>15</td><td>17</td><td>18</td><td>27</td><td>31-34</td></tr>
<tr><td>주제</td><td>광야 여정</td><td>십계명</td><td>큰 계명 쉐마</td><td>광야 교훈</td><td>중앙 성소</td><td>음식 십일조</td><td>안식년 절기</td><td>지도자 교훈</td><td>인간 관계</td><td>언약 확증</td><td>모세 유언</td></tr>
</table>

신명기 개요

| 모압 평지에서 |

말씀으로 다시 점검하다

성경 신명기 **연대** BC 1406년 혹은 13세기

역사적 배경 15세기설- 아마르나 문서(1353-1336)에 가나안 갈등 기록.
13세기설-메르넵타 비문에 이스라엘 언급, 하비루(히브리 혹은 떠돌이)의 유입.

핵심 본문 말씀의 복습과 예습, 십계명 주심, 복과 저주, 모세의 죽음

지도 신명기 2

광야 여정 복습: 가데스에서 모압 평지까지

모압 평지: 신명기를 기록한 곳 신 1장

모세가 신명기 말씀을 기록한 장소를 1장 1절에서 이렇게 말한다.

> 이는 모세가 요단 저쪽 숩 맞은편의 아라바 광야 곧 바란과 도벨과 라반과 하세롯과 디사합 사이에서 이스라엘 무리에게 선포한 말씀이니라 신 1:1

요단 동편 모압 평지

이 장소를 신명기는 '요단 저쪽 모압 땅'(1:5)이라 하고, 민수기는 '모압 평지'라고 한다(민 22:1). 이곳은 여리고 맞은편 요단 가에 위치하며(민 36:13), 모세는 이곳에서 느보산으로 올라가 가나안을 바라보았다(신 34:1). 종합하면, 신명기를 기록한 장소는 요단 계곡과 느보산 사이 언덕의 넓은 고원으로 모압 땅이라고 말하지만 정확히는 '모압 평지'이며, 모압으로 가는 평지나 과거 모압 땅이었던 장소다. 그러나 이스라엘이 출애굽하여 도착했을 때는 헤스본왕 시혼이 다스리던 땅이다.

느보산에서 요단 계곡으로 내려가는 모압 평지
넓은 들에서 수백만 명이 신명기 말씀을 받고 본격적으로 가나안 입성을 준비했다.

이 지역의 특징은 고원 서쪽 가장자리에서 요단 계곡의 여리고를 관찰할 수 있었는데 반대로 여리고에서는 이곳의 상황을 볼 수 없었다는 것이다. 이 때문에 여리고 사람들은 "히브리인들이 도대체 어디에 있느냐? 굉장히 많다는데 어디 있느냐?" 하며 심리적인 위협을 느꼈을 수 있다. 그러나 이스라엘 백성은 날이 맑을 때면 보이는 가나안 땅을 바라보면서 모세의 유언과 같은 신명기 말씀을 들었다. 이 평지의 맞은편이 유대 광야다. 예수님이 광야에서 시험 받으실 때 신명기 말씀을 인용하면서 "저기서 모세가 이렇게 말하지 않았느냐"고 응대하지 않았을까 추측해 본다. 신명기는 신약 27권 중 17권에서 인용되었다.

출애굽 여정 비교

신명기 1~4장은 시내산에서 모압 평지까지의 여정을 집중적으로 요약하고 있지만 9, 10장 등에서도 단편적이지만 자세하게 이 여정을 회상하는 장면이 나온다. 신명기의 여정을 민수기의 여정과 비교하면 다음과 같다.

지명	민수기	신명기	사건
시내산		1:2, 6, 19; 5:2	
다베라	11:3	9:22	
기브롯핫다아와	11:34, 33:16	9:22	
하세롯	11:35, 33:17	1:1	
릿마-림몬베레스-립나-릿사-그헬라다-세벨-하라다-막헬롯-다핫-데라-밋가-하스모나-모세롯 (민 33:18-30)			
브네야아간	33:31	10:6	
홀하깃갓	33:32		

욧바다	33:33		
아브로나	33:34		
에시온게벨	33:35		
가데스바네아	20:22, 33:36	1:19, 9:23	
호르산/모세라	33:37, 20:27, 21:4	10:6, 32:50	아론의 죽음(민, 40년 5월 1), 신명기는 모세라에서 죽음
호르마	21:3		
(홍해길)	21:4, 14:25	1:40, 2:1	지명이 아님, 세일산을 두루 다님
굿고다		10:7	
욧바다		10:7	
엘랏		2:8	"아라바를 지나며 엘랏과 에시온게벨 곁으로 지나 행진하고"
에시온게벨		2:8	
살모나	33:41		
부논	33:42		
오봇	21:11, 33:43		
세렛 골짜기	21:12	2:14	가데스에 머무른 지 38년 만에 건넘(신)
이예아바림	21:11, 33:44		
아르논 골짜기	21:14	2:24	
그데못 광야/야하스	21:23	2:26	헤스본왕 시혼과 전쟁
디본갓	33:45		
에드레이	21:33	3:1	바산왕 옥과 전쟁
알몬디블라다임	33:46		
아바림산	33:47	32:49	
느보산		34:1; 32:49	
비스가산 꼭대기		3:27	
벳브올 맞은편 골짜기		3:29	
모압 평지	22:1, 33:48	1:1, 5	
벧여시못	33:49		
아벨싯딤	33:49		

출애굽 여정 중 시내산에서 출발한 후 지리적인 터닝 포인트가 되는 지점이 몇 군데 있다. 시내산에서 북진하여 가데스바네아, 가데스바네아에서 북진하여 호르마, 호르마에서 남진하여 홍해길을 따라 에시온게벨, 에시온게벨에서 북진하여 세렛강, 세렛에서 동진 후 북진하여 아르논강, 아르논에서 북서진하여 모압 평지까지가 그것이다.

신명기가 출애굽 여정을 요약한 특징을 보면, 시내산에서 가데스바네아에 이르는 여정을 반역을 일으킨 다베라와 기브롯핫다아와를 언급하면서 간단히 마무리한다. 다만 가데스바네아에서 모압 평지에 이르는 정보는 민수기와 비등하다. 특이하게도 홍해길에 있는 장소들을 묘사할 때 신명기가 민수기보다 더 많은 정보를 제공한다. 민수기에서는 홍해길에서 남쪽으로 내려가는 아라바 광야를 따라 엘랏과 에시온게벨을 생략한 데 반해 신명기는 이 장소들을 언급함으로써 아라바 광야를 따라 남쪽으로 수백 km 더 내려갔음을 알려 준다. 다만 브네야아간, 욧바다, 에시온게벨, 모세롯(=모세라?) 등은 한 번을 들렀는지 두 번을 들렀는지에 따라 경로가 복잡해진다. 아론의 죽음과 관련해서는 두 번 들렀다고 보는 것이 합리적이다.

모압 평지에 정착하는 과정에서 하나님은 정복할 수 있는 지역과 정복해선 안 되는 지역을 선별하여 알려 준다. 에서 자손의 땅인 세일산의 에돔과 모압, 암몬은 정복해선 안 된다고 하셨다. 그러나 헤스본왕 시혼이 다스리는 길르앗 지역은 허락하셨다. 이에 따라 이스라엘은 에돔과 모압 간의 국경인 세렛강을 지나 모압을 둘러 암몬을 피해 가나안 땅으로 가야 했다.

> 4 너는 또 백성에게 명령하여 이르기를 너희는 세일에 거주하는 너희 동족 에서의 자손(에돔)이 사는 지역으로 지날진대 그들이 너희를 두려워하리니 너희는 스스로 깊이 삼가고 9 여호와께서 내게 이르시되 모압을 괴롭히지 말라 그와 싸우지도 말라 그 땅을 내가 네게 기업으로 주지 아니하리니 이는 내가 롯 자손에게 아르를 기업으로 주었음이라 19 암몬 족속에게 가까이 이르거든 그들을 괴롭히지 말고 그들과 다투지도 말라 암몬 족속의 땅은 내가 네게 기업

가데스바네아에서 모압 평지까지의 여정과 여정 중에 만난 민족들
신명기는 홍해로 가는 길에 대하여 더 많은 정보를 제공한다.

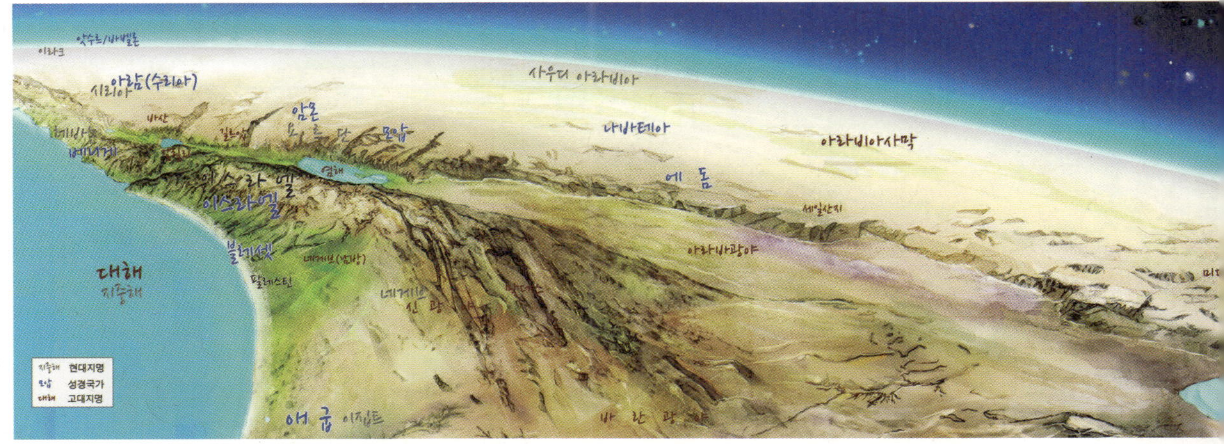

으로 주지 아니하리니 이는 내가 그것을 롯 자손에게 기업으로 주었음이라 24 너희는 일어나 행진하여 아르논 골짜기를 건너라 내가 헤스본왕 아모리 사람 시혼과 그의 땅을 네 손에 넘겼은즉 이제 더불어 싸워서 그 땅을 차지하라 신 2:4, 9, 19, 24

느보산은 아바림 산지의 한 산이고 느보산 좌우의 골짜기는 비스가(=갈라진 틈)라고 볼 수 있다.(느보산 박물관 사진)

모압 평지에 도착하는 중에 언급되는 아바림산, 느보산, 비스가, 벳브올, 모압 평지, 벧여시못, 아벨싯딤은 크게 한 지역으로 보아야 한다. 아바림산은 '그 건너편들의 산'으로 요단 동편의 산맥을 말한다. 아바림산맥 중 하나가 느보산이다. 그런데 느보산의 특징은 갈라진 틈(비스가) 사이에 위치하여 '그 갈라진 틈'은 '비스가(산) 꼭대기'(민 21:20, 23:14; 신 3:27, 34:1)라고 부르고 '그 갈라진 틈' 아래를 '비스가 산기슭'(신 3:17, 4:49; 수 12:3, 13:20)이라고 부르곤 한다. 가끔 비스가산이라고 번역하지만 원어에서 산이란 단어는 느보나 아바림에만 사용한다. 그러니 아바림산맥의 한 산이 느보산이고 느보산 아래 갈라진 협곡이 있고 그 중간의 평지가 모압 평지이며 협곡 주변과 아래에 벳브올, 벧여시못, 아벨싯딤이 위치한다.

세렛 시내를 건널 때 애굽에서 나온 1세대는 모두 죽었다(신 2:14). 38년 동안 장정 60만 명이 죽은 것이다. 이로 인해 수많은 무덤이 광야에 생겼을 것이다. 신명기를 받는 백성은 출애굽 2세대인 새로운 세대다. 이들은 모세가 지난 광야 여정을 요약할 때 감회가 새로웠을 것이며, 그들이 들어가 차지할 새로운 땅에 대한 이야기를 할 때는 기대감을 가지고 들었을 것이다. 민수기에서 요단 동편의 정복을 언급한 바 있지만 요약하면 다음과 같다.

지명	출애굽기	민수기	신명기	사건
라암셋	1:11, 12:37	33:3, 5		430년, 애굽 탈출
숙곳	12:37	33:5		장정 60만
에담	13:20 (광야 끝 에담)	33:6-8		구름기둥, 불기둥
믹돌	14:2	33:7		바로의 추격
비하히롯	14:9 (바알스본 맞은편)	33:7		
홍해	14:21-28	21:4, 33:10	1:40, 2:1, 11:4	애굽 군 수장
수르 광야	15:22			
마라	15:23	33:8		

엘림	15:27, 16:1	33:9	엘림에서 시내산 사이 신 광야
홍해 가		33:10	2월 15일(출) 만나와 메추라기
신 광야	16:1		
돕가		33:13	
알루스		33:13	
르비딤	17:1	33:14	맛사(므리바) & 아말렉 전투
시내 광야	19:1	33:15	3월 1일

* 참고: 출애굽부터 시내산까지 여정 비교

율법 복습: 다시 한 번 부탁한 말씀

십계명: 율법을 선포하다 신 5:1-21

모세는 헤스본왕 시혼과 바산왕 옥의 정복을 통해 요단강 동편을 평정하고 안정을 찾은 후 벳브올 맞은편 골짜기에서 그동안 받았던 말씀을 정리하여 출애굽 2세대에게 전한다. 4장 후반부부터 26장에 이르는 긴 율법 선포는 역사 지리와 거리가 있지만 그 땅을 이해하는 데 필요하다고 생각되는 부분을 선별해서 살펴보자.

먼저 5장에서 십계명을 말씀한다. 출애굽기 20장에 언급된 내용과 대동소이하나, 안식일을 지켜야 하는 이유가 출애굽기에서는 창조 사건을 언급한 데 반해 신명기는 출애굽의 구원을 언급하고 있다.

> 이는 엿새 동안에 나 여호와가 하늘과 땅과 바다와 그 가운데 모든 것을 만들고 일곱째 날에 쉬었음이라 그러므로 나 여호와가 안식일을 복되게 하여 그 날을 거룩하게 하였느니라 출 20:11
> 너는 기억하라 네가 애굽 땅에서 종이 되었더니 네 하나님 여호와가 강한 손과 편 팔로 거기서 너를 인도하여 내었나니 그러므로 네 하나님 여호와가 네게 명령하여 안식일을 지키라 하느니라 신 5:15

출애굽은 제2의 창조이자 안식을 준 날로 발전한다. 결국 최고의 창조는 우리가 거듭나게 되는 때인데, 죄와 사망의 법에서 해방된 부활의 날이 재창조의 날이자 제2의 출애굽이라 할 수 있기 때문에 완전한 안식일은 주일로 변화되었다고 할 수 있다. 예수님이 부활하신 후 50일째 되는 날 성령님이 오셔서 성령의 시대를 열었다. 이날도 요일로 치면 주일이다.

쉐마 이스라엘: 들으라! 신 6장

율법 중 가장 큰 계명을 물었던 율법학자에게 예수님은 주저 없이 신명기 6:4-5을 지목하셨다. 이 계명은 '들으라'라는 뜻을 가진 '쉐마'라는 말로 시작한다.

שְׁמַע יִשְׂרָאֵל יְהוָה אֱלֹהֵינוּ יְהוָה אֶחָד

> 이스라엘아 들으라 우리 하나님 여호와는 오직 유일한 여호와이시니 6:4
>
> 쉐마(들으라) 이스라엘 아도나이(여호와는) 엘로헤누(우리 하나님이시요) 아도나이 에하드(유일하신 분이다)

쉐마(들으라)는 '듣고 따르라', 즉 '청종하라'는 뜻이다. 유대인에게 들음은 순종을 동반한다.

엘로헤누(우리 하나님)는 유대인에게 자신들이 하나님의 백성이라는 선민사상을 불러일으켰다. 어린아이에게 이 구절을 지속적으로 알려 주고 노래로 암기하게 하면서 자신들이 하나님의 백성임을 인식시켰다.

아도나이(여호와)는 우리말로 '여호와'라고 하지만 정확한 발음은 모른다. 어근은 "스스로 있는 자"(출 3:14)와 관련 있다. '존재한다'의 히브리어 과거형인 '하야'라는 동사에서 왔을 것으로 추정된다. 3계명에서 주님의 이름을 '망령되이 일컫지 말라'고 한 데서 유대인은 하나님의 이름을 직접 부르는 대신 히브리어로 '주님'이라는 뜻을 가진 '아도나이'로 불렀다.

쓰는 단어(케티브)와 읽는 발음(케레)이 달라서 쓰기는 יהוה(*yhwh*)라고 쓰고 읽기는 '아도나이'라고 읽은 것이다. 그러면서 후대 사람들을 위해 자음에 모음을 붙여 놓아 모음대로 읽으라고 했다. 그런데 외국인이 이 단어의 케티브와 케레를 동시에 읽어 자음 yhwh에 모음 '아오아이'를 원어의 원래 모음인 '으오아'로 붙여 יְהוָה(*yehwah*)로 읽어 '여호와'라는 발음이 나왔다. 이후에 '아도나이'도 너무 가볍게 불리는 것 같아 '그분=그 이름'이라는 הַשֵּׁם '하쉠'이라고 부르기 시작했고 그 모음 '아에'를 자음 יהוה(*yhwh*)에 붙여 놓아 יַהְוֶה(*yahweh*), '야훼'로 읽기 시작했지만 모두 케티브와 케레의 혼동에서 일어난 결과다. 우리는 주님의 이름을 십계명처럼 망령되이 일컫지 않으려는 서기관들의 의도를 존중해 주님을 향한 그들의 경외함을 배워야 한다.

에하드(한 분)는 찬양으로 가르쳐 유대인들이 유일신 사상을 갖도록 했다.

유대인의 최고 교육은 '쉐마 교육'이다. 먼저 청종하고 하나님을 공경하며, 나아가 유일신으로 섬기는 자세는 계명으로 나가는 첫 관문이다. 이 교육은 자기 정체성을 만든다. 자존감은 자기 정체성이다. 하나님이 우리 하나님이시라는 게 일차적 자존감이다. 이 한마디가 이스라엘을 지켜온 역사적 뿌리가 되었다. 이 바탕 위에 "마음을 다하고 뜻을 다하고 힘을 다하여 네 하나님 여호와를 사랑하라"(신 6:5)는 계명을 지킬 수 있다. 이 계명을 지키는 주체는 남자다. 남편에게 주신 계명인 것이다. 그러나 현대 사회는 남자들이 교육에서 열외 되고 있다. 이슬람교와 유대교가 꾸준히 성장세를 보이는 요인이 말씀대로 남자가 교육을 담당하고 있기 때문이 아닐까?

이미 레위기 제사를 통해 마음과 뜻과 힘을 다한다는 의미가 무엇인지 살펴보았다. 마음은 콩팥으로, 목숨에 해당하는 성품은 피로, 힘은 기름으로 상징화되어 하나님께 드렸다. 에베소 교회가 전심으로 하나님을 사랑하는 이 마음을 잃어버렸다는 것은 가장 큰 계명을 잃어버렸다는 의미다. 신앙생활을 오래 하다 보면 행동과 형식은 그대로인데 본질과 첫 마음을 잃어버릴 때가 종종 있다. 예수님은 그래서 바리새인과 사두개인의 누룩을 조심하라고 했고, 첫 계명으로 첫 마음인 사랑을 강조하셨다.

말씀을 마음에 새기기: 경문과 메주자

> 6 오늘 내가 네게 명하는 이 말씀을 너는 마음에 새기고 7 네 자녀에게 부지런히 가르치며 집에 앉았을 때에든지 길을 갈 때에든지 누워 있을 때에든지 일어날 때에든지 이 말씀을 강론할 것이며 신 6:6-7

'내가 네게 명하는 이 말씀을 너는 마음에 새기고 네 자녀에게 부지런히 가르치라' 하신다. 부지런히 가르치는 것이 말씀을 마음에 새기는 법이다. 말씀을 지속적으로 가르칠 뿐 아니라 그것을 손목에 매고 이마에

경문
유대인의 성인식에서 가족이 이마와 손에 경문을 차고 성경을 읽고 있다.

하나님은 아버지에게 자녀 교육을 맡기셨다.

메주자
문 입구에 신명기 6장과 11장 말씀을 기록한 쪽지를 넣고 오가며 말씀을 기억하는 장치다.

붙이고 집의 문설주에 기록하라고 하신다.

> **8** 너는 또 그것을 네 손목에 매어 기호를 삼으며 네 미간에 붙여 표
> 로 삼고 **9** 또 네 집 문설주와 바깥 문에 기록할지니라 신 6:8-9

이것을 문화로 만든 것이 테필린(경문)과 메주자다. 유대인은 손과 이마에 붙이는 말씀 곽(경문, 테필린)을 두르고 기도한다. 메주자는 문을 지날 때마다 만지며 말씀을 기억하게 한 장치다. 예수님도 이를 따랐을 것이다. 집 앞 문설주에 히브리어 쉐마의 첫 자인 '쉰(ש)' 자가 적힌 네모 곽 '메주자'를 만들어 신명기 6장과 11장의 말씀을 넣어 둔다. 유대인은 이것을 경건의 표시로도 사용하여 외식하였다(마 23:5).

광야 생활 감사: 하나님은 최선을 주신다

신명기 8장을 읽다 보면 하나님이 얼마나 오묘하게 이스라엘을 이끌어 오셨는지 알 수 있다. 광야는 힘들다. 이렇게 낮추고 시험하신 이유는 이스라엘의 마음 상태를 알므로 그 명령을 지키도록 훈련하기 위함이었다. 그러나 그 광야에서 발이 부르트지 않고 옷이 해지지 않았으며 배고픔에 고생하지 않게 하셨다. 원할 때 반석에서 물을 내시고 메추라기 고기도 주셨다(신 8:1-6). 광야를 지난 후 읽어야 진정한 의미를 느낄 수 있을 것이다. 광야 앞에 서라. 그리고 이 말씀을 들으라.

예루살렘의 구름기둥
구름기둥은 낮의 더위를 막아 줄 뿐 아니라 인도자 역할을 했다.

여기서, 묵상

광야는 너무 뜨겁다. 맨발로 광야를 지나다가는 발에 화상을 입는다. 그런데 애굽의 노예들에게는 신발이 없었다. 사진에서 보듯 애굽 군대에도 신발이 없다. 일부 지도자들에겐 신발이 있었을지도 모르지만 급히 애굽을 나온 백성에겐 신을 가질 여유가 없었을 것이다. 이렇게 맨발로는 낮에 광야를 행군할 수 없다. 그런데 구름기둥이 있으면 해를 가리므로 광야를 걸을 수 있다. 거기다 40년간 광야 생활을 하면 따가운 햇볕에 옷이 바래 삭아 버린다. 그런데 낮에는 구름으로 시원하게 하고 밤에는 불로 따뜻하게 하여 적절한 온도를 유지해 줘 옷감이 상하지 않았다. 광야였지만 최고의 보호 장치가 함께한 것이다. 힘든 때도 있었지만 합력하여 선을 이루시는 하나님이 우리를 가장 건강하게 이끌고 계심을 본다. 광야에 서 있는 심정으로 신명기 8장을 읽어 보라.

이집트 무덤에서 발견된 이집트 군대 행군 모습
군인임에도 신발이 없다. 출애굽 백성이 이와 같이 광야로 나갔다면 밤이나 새벽에 행군해야 했을 것이다.

가나안 땅 예습: 그 땅에서 이렇게 살라 신 8장

가나안 땅의 특징

그리스도인에게 현재의 고난은 장차 올 영광과 비교할 수 없다. 하나님은 광야의 삶을 이야기한 후 장차 도착할 땅에 대한 정보를 구름 사이에 비추는 햇살처럼 보여 주신다.

> 7 네 하나님 여호와께서 너를 아름다운 땅에 이르게 하시나니 그곳은 골짜기
> 든지 산지든지 시내와 분천과 샘이 흐르고 8 밀과 보리의 소산지요 포도와 무
> 화과와 석류와 감람나무와 꿀의 소산지라 9 네가 먹을 것에 모자람이 없고 네
> 게 아무 부족함이 없는 땅이며 그 땅의 돌은 철이요 산에서는 동을 캘 것이라
> 10 네가 먹어서 배부르고 네 하나님 여호와께서 옥토를 네게 주셨음으로 말미
> 암아 그를 찬송하리라 신 8:7-10

서론에서 언급하였듯이 가나안은 젖과 꿀이 흐르는 땅이다. 젖은 목축을 의미하고 꿀은 농업을 의미한다. 가나안은 산지와 골짜기가 있는 땅이다(신 8장). 그리고 그 사이에 분천과 샘이 흐른다. 애굽에선 파종한 후에 발로 물을 대는 수고를 해야 했다(신 11장). 원래 소나 나귀가 그 작업을 하지만 노예였던 이스라엘도 나일강 하천에서 물을 끌어올리는 수고를 해야 했다. 그러나 가나안은 산 사이의 골짜기가 비를 흡수하는 땅이다.

대표적인 농작물은 곡물로는 밀과 보리가 있다. 물이 많지 않으므로 쌀을 재배할 수 없어 볏짚은 없다. 비는 우기인 겨울에 내린다. 씨를 뿌리는 시기에 오는 비가 이른 비이고, 곡물이 알곡이 될 때 내리는 비가 늦은 비다. 과일로는 포도, 무화과, 석류, 감람나무, 꿀 등이 있다. 꿀은 자연 꿀도 되지만 종려나무 열매인 '다말'을 지칭하는 말이기도 하다. 포도에서는 포도주를, 감람(=올리브)에서는 기름을 얻는다.

가나안에서는 목축을 할 수 있다. 많은 풀은 없지만 일용할 양식을 얻을 정도로 적당한 풀이 광야 주변에 난다. 서쪽에서는 곡물과 과일 농사를 하고, 동쪽에선 소규모 목축을 할 수 있었다.

> **9** 또 여호와께서 너희의 조상들에게 맹세하여 그들과 그들의 후손에게 주리
> 라고 하신 땅 곧 젖과 꿀이 흐르는 땅에서 너희의 날이 장구하리라 **10** 네가
> 들어가 차지하려 하는 땅은 네가 나온 애굽 땅과 같지 아니하니 거기에서는
> 너희가 파종한 후에 발로 물 대기를 채소밭에 댐과 같이 하였거니와 **11** 너희
> 가 건너가서 차지할 땅은 산과 골짜기가 있어서 하늘에서 내리는 비를 흡수
> 하는 땅이요 **12** 네 하나님 여호와께서 돌보아 주시는 땅이라 연초부터 연말
> 까지 네 하나님 여호와의 눈이 항상 그 위에 있느니라 **13** 내가 오늘 너희에

/
가나안의 유다 광야
골짜기에서 물을 모아 사용한다.

//
애굽 고센의 물 대기
현대는 펌프로 나일 강물을 끌어 올리지만 과거에는 발로 물을 대었다.

게 명하는 내 명령을 너희가 만일 청종하고 너희의 하나님 여호와를 사랑하여 마음을 다하고 뜻을 다하여 섬기면 14 여호와께서 너희의 땅에 이른 비, 늦은 비를 적당한 때에 내리시리니 너희가 곡식과 포도주와 기름을 얻을 것이요 15 또 가축을 위하여 들에 풀이 나게 하시리니 네가 먹고 배부를 것이라 신 11:9-15

여기서, 묵상

필자가 살아 본 가나안은 분명히 풍요로운 땅은 아니다. 그런데 매력 있는 땅이다. 가나안 땅은 물을 대서 끌어들일 강이 없으므로 하늘에서 내리는 비에 의존할 수밖에 없다. 하나님의 은혜가 없으면 살 수 없는 곳이다. 11장 12절 말씀대로 하나님이 돌보아 주시는 땅, 하나님의 눈이 지켜보고 있어야 살 수 있는 땅이다. 하나님이 적절한 시기에 비를 내려 주셔서 일용할 양식을 먹고 살기에는 충분하고 쾌적한 땅이다. 예수님이 우리에게 가르쳐 준 기도문이 생각난다.

우리에게 날마다 일용할 양식을 주시옵고 눅 11:3

도피성: 요단 동편의 세 도피성 신 19:1-13

민수기에서 언급한 도피성이 그 기능에 초점을 맞춰 설명하고 있다면 신명기 4장에서는 도피성의 위치를 구체적으로 언급하고 있다. 요단 동편의 르우벤 지파를 위해서는 베셀, 갓 지파를 위해서는 길르앗 라못, 므낫세 지파를 위해서는 바산 골란이 도피성으로 주어졌다. 그리고 가나안 땅을 세 구역으로 나누어 길을 닦고 모든 살인자를 그 성읍으로 도피하라고 했다(신 19:3). 아무 살인자나 들어가는 것이 아니라 부지중에 그의 이웃을 죽인 사람에 한하였다.

민수기는 도피성에 피신한 사람은 보복하려는 사람을 피해 당대 대제사장이 죽을 때까지 살라고 그 기한까지 정하고 있다. 대제사장이 죽으면 풀려나는 것

부지중에 살인한 사람이 대제사장이 죽자 면죄 받아 풀려나고 있다.

이다. 신명기는 도피성에 들어갈 수 있는 사람들의 구체적인 예를 제시하고 공의롭게 판단할 것을 강조한다. 하나님은 공의와 사랑의 하나님이다. 무조건적인 사랑이 아닌 공의를 완성하는 사랑을 도피성을 통해 말씀하신다. 예수님의 십자가는 공의와 사랑의 완성이고, 그 그늘이야말로 우리의 도피성이다.

택하신 예배 처소: 아브라함과 야곱의 예배처 신 12-13장 17일

광야의 예배 처소는 성막이었다. 그러면 정착 생활을 하게 될 가나안에 들어가면 어디서 예배를 드리게 될까? 우리는 결과를 알기에 '예루살렘'이나 '실로'를 떠올리지만, 신명기 11장에선 그리심산과 에발산이 있는 세겜을 지목하는 것 같다.

> 29 네 하나님 여호와께서 네가 가서 차지할 땅으로 너를 인도하여 들이실 때에 너는 그리심산에서 축복을 선포하고 에발산에서 저주를 선포하라 30 이 두 산은 요단강 저쪽 곧 해지는 쪽으로 가는 길 뒤 길갈 맞은편 모레 상수리나무 곁의 아라바에 거주하는 가나안 족속의 땅에 있지 아니하냐 신 11:29-30

그리심산(왼쪽)과 에발산(오른쪽)이 있는 세겜(에발산 아래)

30절에서 세겜의 그리심산과 에발산이 모호하게 묘사되어 있다. 다른 부분보다 그리심산과 에발산이 "길갈 맞은편 모레 상수리나무 곁"에 있다는 구절에 논란이 많다. 그리심산 기슭에 유목민의 예배 처소로 추정되는 타나닐 신전이 발견되었고, 여기서 100m 서쪽에서 중기 청동기에 사용되었으리라 추정되는 2~4m의 돌로 둘려 있는 주물(呪物)이 발견되었다. 이것은 팔레스타인 지방에서 발견된 유일한 주물이라 할 수 있다. 세겜만큼 신전이 많이 발견된 곳이 없다. 만약 이것이 길갈을 의미하는 것이라면 아브라함의 모레 상수리나무와 잘 연결된다고 할 수 있다(창 12:6). '길갈'을 지명 중심으로 원어를 분석하면 다음과 같다.

> 이 두 산은 요단강 저쪽(맞은편) 곧 해지는 쪽으로 가는 길(와디 파

라) 뒤 길갈 맞은편 모레 상수리나무 곁의 아라바에 거주하는 가나안 족속의 땅에 있지 아니하냐 신 11:30

이것을 정리하면 '두 산이 있는 곳은 길갈 서쪽 모레 상수리나무들 옆인데, 아라바에 살고 있는 가나안인들의 땅으로 요단강 건너편 해지는 쪽의 길로 가면 나온다'고 할 수 있다.

길갈 맞은편을 서쪽으로 해석한 것은 모세가 느보산에서 길갈을 바라볼 때 길갈의 앞은 모세가 서서 바라본 서쪽을 의미하기 때문이다. 에발산에서 여호수아의 제단을 발견했다는 제르탈(A. Zertal) 박사는 신명기 11:30에서 "해지는 쪽으로 가는 길"을 '와디 파라 길'로 본다. 그는 여호수아의 에발산 접근이 벧엘, 실로를 지나 세겜이 아니라 와디 파라를 거쳐 세겜의 북쪽에 있는 디르사 쪽에서 세겜으로 들어왔으리라 추정한다. 왜냐하면 그가 발견한 제단과 후기 청동기 유적과 철기 초기 유적이 많이 발견된 마을들이 와디 파라에 존재하고 있기 때문이다.

그러나 "요단강 저쪽 곧 해지는 쪽으로 가는 길"로 가장 자연스러운 길은 여리고를 점령하고 아이성을 친 뒤에 벧엘에서 세겜으로 가는 길에 올라 그리심산과 에발산에 이르는 길이다. 여호수아가 여리고에서 아이성을 치고 올라간 점과 아이성을 친 뒤에 세겜으로 향한 순서를 보아도 해지는 쪽 길은 여리고에서 벧엘로 올라가는 길이 유력하다.

그러나 이 두 가지 모두를 택했을 가능성도 있다. 제르탈의 주장처럼 와디 파라 길과 여호수아 8:30의 암시처럼 아이성이 있는 벧엘을 거쳐 세겜으로 가는 두 가지 접근이 동시에 이루어졌을지도 모른다. 느헤미야는 성벽 봉헌식을 할 때 무리를 둘로 나누어 성소에 이르게 했는데(느 12:27-43), 이 모습은 가나안에서 최고의 예배를 드리려는 사람들의 행

/
상수리나무
이 나무가 키가 큰 다볼 상수리나무(Tabor Oak)라고 보나 세겜에 서식하는 나무는 주로 애틀란틱 테레빈나무(Atlantic terebinth)다.

//
피스타치오의 잎새와 열매

: 17일

오늘 읽을 분량

성경 신 12-26, 시 119

본서 244-248쪽

성경의 맥 잡기

1. 거짓 예언자, 십일조, 안식년, 희년과 해방, 짐승 초태생
2. 명절, 레위인과 제사장 몫, 도피성 법
3. 전쟁에 관한 법, 죽임 당한 자, 결혼, 계대 결혼(신 25:5-10)에 대한 법, 재판

신구약 연결 포인트

1. 십일조는 그 정신과 함께 지켜져야 함(마 23:23, 눅 11:42)
2. 사두개인과 계대 결혼을 가지고 부활 논쟁을 함

묵상 가이드

1. 여러 율법은 구원 받은 백성들이 하나님 나라 건설을 위해 지켜야 하는 법이다.
2. 계대 결혼과 기업 무름 제도를 연결해 살펴보라.

에발산으로 접근하는 길은 벧엘을 통하는 길과 점선처럼 동북쪽을 통해 들어오는 길이 있다. 느헤미야가 성벽을 봉헌할 때 양 방향에서 왔듯이 이스라엘도 그렇게 접근했다면 에발산에서 제단을 쌓은 것이 자연스러울 수 있다.

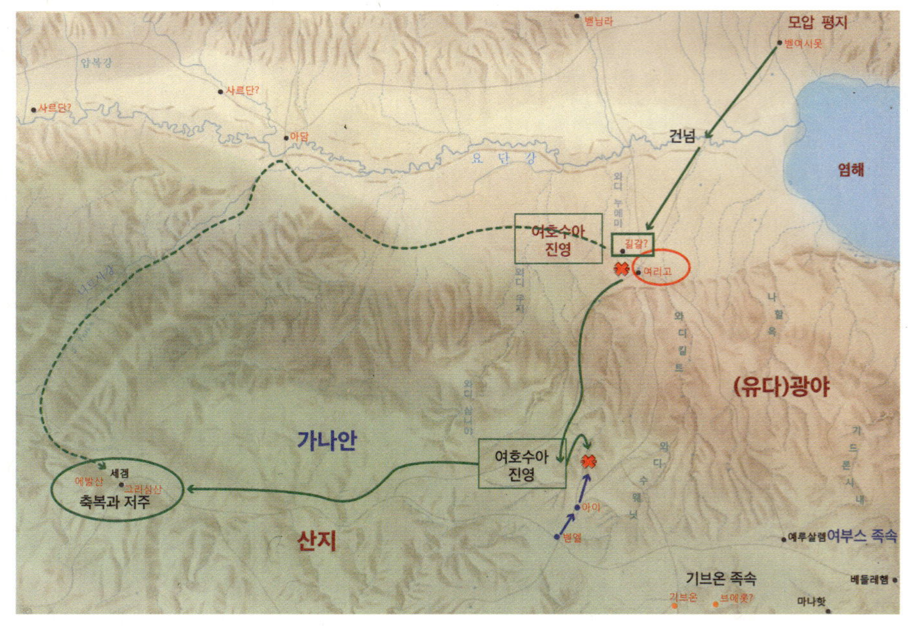

군을 상상하게 한다. 한 무리는 여호수아의 영도 아래 벧엘에서 세겜에 이르고 한 무리는 갈렙의 지휘 아래 북쪽에서 세겜으로 향하는 장면을 가정할 수 있다.

와디 파라 길 접근은 사사기 1:5에서 유다와 시므온 지파가 아도니 베섹과 전쟁하며 예루살렘까지 진군한 모습에서 그 힌트를 찾을 수 있다. 유다와 시므온 족속이 "베섹에서 아도니 베섹을 만나 그와 싸워서 가나안 족속과 브리스 족속을 죽이니"(삿 1:5)의 베섹으로 추정되는 곳은 유세비우스의 기록대로 세겜에서 22.5km 북쪽에 위치한 키르벳 이브직(K. Ibzik)이나 근처 키르벳 살합(K. Salhab)이기 때문이다. 이런 관점에서 본다면 모세가 두 번이나 길게 강조하고 여호수아가 가나안 입성 후 빠르게 시행한 에발산과 그리심산 예식은 가나안 땅 봉헌식과 비슷하다. 세겜 지역으로 가는 여호수아의 행진은 느헤미야 시대의 성벽 봉헌식과 같이 가나안 입성을 기념하고 그 땅을 주심을 감사하는 봉헌식에 해당한다고 볼 수 있다.

왜 에발산에서 제단을 쌓았을까?

모세의 명령 중에서 또 하나의 의문점은 에발산에 제단을 쌓으라는 것이다(신 27:4). 여호수아가 이 명령을 중시하여 첫 번째로 지켜 시행했기 때문이다.

> 너희가 요단을 건너거든 내가 오늘 너희에게 명령하는 이 돌들을 에발산에 세우고 그 위에 석회를 바를 것이며 신 27:4
>
> 그때에 여호수아가 이스라엘의 하나님 여호와를 위하여 에발산에 한 제단을 쌓았으니 수 8:30

남쪽에서 접근한 에발산 위에 여호수아의 제단이 보인다.

동쪽을 앞으로 생각하는 히브리인의 습성상 오른쪽은 그리심산이고 에발산은 왼쪽이 되어 축복을 그리심산에서 선포하고 저주를 에발산에서 선포하였는데, 저주를 선포한 에발산에 제단을 쌓으라는 점이 이상하다. 버틀러(T. C. Butler)에 의하면 모세가 그리심산과 에발산에 모이게 한 이유는 이스라엘 백성을 축복하기 위함이다. 그렇다면 여호수아가 축복의 산인 그리심산에 제단을 쌓는 것이 자연스러워 보인다.

또한 모레 상수리나무가 신성한 장소임을 알고 있었던(창 12:6; 신 11:30) 모세는 그 나무가 있으리라 추정되는 타나닐이 그리심산에 있을 것도 알았을 것이기 때문에 그리심산에 제단을 쌓으라고 명령하는 것이 자연스러워 보인다. 그런데 축복의 산에 제단을 쌓지 않고 에발산에 제단을 먼저 쌓도록 한 이유가 무엇일까?

간단히 생각하면 근처에서 에발산이 가장 높기 때문이다. 그러나 제르탈이 발견한 제단은 에발산 정상이 아닌 그리심산 정상보다 낮은 780m 조금 넘는 지점에 위치한다. 또 다른 이유로 그리심산과 에발산의 선포가 신명기 27장의 말씀처럼 주로 저주에 초점이 맞추어져 있기 때문이다. 곧 축복보다는 경고의 말씀을 외치기 위해 저주의 산인 에발산과 연결시켰을 수 있다. 이런 경고에도 불구하고 이후에 일어나는 세겜 언약을 보면 아브라함의 모레 상수리나무는 이스라엘 공동체에서 잊힌 듯하다. 이 때문에 에발의 제단은 새로운 언약의 공동체로 시작하는 이스라엘에게는 중요한 경고이자 일깨움의 장소로 강조된 곳이라고 할 수 있다.

타나닐 신전
아브라함과 야곱이 제단을 쌓았던 장소가 타나닐 신전의 유래인 것 같다.

사마리아 유월절의 제사장 제물
십일조를 드릴 때 다리를 떼어 제사장에게 돌림으로써 제사장 제물에는 많은 다리들이 모여 있다.

십일조는 하나님나라 운영 방법이다 신 14, 18장

십일조 규례는 신명기 14:22-29에만 나온다. 그러나 이 규례는 아브라함이 멜기세덱에게 십일조를 드리면서 이미 시작되었다. 십일조는 하나님이 택하신 곳에 가서 예배를 드리고 먹는 예식을 치름으로써 여호와 하나님 경외하기를 배우는 규례다. 이 일을 통해 여호와께서 손으로 하는 모든 일에 복을 주시겠다고 약속하셨다. 그리고 이 중 일부가 제사장에게 돌아갔다(신 18:3). 제물의 앞다리와 두 볼과 위도 제사장에게 주었다. 십일조와 첫 열매는 제사장의 생활을 보장하는 방편으로 주어졌다. 현대로 말하면 공무원이 세금으로 생활을 보장받듯이 레위인과 제사장은 백성이 하나님께 드린 예물로 생활을 유지하면서 백성에게 하나님 말씀대로 사는 법을 알려 주었다. 특히 제사장은 재판과 성결의 법을 강조했다. 레위인과 제사장은 신앙뿐만 아니라 사법부 역할도 하였다.

즉 십일조를 드리지 않으면, 레위인과 제사장의 삶이 유지되지 못하게 되고 그들이 일하러 나가게 된다. 이 결과 말씀 맡은 자는 말씀을 가르치지 못하게 되며, 백성은 하나님의 뜻을 몰라 자기 소견에 옳은 대로 행하다 사회가 타락한다. 악순환이 반복되면서 하나님의 징계를 받게 된다. 후대 북이스라엘은 레위인을 쫓아내어 말씀 맡은 자가 그 땅에 없었다. 백성은 회개하여도 돌아올 곳을 몰라 영원히 멸망하는 지파가 되었다. 결국 레위 지파가 있던 유다만 남아 포로기 이후엔 이스라엘인이 아니라 유대인이라 불리게 되었다. 이런 면에서 십일조는 하나님을 공경하는 행위이자, 하나님 나라 질서를 유지하는 방법이었다. 현재도 교회가 선순환하기 위해서는 이 법이 제대로 지켜져야 한다. 어떤 사람들은 십일조의 시대는 지나갔다고 하지만 예수님은 이렇게 말씀하신다.

> 화 있을진저 외식하는 서기관들과 바리새인들이여 너희가 박하와 회향과 근채의 십일조는 드리되 율법의 더 중한 바 정의와 긍휼과 믿음은 버렸도다 그러나 이것도 행하고 저것도 버리지 말아야 할지니라 마 23:23

십일조를 드리는 것이 문제가 아니라 그 정신을 버렸기에 문제였다.

예수님은 십일조를 행하고 그 정신도 잊지 말아야 한다고 말씀하신다.

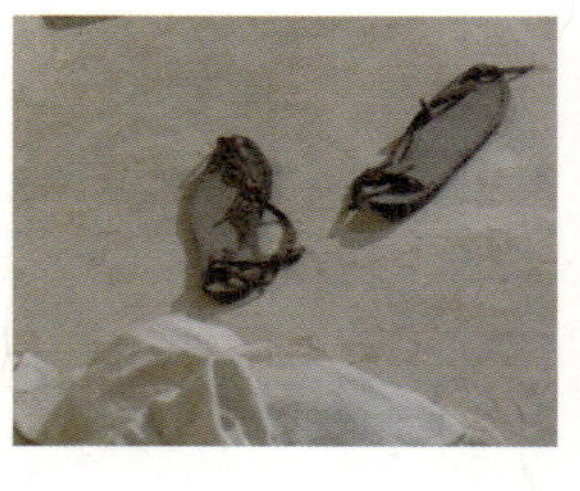

쿰란의 신발
죽은 형제의 기업을 거절하면 신발을 벗기고 얼굴에 침을 뱉었다.

계대결혼: 죽은 형제에 대해 의무를 다하라 신 25장

고대에는 갑자기 죽는 일이 많았다. 그러면 대가 끊기고 여인들은 보호자가 없는 사람 취급을 받곤 하였다. 그래서 하나님은 죽은 형제 대신 가장 가까운 친척과 동침하여 아들을 낳아 대를 잇도록 명령하였다. 이는 유다의 며느리 다말이 시아버지와 동침하여 아들을 임신한 후에 비난을 받지 않는 이야기를 통해서 알 수 있듯이, 형제가 안 되면 시아버지라도 관계하여 자손을 잇도록 하였다. 이를 거절하는 사람은 형제의 집 세우기를 거절하는 자로 여겨졌다. 그래서 신을 벗기고 그의 얼굴에 침을 뱉도록 하였다. 룻기에서 기업 무르기를 거절하는 자가 신을 벗는 행위(룻 4:8)를 하는 걸 통해 이런 규례가 어느 정도는 지켜졌음을 알 수 있다. 신약에서 사두개인이 부활의 문제를 제기하면서 예수님께 계대결혼을 하면 누구의 아내가 되냐고 물은 적도 있다(마 22:23-33, 막 12:18-27, 눅 20:27-40). 계대결혼은 결국 기업 무를 자를 뜻하는 '고엘' 제도와 연결되어 있다. 예수님은 우리의 기업 무를 자가 되시어 우리를 위해 죽으심으로 그 의미를 실현해 주셨다.

그리심산과 에발산: 축복과 저주를 선포하라 신 11, 27장 18일

모세는 11장에 이어 27장에서 에발산에 돌단을 쌓고 번제와 화목제를 드리라고 한다. 그리고 돌을 세워 그 위에 석회를 바르고 율법의 말씀을 정확하게 기록하라고 한다(신 27:4, 8). 시므온, 레위, 유다, 잇사갈, 요셉과 베냐민 지파는 축복을 위해 그리심산에 서고, 르우벤, 갓, 아셀,

남쪽 그리심산에서 바라 본 그리심산 중턱과 에발산, 오른쪽 에발산 아래가 세겜 성이다.

사마리아인 회당에 그려진 그리심산과 에발산의 축복과 저주 예식

: 18일

오늘 읽을 분량

성경 신 11, 27-34, 수 1-2, 시 19, 90, 111, 112, 147

본서 249-2권 23쪽

성경의 맥 잡기

1. 가나안 그리심산과 에발산에서 축복과 저주 선언
2. 순종의 복과 불순종의 저주
3. 모세의 유언과 죽음

신구약 연결 포인트

1. 예수님이 그리심산 아래 수가성에서 예배에 대하여 말씀하심
2. 신명기가 말씀한 모압 평지 맞은편에서 예수님이 시험받았을 때 신명기 말씀으로 대응함

묵상 가이드

1. 순종의 복보다 불순종의 저주 경고 분량이 3배는 많다.
2. 이스라엘의 지형 이름을 익히고 모세가 마지막으로 바라본 느보산에서 서쪽의 가나안을 바라보라.

단, 스불론, 납달리는 저주를 위해 에발산에 서라고 한다. 그 가운데 있는 깊은 골짜기에는 레위 지파와 언약궤가 서 있게 된다. 여섯 지파씩 남북으로 섰다. 인구나 강함에 있어서 남쪽 그리심산에 섰던 지파들이 우위에 있었다. 북쪽 에벨산에 선 지파들은 이스르엘 골짜기를 기준으로 주로 동쪽과 북쪽의 땅을 분배받았고, 그리심산에 있던 지파들은 남쪽의 땅을 분배받았다. 그런데 왜 그리심산과 에발산에서 축복과 저주를 선포하라고 했을까?

대부분의 학자들은 모세가 이 명령을 내린 이유를 아브라함과 야곱이 하나님께 드린 예배와 관련짓는다. 여호와께서 가나안에 들어온 아브라함에게 이 땅을 자손들에게 주리라고 약속한 첫 장소가 그리심산과 에발산 아래 세겜의 모레 상수리나무다. 그리고 야곱은 가나안 땅에 들어와 처음으로 돈을 주고 땅을 산 뒤 '엘엘로헤이스라엘'이라는 첫 제단을 쌓았는데, 그곳이 아마도 아브라함의 모레 상수리나무 지역이라 추정된다.

창세기를 기록하면서 믿음의 조상들의 땅을 알게 된 모세는 자연스럽게 세겜의 모레 상수리나무가 있는 곳에서 이스라엘이 첫 제단을 쌓기 원했을 것이다. 이 예식은 어떻게 보면 시내산 언약 세대는 가고 가나안에 입성할 2세대가 가나안에서 새로운 언약을 체결하는 예식의 한 부분으로 준 것이라 할 수 있다.

여기서,
묵상

12저주의 경고

몇몇 사람들과 그리심산에 올랐다. 북쪽에는 에발산이 보이고 아래로 세겜성이 보이는 곳이다. 신명기 27장의 12저주를 선포하면서 아멘으로 화답하는 예식을 가졌다. 우상을 만들어 숭배하고, 부모를 멸시하며, 이웃에게 손해를 끼치고, 고아와 과부의 재판을 불공평하게 하는 일 등을 경고했다. 그런데 읽으면서 참 민망했다. 경고한 도덕적인 부패가 너무 적나라했고 민망한 일들이었기 때문이다. 이런 일을 주의해야 할 정도로 가나안의 부패가 심했음을 알 수 있었다. 그런데

이런 일이 고린도 교회에서도 일어났고 사사기 때 세겜성 기드온의 아들 아비멜렉에게도 일어났으니 우리라고 예외이겠는가?

> 14 레위 사람은 큰 소리로 이스라엘 모든 사람에게 말하여 이르기를 15 장색의 손으로 조각하였거나 부어 만든 우상은 여호와께 가증하니 그것을 만들어 은밀히 세우는 자는 저주를 받을 것이라 할 것이요 모든 백성은 응답하여 말하되 아멘 할지니라 16 그의 부모를 경홀히 여기는 자는 저주를 받을 것이라 할 것이요 모든 백성은 아멘 할지니라 17 그의 이웃의 경계표를 옮기는 자는 저주를 받을 것이라 할 것이요 모든 백성은 아멘 할지니라 18 맹인에게 길을 잃게 하는 자는 저주를 받을 것이라 할 것이요 모든 백성은 아멘 할지니라 19 객이나 고아나 과부의 송사를 억울하게 하는 자는 저주를 받을 것이라 할 것이요 모든 백성은 아멘 할지니라 20 그의 아버지의 아내와 동침하는 자는 그의 아버지의 하체를 드러냈으니 저주를 받을 것이라 할 것이요 모든 백성은 아멘 할지니라 21 짐승과 교합하는 모든 자는 저주를 받을 것이라 할 것이요 모든 백성은 아멘 할지니라 22 그의 자매 곧 그의 아버지의 딸이나 어머니의 딸과 동침하는 자는 저주를 받을 것이라 할 것이요 모든 백성은 아멘 할지니라 23 장모와 동침하는 자는 저주를 받을 것이라 할 것이요 모든 백성은 아멘 할지니라 24 그의 이웃을 암살하는 자는 저주를 받을 것이라 할 것이요 모든 백성은 아멘 할지니라 25 무죄한 자를 죽이려고 뇌물을 받는 자는 저주를 받을 것이라 할 것이요 모든 백성은 아멘 할지니라 26 이 율법의 말씀을 실행하지 아니하는 자는 저주를 받을 것이라 할 것이요 모든 백성은 아멘 할지니라 신 27:14-26

/

갈릴리 카즈린의 이스라엘 전통 가옥
내부에 그릇들이 보인다. 순종하는 자는 이런 반죽 그릇까지도 복을 받는다고 약속하셨다.

//

느보산에서 바라본 요단 계곡과 유다 산지 지역. 모세는 매우 맑은 날 이곳에서 가나안 전체를 볼 수 있었다.

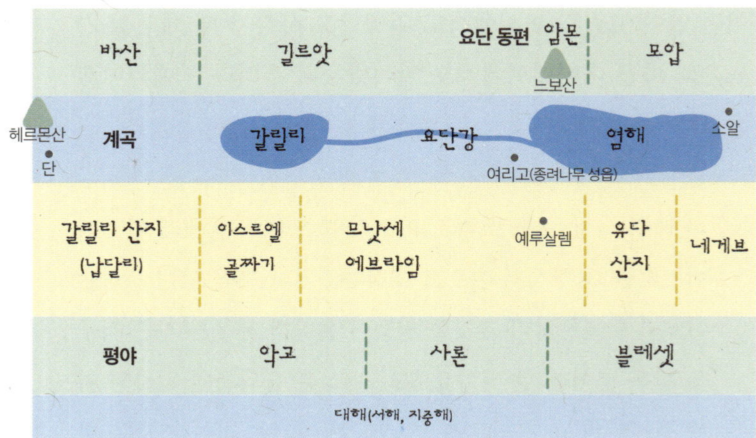

모세가 느보산에서 바라본
이스라엘 지역 이름과 도시

복과 저주

신명기 28장은 율법을 순종하는 자들에게 주시는 복을 먼저 선포한다(신 28:1-14). 그러나 이어서 나오는 불순종자들에게 주는 저주는 그 분량이 거의 3배나 된다. 경고가 훨씬 많은 분량을 차지한다(신 28:15-68). 제품 매뉴얼에 주의사항이 더 많은 것과 마찬가지다. 모세는 마지막까지 이스라엘이 복받는 길, 생명의 길을 가기를 간절히 권고한다.

느보산-바라봄과 죽음 신 34장

신명기 32장에서는 이스라엘을 향하여 노래하고, 33장에서는 야곱과 같이 이스라엘 지파를 하나씩 거명하면서 축복한다. 이스라엘을 지칭하는 이름으로 '정직한'이라는 뜻을 가진 '여수룬'을 사용한다. '속이는'이라는 뜻을 가진 야곱과 반대되는 이름이다. 이스라엘은 참으로 복받은 자들이다. 이렇게 구원을 얻은 백성이 없기 때문이다(신 33:29). 결국 승리를 차지할 민족이기 때문이다. 모세는 느보산으로 올라가 하나님이 주신 주변 땅을 바라본다.

> **1** 모세가 모압 평지에서 느보산에 올라가 여리고 맞은편 비스가 산꼭대기에 이르매 여호와께서 길르앗 온 땅을 단까지 보이시고 **2** 또 온 납달리와 에브라임과 므낫세의 땅과 서해까지의 유다 온 땅과 **3** 네겝과 종려나무의 성읍 여리고 골짜기 평지를 소알까지 보이시고 신 34:1-3

느보산에서 날이 맑으면 서쪽 100km 정도 떨어진 대해(지중해)까지 보인다. 모세는 먼저 오른쪽 길르앗 온 땅을 보고 후에 단 지파의 땅이 될 헤르몬산 아래까지 보았다. 그리고 그 아래 갈릴리의 납달리 산지, 중앙 산지의 북쪽 에브라임과 므낫세가 있을 에브라임 산지에 이어 정면의 서해인 지중해를 보았다. 그리고 다시 정면에서 왼쪽인 남쪽 유다 온 땅을 보았고 그 남쪽 네게브를 보았다. 그리고 가까이 요단 계곡 쪽 종려나무 성읍인 여리고를 보았고 왼쪽 염해(사해)의 남쪽 소알까지 보았다.

모세는 모압 평지 벳브올 근처 한 골짜기에 장사되었다. 그는 가나안에 들어가지는 못했지만 진정한 가나안 입성자였다. 모세의 완성은 여호수아이듯이 신앙의 선조들의 완성은 우리요, 우리의 완성은 다음 세대다. 신앙의 릴레이는 계속된다.

> 39 이 사람들은 다 믿음으로 말미암아 증거를 받았으나 약속된 것을 받지 못하였으니 40 이는 하나님이 우리를 위하여 더 좋은 것을 예비하셨은즉 우리가 아니면 그들로 온전함을 이루지 못하게 하려 하심이라 히 11:39-40

역사와 묵상

01 신명기가 선포된 모압 평지는 가나안이 눈앞에 보이는 땅이다. 가나안 입성을 앞두고 모세는 광야의 삶을 복습하고 앞으로 살게 될 가나안의 삶을 예습한다. 가데스바네아에서 모압 평지까지 걸어온 길을 되새김질하면서 민수기와 다르게 홍해길을 통해 더 멀고 험한 길을 왔음을 상기시킨다. 하나님이 멀고 험한 길을 택하신 이유는 그들의 마음이 어떠한지, 율법을 지키는지 훈련하기 위함이었다. 신명기 8장은 광야의 삶을 잘 요약해 준다. 광야에 서 있다고 생각하고 8장 말씀을 낭독해 보라.

---

02 성경에서 가장 중요한 계명은 신명기 6:4-5이다(막 12:29-30). 이스라엘은 이 말씀을 마음에 새기고 삶에 정착시키기 위해 부지런히 가르칠 뿐 아니라 노래와 경문으로 입에 붙게 하고 문설주에 메주자를 붙여 어디서든 상기하도록 했다. 오늘 당신은 하나님을 경외하기 위해 어떤 문화와 습관을 가지고 있는가?

---

03 모압 평지는 가나안이 훤히 보이는 땅으로 들어갈 땅의 특징과 기후, 농업, 식물, 광물 등을 짐작할 수 있게 해 준다. 신명기 8장과 11장을 통해 농지, 농업, 기후, 광물 등의 특징을 말해 보라. 애굽과 비교하고 우리나라와 비교하면 무엇이 다른가? 정말 젖과 꿀이 흐르는 땅인가? 목축과 농업을 적절히 하면서 평화를 누릴 수 있는 가장 큰 조건은 하늘이다. 하나님은 하늘의 비에 의지할 수밖에 없는 땅으로 이스라엘을 인도하셨다. 이스라엘이 하나님을

거역한 아합의 시대에는 3년 반 동안 비와 이슬이 멈추었다. 오늘날 그리스도인도 하나님께서 풍요의 땅이 아닌 하나님을 의지해야만 사는 땅으로 인도하신다. 그곳이 당신의 가나안이다. 이런 가나안을 경험하고 있는가?

04 모세오경에서 유일하게 가나안 땅의 구체적인 지명을 지목하고 그곳에서 말씀을 선포하라고 한 곳은 에발산과 그리심산이다. 축복과 저주를 선포하라고 했지만 27장을 보면 온통 저주를 주의하라는 말씀이다. 왜 이런 경고를 이곳에서 선포하라고 하셨을까? 아브라함과 야곱은 이곳에서 첫 제단을 쌓았다. 뿐만 아니라 아브라함은 그리심산과 에발산이 있는 세겜에서 가나안 땅을 그의 자손에게 주시겠다는 첫 약속을 받았다. 모세는 이 은혜의 장소에서 출애굽 다음 세대가 제단을 쌓고 예배하면서 하나님과 재언약하기를 원했다. 모세는 다음 세대가 예배의 축복이 있는 곳에서 다시 예배함으로 축복을 받기 원했다. 당신이 은혜받은 장소는 어디인가? 그 기억을 다음 세대에게 전수하고 있는가?

05 모세는 그의 비전을 수제자 여호수아에게 안수하면서 넘겨주었다. 주님은 주신 사명이 내 대에서 그치기를 원하시지 않는다. 엘리야의 사명이 엘리사에게 이어졌고, 스데반의 사명이 바울에게 넘겨졌음을 기억하라. 당신의 가문과 교회는 신앙의 릴레이를 어떻게 이어 가고 있는가?

색인

사진에 도움을 주신 분들

A.D. Riddle/BiblePlaces.com
하투사(1권 158)

Barry Beitzel/BiblePlaces.com
아라랏산(1권 55), 아벡성(2권 177)

Daniel Frese/BiblePlaces.com
베들레헴(2권 150)

Todd Bolen/BiblePlaces.com
게바와 믹마스(2권 188), 라기스(3권 208), 예루살렘(3권 286), 투트모세 4세 장제전의 블레셋인(2권 95), 시내산(1권 57), 라못길르앗(3권 87)

김종식 세계기독교박물관
비파(2권 280), 키노르(2권 297), 소고와 제금(2권 298)

박선종
디글랏빌레셀 부조들(3권 194), 사르곤 2세(3권 206), 느부갓네살 실린더(3권 269)

서진교
알렉산더 (1권 30)

숙곳 박물관
숙곳 항공사진(1권 92)

세겜 박물관
세겜의 아크로폴리스(2권 127)

양동규
벤구리온 무덤(2권 78)

염태공
오브라(2권 117), 오브라 석양(2권 123), 양치기와 개(2권 223), 엔돌(2권 234), 브누엘과 마하나임(2권 270), 푸른초장 양떼(2권 282), 남방 시냇물들(2권 293)

예월수
나일강(1권 28), 피라미드(1권 67), 홍해(1권 190)
여리고지역(3권 102), 타바섬(3권 81), 노아몬(3권 227)

요시 가르펑겔
사아라임 세운 돌(1권 144)

유바울
초막절 사진들(1권 180), 초막절 제사(1권 181), 벤구리온 무덤(2권 78), 욧바다 우유(2권 79), 단비문(3권 57), 발굴현장(3권 143)

이원희
사마리아 상아 조각(3권 164)

이수정
가데스바네아 표지판(1권 200)

장상엽
세라빗엘카딤(1권 113), 투트모세 3세 비문(2권 88), 엘레판틴 시몬 수도원(3권 264)

황은성
그리심산 신전 항공사진(3권 292)